本书出版由国家社科基金"基于南海战略资源安全的中国与东盟海洋国经贸合作的模式与政策研究"（编号：13BJL051）资助。

"一带一路"背景下中国与东盟经贸合作的模式和政策研究

陈秀莲 等 著

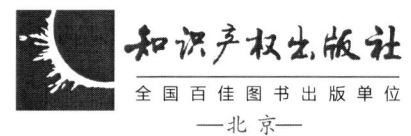

知识产权出版社
全国百佳图书出版单位
—北京—

图书在版编目（CIP）数据

"一带一路"背景下中国与东盟经贸合作的模式和政策研究/陈秀莲等著．—北京：知识产权出版社，2020.10

ISBN 978-7-5130-6552-8

Ⅰ.①一… Ⅱ.①陈… Ⅲ.①"一带一路"－对外经贸合作－研究－中国、东南亚国家联盟 Ⅳ.①F125.5②F752.733

中国版本图书馆CIP数据核字(2019)第291159号

内容提要

本书理论上研究了不对称经济相互依赖的有限理性的两国深化经贸往来的策略选择，构建了区域陆海经贸合作的传导模型；实践上对中国与东盟国家的经贸合作现状进行实证分析，提出了经贸合作总模式及其三个子系统的子模式，从空间、时间、功能性经贸合作提出了具体的政策措施及支持性政策建议，以期为"一带一路"倡议下进一步深化中国与东盟的经贸合作提供有价值的参考性意见。

责任编辑：李小娟　　　　　　　　**责任印制**：孙婷婷

"一带一路"背景下中国与东盟经贸合作的模式和政策研究
"YIDAIYILU" BEIJINGXIA ZHONGGUO YU DONGMENG JINGMAO HEZUO DE MOSHI HE ZHENGCE YANJIU

陈秀莲　等著

出版发行：知识产权出版社有限责任公司	网　址：http://www.ipph.cn
电　话：010－82004826	http://www.laichushu.com
社　址：北京市海淀区气象路50号院	邮　编：100081
责编电话：010－82000860转8531	责编邮箱：lixiaojuan@cnipr.com
发行电话：010－82000860转8101	发行传真：010－82000893
印　刷：北京中献拓方科技发展有限公司	经　销：各大网上书店、新华书店及相关专业书店
开　本：720mm×1000mm　1/16	印　张：15.25
版　次：2020年10月第1版	印　次：2020年10月第1次印刷
字　数：265千字	定　价：78.00元
ISBN 978-7-5130-6552-8	

出版权专有　侵权必究

如有印装质量问题，本社负责调换。

序

新形势，新契机，携手共发展

  当前贸易和投资疲软，全球经济增长放缓，发展鸿沟问题凸显，"逆全球化"思潮兴起，中国"一带一路"倡议的提出，是中国促进更高水平对外开放，参与全球治理的中国方案的具体实践，为促进世界经济增长、实现共同发展提供了重要途径，是缓解全球治理存在的现实困境的需要，是构建国际贸易和投资新平台的需要，也是各国构建人类命运共同体，携手面对风险和挑战，实现共商共建共享的需要。

  自"一带一路"倡议提出以来，以共商、共建、共享为原则，从理念转化为行动，从愿景转变为现实，在政策沟通、设施联通、贸易畅通、资金融通、民心相通、产业合作等方面均取得了显著成效，共建"一带一路"倡议及核心理念已写入联合国等相关文件中，稳步推进重大基础设施项目建设，与沿线国家或地区签署或升级了各类促进贸易和投资自由化与便利化的文件和协定，加快自贸区建设步伐，开展多个投融资项目，在教育等领域也纷纷展开合作。"一带一路"倡议源自中国，更属于世界；根植于历史，更面向未来；浓墨重彩，共同造福沿线国家和人民，构建人类命运共同体。

  东盟自古以来就是"海上丝绸之路"的重要枢纽，是中国推进"一带一路"建设和扩大对外开放的重要节点区域，也是"一带一路"沿线合作最具潜力的区域。21世纪以来中国与东盟经贸往来的步伐加快，2010年中国—东盟自贸区正式全面启动，这是中国与其他国家签订的协定并共同建设成功的第一个国际自由贸易区，双方经贸合作得以快速发展，2015年自贸区成功升级，2019年自贸区协定升级版全面生效，与此同时双方共同推动"一带一路"倡议与《东盟互联互通总体规划2025》对接。作为"一带一路"的深耕区，随着"一带一路"建设不断走深走实，中国与东盟国家的经贸合作也面临着新的形势和新的发展契机。

当前，中国是东盟非常重要的贸易和投资伙伴，东盟亦如是。随着2020年1—8月东盟成为中国第一大贸易伙伴，中国与东盟已互为第一大贸易伙伴，双方应高质量、高水平共建"一带一路"，探讨在贸易与投资等领域深化合作的新模式和采取的政策措施，共同促进区域经济一体化的发展和中国与东盟经贸关系的进一步发展。

现有关于中国与东盟经贸合作的文献很多，但鲜有结合"一带一路"新形势，研究中国和东盟国家经贸合作的新模式与政策的研究，且理论与实践上均缺乏深入、系统的研究。本书在这一领域进行了有益的尝试，形成了特色与创新。首先，对"一带一路"背景下区域经贸合作的效应、传导、合作框架以及不对称经济依赖进行了理论探索，构建了不对称经济相互依赖下经贸往来的策略模型和区域陆海经贸合作的经济相互依赖传导模型；其次，在研究内容上，"一带一路"倡议的开展日益影响着中国—东盟自贸区的建设，本书运用创新性思维对中国与东盟国家之间原有的合作模式和政策措施进行思考和分析，适应了新形势的变化，具有自己的特色和创新；最后，关于中国与东盟国家的研究多见于陆域合作，海洋合作则散见于海上科研、救援合作情况、与部分国家在部分海洋产业和海洋资源上的合作等分析，本书从区域经贸合作这一大系统里梳理出海陆经贸合作的领域加以研究，综合运用各种计量和实证方法对本书的主题作了较为科学客观的研究，对中国与东盟国家在空间、时间、功能子系统等方面进行较全面的研究，提出了空间布局、贸易、投资、产业、人才等方面的政策建议。本书对希望了解中国与东盟在"一带一路"背景下开展经贸合作相关内容的读者有着极大的参考价值。

中国与东盟在"一带一路"倡议实施的进程中有着更广阔的经贸合作天地，未来双方将继续携手并进，拓展陆海经贸合作的领域和空间，共同构建中国—东盟命运共同体。

是为序。

商务部国际贸易经济合作研究院原副院长
对外经济贸易大学中国自贸区战略研究院首席专家
2020年9月

前　言

自从中国—东盟自由贸易区建成后，中国与东盟国家的经贸合作获得了极大的发展，并于2015年完成自由贸易区升级谈判，2019年10月22日，《中华人民共和国与东南亚国家联盟关于修订〈中国—东盟全面经济合作框架协议〉及项下部分协议的议定书》对所有协定成员全面生效，双边经贸关系更为密切，随着中国实施包括海上丝绸之路建设在内的"一带一路"倡议，思考"一带一路"新形势下中国与东盟国家的经贸合作模式和政策显得极为重要。本书关注了以下两个问题：一是在区域经贸合作形成的不对称经济相互依赖下经贸往来深化的策略选择以及新形势下经贸合作的传导机制如何运作；二是在"一带一路"倡议下，如何构建更适合中国与东盟国家的区域经贸合作模式并实施哪些政策措施，以更好地服务"一带一路"倡议的顺利实施以及中国—东盟自由贸易区的升级建设。

围绕上述问题，本书按照以下逻辑进行研究。

首先，在理论上，构建了区域经贸合作的传导模型和理论框架。运用非期望效用的演化博弈模型，分析了不对称经济相互依赖的有限理性的两国关于开展经贸往来的合作或竞争的策略选择，构建了区域陆域经贸合作和海洋经贸合作（简称"陆海经贸合作"）的传导模型，指出在区域经贸合作这个包含了陆域合作和海洋合作的大系统中，运用区域经贸合作政策这一传导媒介，通过时间、空间和功能性的海洋经贸合作会直接或间接影响区域内各国的经济发展，实现区域内各国的共赢和共生。

其次，在实证分析中，对中国与东盟国家的经贸合作现状进行一般性分析以及对贸易和投资相互依赖的敏感性和脆弱性进行分析，发现中国与东盟国家的经贸合作取得了不少成就，但不足也非常明显。本书提出了美（美国）加（加拿大）

模式、欧盟模式、澳（澳大利亚）新（新西兰）模式等经贸合作模式并进行分析后，提出"一带一路"倡议实施的新形势下，应构建中国与东盟国家"以陆地为依托，海洋寻突破"的共赢共生的经贸合作总模式及其三个子系统的子模式。

最后，结合提出的模式，分别对空间、时间、功能性经贸合作政策提出了建议，包括实行"多园四区一核一圈"的空间统筹政策、海陆贸易和投资协同发展、加快海洋货物贸易、海洋经济协调等政策建议，并在金融扶持、海洋产业合作、港口互联互通、海洋人才培育、海洋科研合作等方面分别提出了支持性政策建议。

按照上述逻辑，本书主要内容分为六章。第一章阐述了研究背景和研究意义，并回顾了相关的国内外研究情况，进行了简要评价；第二章从不对称经济相互依赖和传导机制等方面构建了本书的理论框架；第三章分析"一带一路"倡议下对中国与东盟经贸合作的新要求；第四章分析中国与东盟国家经贸合作的实践，并对贸易和投资的相互依赖以及敏感性和脆弱性进行了实证分析；第五章指出中国与东盟国家经贸合作模式的发展以及现有模式存在的问题，分析新形势下中国与东盟国家经贸合作模式的构建；第六章结合构建的总模式和子模式，从空间、时间、功能性经贸合作提出了具体的政策措施以及支持性政策建议。

本书第三章、第六章第三节和第四节（四）由樊兢撰写，第六章第二节（一）和第四节（三）由张静雯撰写，第六章第四节（二）由陈秀莲、张越合作撰写，第六章第四节（一）由李紫艳撰写，第六章第四节（五）由陈秀莲主笔、陈俊杰辅之完成，其余章节由陈秀莲撰写，全书由陈秀莲、于吉梅和陈兰舟负责校对、更新数据。

本书在研究和撰写过程中，参考了众多国内外学者的论著与研究成果，广西大学商学院和广西财经学院的同事们也给予了帮助，特别是广西大学商学院樊凡教授在课题调研上给予了支持。感谢广西钦州市政府、越南广宁省、柬埔寨西港政府等政府部门的鼎力支持以及留学生陈氏芳草、陈光越等的协助，感谢中国南海研究院等兄弟院校和科研单位的大力支持与协助，并感谢国家社会科学基金评审专家对课题学术观点的认可，结题获得"良好"。最后，感谢课题组的组员们，课题从2013年年底开始到2018年年初拿到结项通知，组员们付出了极大的努力，调研报告最后成稿50多万字，凝结着组员们的心血，在此一并表示谢意。

由于水平有限，本书有疏漏之处在所难免，还请读者海涵并指正。

广西大学陈秀莲
2020年1月

目　录

第一章　导论	1
第一节　研究背景和研究意义	2
第二节　国内外研究综述	4
第二章　理论框架	9
第一节　理论依据	10
第二节　不对称经济相互依赖下经贸往来的策略模型	16
第三节　区域陆海经贸合作的经济相互依赖传导模型	25
第三章　"一带一路"倡议的提出与新要求	33
第一节　"一带一路"倡议的提出	34
第二节　"一带一路"倡议对中国与东盟国家经贸合作的新要求	35
第四章　中国与东盟国家经贸合作的实践	39
第一节　中国与东盟国家经贸合作现状的一般性分析	40
第二节　中国与东盟国家经济相互依赖的实证分析	58
第三节　中国与东盟经济相互依赖的敏感性与脆弱性实证分析	66

第五章　中国与东盟经贸合作模式新构······79

第一节　经贸合作模式的发展轨迹与特点······80
第二节　现有模式存在的问题······82
第三节　区域经贸合作模式的国际辨析与借鉴······87
第四节　"一带一路"背景下经贸合作模式的构建······105

第六章　政策与措施······121

第一节　经贸合作的空间维度政策······122
第二节　功能性经贸合作政策······150
第三节　时间维度的协调政策······164
第四节　支持性政策······173

结　语······230

参考文献······231

第一章 导论

第一节 研究背景和研究意义

一、研究背景

东南亚国家联盟（Association of Southeast Asian Nations，ASEAN），简称"东盟"，1967年8月8日成立于泰国曼谷，现有10个成员国：文莱、柬埔寨、印度尼西亚、老挝、马来西亚、缅甸、菲律宾、新加坡、泰国、越南。东盟10国除了老挝是大陆型国家以外，另外9个国家（越南、泰国、缅甸、柬埔寨、马来西亚、新加坡、印度尼西亚、菲律宾及文莱）均属于海洋型国家。自从中国与东盟2001年商议组建自贸区开始，中国与东盟国家的经贸发展非常迅速，到2010年自贸区宣布建成之时，双边贸易规模达到2917.00亿美元，同比增长37.50%，与2001年初建之时的415.00亿美元相比，增加了6倍有余，并多次突破和提前实现原定的贸易增长目标。

2010年自贸区建成后，中国与东盟国家进一步加快了贸易和投资方面的合作与交流。在已经签订和发布的服务贸易协议和投资协议等一系列建设自贸区的法律文件指导下，加快了贸易和投资自由化的建设，贸易方面，平均关税下降至不足1%；投资方面，取消投资壁垒；在市场准入方面，取消了投资的数量配额、对股权的比例规定等，完全放开双方商定的产业市场；国民待遇方面，双方按商定的在符合世贸组织和自贸区规则前提下给予外国投资者国民待遇，一成员方给予另一成员方的待遇不得低于本国同类企业获得的待遇等措施。贸易和投资领域的自由化极大地推动了双方经贸关系的发展，2017年双边贸易总额达到5155.00亿美元，为2010年自贸区建成之时的1倍多。中国与东盟国家的双边投资于2014年第一次出现对东盟国家投资超过引资，对外投资为67.82亿美元，引资为

63.00亿美元，而此前均为从新加坡等国家吸引资金开展建设。各部门的服务贸易合作也都各有发展，尤其以交通运输、旅游、工程承包等方面增长最快。

鉴于自贸区运行良好，双方于2015年通过升级议定书，2016年开始正式进行升级自贸区的建设，《中华人民共和国与东南亚国家联盟关于修订〈中国－东盟全面经济合作框架协议〉及项下部分协议的议定书》对所有协定成员全面生效，在贸易和投资、其他经济合作等方面创造更有利的条件，在自由化的基础上开展贸易和投资便利化的建设，推动双方在更高层次上的优势互补与生产分工合作，进一步加快发展中国与东盟国家的经济一体化建设，彼此经贸关系越来越密切。

与此同时，随着中国开始对海洋经济的关注与重视，2012年中国在历史上首次提出了"海洋强国"的战略目标，提出了开发海洋资源、保护海洋环境、开展海洋科学技术以及维护海洋权益等战略要求，2013年中国主动提出建设"一带一路"的倡议，2015年3月，《推动共建丝绸之路经济带和21世纪海上丝绸之路的愿景与行动》（简称《愿景与行动》）正式发布，"一带一路"倡议的实施，将使沿线的国家联系在一起，各自发挥优势，利用对话机制，构建各种平台，开展中国与"一带一路"国家的经贸合作。

而东盟国家，正是"一带一路"中"21世纪海上丝绸之路"上的重要节点国家，也是中国实现"海洋强国"的战略目标所指向的相关对象之一。因此，本书关注如下问题：在新形势下，特别是随着"一带一路"倡议的实施，为了更好地推动沿线国家的经贸合作和发展海洋经济，中国与东盟国家的经贸合作可以采取哪些更切合现状和未来发展方向的模式，实施哪些政策措施，以更好地服务中国－东盟自贸区的升级建设，服务中国的"海洋强国"战略目标的实现，服务"一带一路"倡议得以顺利实施。

二、研究意义

在"一带一路"倡议的指导和"海洋强国"的战略目标下，创新思维，探讨和分析中国与东盟国家之间经贸合作的模式和政策，具有如下的价值和意义。

（一）理论意义

关于区域经贸合作的研究不少，但结合陆海合作的视角分析区域经贸合作的理论研究较少，区域经贸合作和经济一体化的建设促进了成员方之间商品和生产要素自由流动，其经济效应既有静态上的创造效应、转移效应，也有动态上的竞争效应等，但在陆海合作上会产生什么效应、合作框架的构建等研究较少。结合中国与东盟国家的经济一体化建设，研究陆海区域经贸合作的效应，包括传导机制和影响因素的研究，有助于补充和完善地缘经济学和区域经济一体化等理论，因而具有较高的理论价值。

（二）实践意义

中国与东盟国家开展经济一体化建设后，双方经贸往来活动大为增加，彼此关系日益密切，目前正在进行自贸区的升级建设，为实现双方的共同繁荣而努力。随着"一带一路"倡议的提出，陆海经贸合作成为新的发展趋势，思考双方经贸合作在新形势下的模式，分析合作的内容和采取的政策措施，既为中国与沿线国家的经济一体化建设起到重要的示范带动作用，也为中国在亚太地区开展的经贸合作提供重要的案例，此外本书的内容也符合党的十九大报告中指出的"推进贸易强国建设，加快培育国际经济合作和竞争新优势"的要求，因而具有较强的实际应用价值。

第二节　国内外研究综述

从20世纪70年代开始，东盟各国、日本、欧洲、美国等的学者对中国与东盟的关系已有相关研究，2009年后，东盟国家和美国等陆续召开各类国际研讨会进行分析，部分学者对中国与东盟国家的经贸关系的各方面合作进行了研究，如安琪尔·达玛延蒂等（2016）指出，海上运输特别是在亚太地区对贸易影响重大，东盟国家应与亚太地区的国家开展海洋合作等。黄朝翰（2006）指出，中国崛起不是孤立的，大部分东亚国家同样取得了骄人的经济业绩。中国经济的持续高速增长和力倡建立自由贸易协定（Free Trade Agreement，FTA）的行为已经成了21世纪东亚地区经济发展的引擎。虑及外商直接投资（Foreign Direct Investment，FDI）的其他决定性因素，流向该地区的FDI之间大多不存在竞争关系，中国并没有对东亚其他经济体的 FDI 流入造成巨大影响,而且中国还会促使资本流向其他国家。亚太地区因中国的快速发展和日本的经济复苏而变得更受关注,中国在崛起的过程中应与周边国家保持更密切的关系,这样双方均能互利共赢。从地缘因素看,中国崛起以及日本经济复兴使人们重新燃起变 21 世纪为"太平洋世纪"的希望。中国在谋求经济持续增长的同时,需要同邻国保持更为密切的经济共生关系,整个东亚地区也会从中国经济崛起中受益。

国内学者对中国与东盟国家的经贸合作的研究以往多为从自贸区角度分析中国与东盟国家的经贸合作和经济一体化,后开始关注中国与东盟国家之间的经贸合作,主要是中国与东盟国家的海上往来。此外,随着中国"海洋强国"战略的实施以及"一带一路"倡议的提出,也有关于"一带一路"或"海洋强国"背景下,中国与东盟国家海洋合作的一些研究,主要体现为以下几个方面。

一、中国与东盟国家的海洋合作

(1) 研究中国与东盟国家的海洋合作概况。如韦红等(2017)指出,中国和东盟国家应成为构建南海地区和谐海洋秩序的主导力量。余珍艳(2016)对中国-东盟政府间海洋经济合作现状进行阐述,指出存在的阻碍因素。王勤(2016)提出了中国与东盟各国在海洋经济合作上的产业政策和合作目标。蔡鹏鸿(2015)认为,中国和东盟国家应形成中国-东盟国家海洋战略伙伴关系。

(2) 关于中国与东盟国家海洋合作路径和机制的研究。田昕清(2016)指出探索中国-东盟国家海洋合作新路径的意义。邹桂斌(2010)提出了渔业的合作机制。樊竞(2016)认为,海洋协调是中国与东盟国家构建海洋伙伴关系的基础,未来中国与东盟国家的海洋协调应在陆地经济协调和内部机制完善的支撑下进一步开展。

(3) 中国与东盟国家海洋产业合作的研究。宋一兵(2010)指出,中国-东盟国家海洋旅游经济圈的形成与发展将极大地推动中国与东盟各国旅游业的发展。张越等(2018)对中国与东盟国家海洋产业发展水平进行测度,指出中国的发展水平最高,但仅在海洋产业业绩以及海洋自然环境方面较高,而科创能力只在中等水平,东盟国家中的新加坡等在科技创新方面有绝对优势,其他国家都各有优势和劣势,在此基础上提出海洋产业合作的对策建议。

(4) 沿海省份与东盟海洋合作的研究。李南 (2017) 分析了福建省与东盟国家的海洋合作；朱念等 (2016)、陈丙先等 (2014) 分析了广西与东盟国家的海洋合作。李锋等 (2015) 通过对海洋经济指标体系进行梳理和解读，构建环南海海洋竞争力指标体系，应用因子分析法进行分析，并从建设 "21 世纪海上丝绸之路" 视角提出环南海主要国家和地区海洋经济发展合作的策略意义。

二、"一带一路" 背景下中国－东盟经贸合作

（一）中国与东盟国家金融合作

张家寿 (2015) 分析了 "一带一路" 建设中中国与东盟国家的金融支撑体系构建。李冬青 (2016) 指出，在中国与东盟国家金融合作中，应当完善货币互换双边协议的内容和约束力，弥补区域性货币互换机制的缺陷，建立双边、区域、多边的制度联动。有的学者主要分析东盟国家的金融情况，如陈捷等 (2017) 对马来西亚金融领域的研究。有的学者则分析国内省份与东盟国家的金融合作，如吕娅娴 (2016) 分析 "一带一路" 建设下云南与东盟国家人民币跨境结算问题。

（二）中国与东盟国家贸易及投资

贸易方面，王勤 (2016)、林善炜 (2016) 以福建省为例分析了中国与东盟国家的贸易往来；李好等 (2016) 则指出，广西应通过实施海上东盟国家通道、"双带" 互动、跨境产业园区、北部湾自由贸易区等战略来助推中国－东盟国家自由贸易区升级；赵静等 (2017) 在实证方面针对中国与东盟国家的贸易往来情况构建了东盟国家贸易畅通指数。

投资方面，关鹏翔 (2017) 提出 "准入前国民待遇" + "负面清单" 的管理模式，朱雅妮 (2015) 提出投资的环境附属协定模式等。其他学者从各省的角度也做了不少有益的分析，如夏国恩等 (2015) 从广西、伍琳等 (2015) 从福建省、吴淑娟等 (2016) 从广东省出发，分析了各省与东盟的双边投资。

三、"一带一路" 背景下中国各省与东盟产业合作

周晓燕 (2017)、尚永辉等 (2017)、王金凤等 (2016) 对 "一带一路" 倡

议的实施下，中国与东盟国家农业合作、农产品出口贸易、农业比较优势进行分析。周叮波（2018）提出农产品跨境出口电商模式。张群等（2017）分析了福建省与东盟国家海洋渔业水产品贸易合作问题、海洋渔业科技交流与合作机制、远洋渔业资源合作开发机制及海水产品质量安全管理的合作等问题。彭顺生等（2017）提出旅游产业合作的路径与模式。林秋容（2016）分析了在汽车产业的市场方面，东盟国家有很大的开发潜力。

四、中国与东盟区域及次区域合作、互联互通

陈秀莲（2018）提出"一带一路"背景下的"海洋经贸合作圈"的空间合作模式。李师源（2016）分析了中国与东盟国家贸易上的互联互通的创造效应等静态与动态效应。林发彬（2018）关注了"五通"建设与产品内贸易模式。

五、文献评价

总体上看，现有关于中国与东盟国家经贸合作的文献不少，但结合"一带一路"新形势涉及中国与东盟国家经贸合作的研究尤其是陆海合作的研究相对比较零散，理论与实践上均缺乏深入、系统的研究，对其简要评价如下。

第一，关于"一带一路"倡议下的区域经济一体化的理论研究较少，"一带一路"倡议对区域经贸合作的效应、传导、合作框架以及不对称经济依赖的理论研究也很不足，因而难以对"一带一路"倡议提出后的新形势下，中国与东盟国家的区域经济一体化深化的实践活动进行更有效的指导。

第二，研究的内容不够深入。"一带一路"倡议的开展日益影响着中国—东盟自贸区的建设，中国与东盟国家之间原有的合作模式和政策措施需要创新思维进行调整，以适应新形势的变化，而现有的研究在此方面较少，也不深入，不利于中国与东盟国家未来经贸关系的发展与自贸区的进一步建设。

第三，研究的领域比较零散，不够全面系统。关于中国与东盟国家的研究多见于陆域合作，海洋合作则散见于海上科研、救援合作情况、与部分国家在部分海洋产业和海洋资源上的合作等分析，缺乏从区域经贸合作的这一大系统里梳理出海陆经贸合作的领域并加以研究，缺乏针对中国与东盟国家之间在海洋经济的

空间布局、贸易、投资、产业、人才等较全面的研究。

综上所述,"一带一路"倡议下,关于中国与东盟国家的区域经济一体化和经贸合作总体上需要继续开拓研究的空间。

第二章

理论框架

第一节　理论依据

一、经济相互依赖理论

对经济相互依赖理论的研究最早见于19世纪末20世纪初,随着西欧共同市场的出现,20世纪50年代末60年代初经济相互依赖理论逐渐成为研究的热点,诺曼·安吉尔爵士是学者中最重要的代表人物。第二次世界大战后,特别是20世纪60年代末到70年代,随着欧洲经济一体化的发展、第三次科技革命带来的全球经济的大发展,研究经济相互依赖关系成为西方学者日趋关注的主题。其中,1968年美国经济学者理查德·库珀出版的《相互依存经济学:大西洋社会的经济政策》成为代表性著作;此后,1977年罗伯特·基欧汉和约瑟夫·奈出版的《权力与相互依赖》一书,对相互依赖的脆弱性和敏感性等相关内容所作的分析和阐述,使得该书成为本时期重要的文献,两位学者也成为相互依赖理论的代表性人物。20世纪90年代后,随着经济全球化不断深化,特别是区域经济一体化的加深,各国之间的经济相互联系、彼此依赖的程度达到了前所未有的市场状况,经济相互依赖理论又再度成为关注的热点话题。

概括来说,经济相互依赖理论是研究各国在经济上互相联系和相互依赖等问题的经济理论,关注的是一国经济发展与国际经济往来之间存在的敏感的反应关系。经济相互依赖一般包含两层含义,一是其他国家发生的经济情况会对本国的经济发展有着直接影响;二是本国的经济政策等在一定程度上也依赖其他国家的行动和政策。罗伯特·基欧汉和约瑟夫·奈在《权力与相互依赖》一书中指出,相互依赖"指的是以国家之间或不同国家的行为体之间相互影响为特征的情形"。

他们认为，经济相互依赖包括两层意思：其一，在一些国家中，如果其中一国的经济状况视其他国家的经济状况的影响而定（如一国货币的贬值使他国的币值受到贬值压力），那么这就是一种经济相互依赖关系；其二，在一些国家中，如果它们放弃或者断绝彼此之间的经济关系［如石油输出国组织（Organization of the Petroleum Exporting Countries，OPEC）与严重依赖石油进口的经济发达国家间的关系］，就会付出代价，这也是一种经济相互依赖关系。其中，前者称为"敏感性"经济相互依赖，后者称为"脆弱性"经济相互依赖。可以看出，区别两者的关键取决于经济关系断绝后，国家将付出代价的大小。代价大的为"脆弱性"经济相互依赖，代价小的则为"敏感性"经济相互依赖。

经济相互依赖理论认为，各国经济贸易相互依赖具体表现在经济贸易结构、经济贸易目标、经济贸易政策的相互依赖等方面。

（1）各国经济贸易结构的相互依赖。如果从发达国家和发展中国家的经济依赖看，表现为发达国家具有比较优势的资本密集型产品和高科技产品，发展中国家具有比较优势的资源密集型产品和劳动密集型产品的经济贸易结构，以及因此而形成的依赖性，此外，发达国家的发展战略和调整产业结构的思路也使得发达国家和发展中国家之间形成了经济贸易结构的依赖性。

（2）各国经济贸易目标的相互依赖。一个国家实施自己的经济贸易目标，在某些特定情况下，需要甚至依赖其他有关国家在经济政策上的配合和协调。例如，一国需要努力实施国际收支的大致平衡，或需要稳定的外汇汇率，此时需要主要贸易伙伴的货币汇率也相对平稳，或与贸易伙伴的贸易往来能平稳进行，所以这些都需要相关国家辅之以经贸目标的配合。

（3）各国经济贸易政策的相互依赖。经济贸易结构和经济贸易目标的相互依赖会促成双方在经贸政策上的密切关系，使得如果一国某些经贸政策发生变动，常会影响另一方的经济活动，使得对方需要相应调整有关经贸政策。

一般来说，首先，经济相互依赖的核心是各国的贸易结构、经贸目标和政策上存在着互动，具体体现在金融、贸易与投资方面存在着互动，而与此同时，这种经济关系一旦转变又要付出相应的代价。其次，在经济相互依赖关系中，这种依赖程度不一定是对称的，可以对称，也可以非对称，而且对称性或者非对称性并非一成不变，会随着经济环境的变化而变化。

二、系统论与协同论

(一) 系统论

该理论主张从整体出发来研究系统与另一个(些)系统、系统与系统要素(子系统)以及系统与所处环境之间的普遍联系。

系统思想从古就有,但发展到现代成为一门科学,公认的创始人是著名的理论生物学家贝塔朗菲(1901—1972)。贝塔朗菲首次提出了系统论的思想,先是在 1932 年提出"开放系统理论",其后在发表的论文《关于一般系统论》(1937)中提出了一般系统论原理,奠定了这门科学的理论基础;出版的专著《一般系统理论:基础、发展和应用》(1968)被公认为这门科学的代表作。此后,贝塔朗菲发表的《一般系统论的历史与现状》一文,探讨了系统研究的未来发展。

系统论认为,所有系统共同的基本特征应包含整体性、关联性、等级结构性、动态平衡性和时序性等。贝塔朗菲认为,这些基本特性也是系统论的内容,是系统正常运行发挥作用的理论内涵。

整体性是系统论的核心特征,也是系统论的核心内容。贝塔朗菲认为,系统是一个各部分和谐并存、有机发展的整体,各组成部分并不是简单的叠加,整体的效应是大于各部分的简单总和的。因此,各个要素在系统中有自己的位置,并在特定位置上发挥自己的作用,各个要素之间相互连接、相互作用、相互影响,成为密不可分的整体,这个整体能实现的目标是单个要素无法达成的。

系统论要求在研究问题和看待事物时学会从系统整体的角度去分析,分析问题的各构成要素或事物的各个组成部分在问题和事物中的地位,以及它们之间相互的关联性和与环境之间的关系;分析要素之间如何相互作用,最终实现动态均衡。

(二) 协同论

协同论是系统科学的重要分支理论。在系统论的基础上,结合最新的研究成果,如信息论、控制论等的观点,主要研究各种系统和现象,论证系统内各要素如何通过相互协作,最终实现系统的整体性的理论。该理论从时间、空间、功能性等方面分析系统内各要素之间的从无序到有序的过程和影响因素,寻找和归纳总结系统从混沌变为稳定的规律。

代表学者是著名物理学家赫尔曼·哈肯，代表性研究成果是《协同学导论》（论文）和《高等协同学》（专著），在1971年提出该理论的"协同"概念，在系统论基础上，赫尔曼·哈肯延续了贝塔朗菲的研究，并独立成自己的系统学说。

协同理论的主要内容有协同效应、伺服原理、自组织原理三个方面的内容：

（1）协同效应。它指的是系统中各要素或子系统协作趋同的效应。所有的系统，都是由大量的要素或子系统组成的，对各要素或子系统而言，大系统是开放性的，在这种开放的环境中，要素或子系统之间相互作用，这种作用一旦达到某个临界值能够实现正向的帕累托最优作用，则要素或子系统之间会出现节奏、频率趋向一致，即产生协同效用，这种效应反映了协同由无序到有序、从混沌到稳定的过程。

（2）伺服原理。它指的是当系统中各个要素或子系统发生变化的速度不均衡的时候，速度快的会服从速度慢的，这类要素或子系统称为序参量。最极端的是，当系统处在某个不稳定临界点或稳定的时候，序参量往往起到决定性作用，导致系统稳定或崩溃。

（3）自组织原理。它指的是系统内部的自我组织和自我管理，在没有外在推动力或影响力的情况下，组织内的要素或子系统之间能依据某个内在的规律自动形成稳定态势。一旦有新的要素进入系统内，系统虽然会有暂时性的无序和混乱，但长期来看，系统内可以自动重新优化配置形成稳定状态。

三、新经济地理学

在主流经济学中，空间因素长期未被纳入分析框架中，虽然在很长一段时间里，空间问题在多个经济研究领域已受到学者们的关注，总体而言，这个时期的空间问题的研究较为零散，也缺乏规范和系统的理论阐述。克鲁格曼于1991年发表的《收益递增和经济地理》论文，对经济地理学的理论构建意义非常重大、影响也非常深远，该文的出现，改变了上述的这种态势。克鲁格曼指出，经济中的地理现象在现行经济运行系统中发挥着重要的作用，提出经济地理学研究的重要性。自此，经济地理学发展日益成熟和完善，逐渐发展成为新经济地理学。新经济地理学将空间因素纳入了主流经济学的研究框架，在一般均衡模型中引入了空间因素，借以分析空间范围内的各种经济活动和空间生产方式，以探寻地理上的经济发展规律。

新贸易学说的形成与完善对新经济地理学的形成及发展至关重要。新经济地理学说的提出者克鲁格曼早在20世纪70年代已对国际贸易的新现象作了理论分析，以他为首的一批经济学家运用了D-S模型，对产业内贸易发生的原因进行了理论探讨，发现在不完全竞争条件下，规模经济和差异性是造成这类贸易发生的重要原因，随后克鲁格曼又将运输成本纳入了该理论框架，分析了作为冰山成本的运输成本对贸易的影响，发现由于规模经济和运输成本的原因产业区域集中生产成为可能，这也使得运输这一空间因素将新经济地理学与新贸易理论结合起来，成为新经济地理学的开端。1991年克鲁格曼提出CP模型（核心—边缘模型），分析消费者对企业市场区位选择的影响，指出企业空间选择的原因除了规模经济、运输成本外，消费者或劳动者在不同市场的工资高低也是重要的因素之一。这一理论分析被称为新经济地理学的重要理论，也是新经济地理学成形的重要理论。

新经济地理学的研究成果主要体现在，指出经济活动之所以集中在某个空间，是因为存在本地市场放大效应、循环累积因果链、内生的非对称性、突发性聚集、区位黏性、聚集租金六大效应，其中本地市场放大效应和循环累积因果链最为重要。这些效应的存在，使得企业会因为规模经济、运输成本的节约、消费者或劳动者的工资水平较高、商品丰富和价格便宜等而选择市场规模较大的区域，这些被称为市场接近效应与价格指数效应的影响会随着时空的发展进程而形成良性互动，从而进行良性的循环累积。

六大效应中的内生的非对称性指的是，起初两个区域是对称的，但随着要素自由流动导致两个区域发生了非对称的变化，企业越来越集中于某个区域，并形成产业集聚现象，并且由于循环累积因果链发生效应而在外来因素消失后仍能继续进行。

突发性聚集效应指的是，只有贸易自由化才能促使两个原本对称均衡的区域突发性形成产业集聚；区位黏性指的是，区域不对称形成后，企业要进行新的区域市场的选择会面临着路径依赖，而要打破这种路径依赖只有强有力的外生冲击方有可能实现，而且这种冲击力应大于内生对称性造成的效应；聚集租金效应指的是，经济随着自由化程度变化而发生不同变化的情况。

四、博弈论的应用

博弈论（game theory）又称游戏理论、对策论，最初萌芽于18世纪初，但在20世纪才获得真正的发展，彼时，博弈论只是数学家们研究的课题，主要是一种数学方面的理论，但此后被用于政治、经济乃至军事领域。

约翰·纽曼和摩根斯坦是博弈论与经济研究初步结合的代表学者，两人于1944年出版的《博弈论与经济行为》一书中认为，博弈论作为一种数学方法，研究的是如何利用规则通过竞争获得最大收益，或处理问题取得最好的决策方案等。此后纳什（Nash）提出的"纳什均衡"概念和纳什定理是20世纪40年代末到50年代初博弈论研究高潮的代表性理论，20世纪50—70年代随着学者们由静态博弈发展到关注动态博弈，提出了"子博弈完美纳什均衡"；或者对静态博弈中完全信息的假设扩展为更贴近现实的不完全信息，提出了不完全信息博弈和贝叶斯纳什均衡。将贝叶斯纳什均衡扩展为动态博弈后提出精炼贝叶斯均衡，这一时期各种重要的博弈论理论成果频出；20世纪80—90年代，由于博弈论强大的现实解释力，在经济的各领域，如产业组织、国际经济学甚至是劳动经济学、环境经济学等方面都有了较大规模的应用，使得这一时期成为博弈论的成熟发展期，也因为在博弈论应用经济学中的贡献，诺贝尔经济学奖授予了多位经济学家。

一般博弈论包含的要素有局中人、策略、得失等：①局中人即博弈中的参与人或当事人，拥有决策权。②策略即局中人根据博弈情况，考量收益和成本，得出的应对方案。如果策略是有限的，称为有限博弈，如果是无限的，则称为无限博弈。③得失即博弈的收益和成本，通常称为支付函数，是一组策略。

经济学领域的博弈论的研究较为深入和完善，但也存在着一些研究上的不足，如参与人的超级理性假设，而现实中并非所有参与人或国家都是理性的，而且即使是理性的也不可能保证随时都能理性，这是其一；其二是参与人或国家都是趋利的，即在决策过程中，参与人或国家要不然使自己利益最大化，要不然最大化集体的利益，既然是理性的假设，决策参与人或国家在自己和集体的利益最大化二选一中，往往会倾向选择自己的，在有限资源的条件下，这样的选择难免不令双方发生利益冲突；其三，在博弈论分析经济和国际关系中，采取的分析方法主要是边际分析，但是因为现实经济和国际关系非常复杂，有些因素也不能纯粹用数学来表示，因而在研究中具有局限性。

第二节　不对称经济相互依赖下经贸往来的策略模型

本部分引入非期望效用理论,结合演化博弈,对不对称经济相互依赖下经贸往来的合作或竞争的策略进行分析。

一般博弈论在应用上的不足之一是假设博弈方是超级理性的,而且博弈方是在完全信息条件下进行的博弈,这并不完全符合现实情况。演化博弈论不再将人或国家的博弈方模式设为超级理性,而是认为博弈方人或国家是有限理性的,可以通过试错的方法达到博弈均衡,这与生物进化的原理具有共性,其所选择的博弈均衡是达到均衡过程的函数,因而会受到其他影响函数的因素,如期望、历史、情绪等影响,进而对博弈的多重均衡的选择产生影响。此外,博弈论假设每个博弈人或国家被假定为对所处环境及其他参与者的行为形成正确信念与预期,实际上反映了博弈人或国家在决策中不可避免要受到心理机制的影响,从而使得理性人假设的预期往往与现实的实际行为不一致,心理学家和经济学家们发现了越来越多的证据表明,个人并不一定符合许多关键假设或预测的期望效用模型。

经济相互依赖的双方关于冲突的决策选择是一个在风险背景下如何进行决策的博弈过程,在这个过程中,没有一个国家可以一下子就找到最优的决策策略,而是通过反复不断的博弈,根据曾经的经验,对原有的策略进行调整,也会观察其他国家在相似环境下如何进行决策并进行模仿学习,最后得到一个演化的稳定均衡策略,风险越大,这个决策策略的过程更长。而且,在这过程中,博弈双方考量的因素除了传统的支付函数以外,还会涉及各方面的因素,如双方的偏好等。传统的期望效用理论对此类问题的研究具有局限性,而非期望效用理论的等级依赖期望效用(Rank Dependent Expected Utility,RDEU)理论引入了情绪函数,反映了决策者在做决策时的偏好,而且该偏好还会受对方的影响,既反映了博弈方相互依赖的关系,也适用于演化博弈的决策分析。

经贸合作决定了不对称的经济相互依赖下,参与的区域的国家是继续采取合作的策略还是采取竞争的策略(即如何进行决策),是一个漫长的选择最优的过程,也是观察和模仿学习的漫长过程,因此,区域内不对称经济相互依赖下,国家的决策行为可以借鉴演化博弈模型进行分析,在引入非期望效用理论的基础上,结合不对称演化博弈模型进行分析。

一、非期望效用的不对称演化博弈模型

（一）REDU 非期望效用函数

传统期望效用理论（EU）原理是在不确定条件下，基于效用最大化所进行的各种选择结果效用的加权平均策略。学者们在应用和研究中发现了传统 EU 理论的许多悖论，该期望效用理论具有种种局限，REDU 是在弥补传统理论的基础上发展起来的，其基本公式为奎金（Quiggin）（1982）等学者的研究成果

$$V(X;u;w) = \sum_{i=1}^{n} u(x_i) W_i(p), \quad i=1, 2, 3, \cdots, n \quad (2-1)$$

其中，$W_i(p) = w_i\left(\sum_{j=1}^{i} p_j\right) - w_i\left(\sum_{j=1}^{i-1} p_j\right)$，$W_n = w(p_n)$，且 $w_i(p_i)$ 在（0，1）到（1，0）上单调递增，并满足以下归一性

$$w_i(0) = 0, w_i(1) = 1$$

$w_i(p)$ 表示决策权重，是 p 的函数，反映决策者"悲观"或"乐观"的不确定偏好，被称为决策者非期望效用的情绪函数。

设 $w_i(p) = p^{1-k}$，当 $k \in (-\infty, 0)$，$w_i(p)$ 为 p 的凸函数，说明决策方持乐观态度，当 k 越小，说明乐观态度越强；当 $k \in (0, 1)$，$w_i(p)$ 为 p 的凹函数，说明决策方持悲观态度，当 k 越小，说明悲观态度越强。如果 $k=0$，则 $w_i(p)=p$，REDU 为传统 EU。

（二）非期望效用的不对称演化博弈模型

在现实社会中，完全理性的决策者几乎是不可能存在的，特别在面对各种复杂问题时，博弈方的理性程度是有限的，因而博弈方是有限理性的，此其一；其二，经济相互依赖有对称依赖和不对称依赖，在当今世界，完全对称依赖的博弈方也是几乎不存在的，大部分的国家与国家之间是不对称的依赖。

基于上述分析，本部分使用的演化博弈模型假设前提如下：

前提1：参与博弈的国家是有限理性国家；

前提2：参与博弈的国家通过经贸合作措施，如双边贸易、双边投资、签订经济协议并实施等，实现经济上的相互依赖；

前提 3：经济依赖度大的博弈方实施策略获得的博弈收益比依赖度小的博弈方更小。现实中，博弈方实施某一策略，如退出合作关系、获取某些经济利益等，经济更依赖的一方，退出的收益成本因为可替代性差等原因，退出的成本比依赖度小的一方更大，而收益又不能迅速从别的市场获得弥补，因而收益成本比会比依赖小的国家小得多。

如图 2-1 所示，博弈方 1、博弈方 2 为经济相互依赖的双方，V 为博弈方从决策中获得的收益，V_1 为博弈方 1，V_2 为博弈方 2，C 为退出的成本，假设 $V_1 > V_2 > 0$，且 $C > V > 0$，很显然，这是一个不对称博弈。根据前述的前提可知，博弈方 1 为依赖小的国家，博弈方 2 为依赖大的国家。

			博弈方 2	
			q	$1-q$
			竞争	合作
博弈方 1	p	竞争	$\frac{V_1-C}{2}, \frac{V_2-C}{2}$	$V_1, 0$
	$1-p$	合作	$0, V_2$	$\frac{V_1}{2}, \frac{V_2}{2}$

图 2-1 博弈的收益矩阵

又，p 为博弈方 1 采用竞争策略的概率，则 $1-p$ 为博弈方 1 采用合作策略的概率；q 为博弈方 2 采用竞争策略的概率，则 $1-q$ 为博弈方 2 采用合作策略的概率。

结合非期望效用决策权重，则博弈方 1 的策略选择的得益和群体平均得益为

$$U_{c_1} = q^{1-k} \times \frac{V_1 - C}{2} + (1-q^{1-k}) \times V_1 = V_1 - \frac{V_1 + C}{2} q^{1-k} \tag{2-2}$$

$$U_{h_1} = q^{1-k} \times 0 + (1-q^{1-k}) \times \frac{V_1}{2} = \frac{V_1}{2}(1 - q^{1-k}) \tag{2-3}$$

$$\begin{aligned}\overline{U_1} &= p^{1-k} \times U_{c_1} + (1-p^{1-k}) \times U_{h_1} \\ &= \frac{V_1}{2} + \frac{V_1}{2} p^{1-k} - \frac{V_1}{2} q - \frac{C}{2} p^{1-k} q^{1-k} \\ &= \frac{V_1}{2}(1 + p^{1-k} - q^{1-k}) - \frac{C}{2} p^{1-k} q^{1-k} \end{aligned} \tag{2-4}$$

博弈方 2 的策略选择的得益和群体平均得益为

$$U_{c_2} = p^{1-k_1} \times \frac{V_2 - C}{2} + (1 - p^{1-k_1}) \times V_2 = V_2 - \frac{V_2 + C}{2} p^{1-k_1} \qquad (2\text{-}5)$$

$$U_{h_2} = p^{1-k} \times 0 + (1 - p^{1-k}) \times \frac{V_2}{2} = \frac{V_2}{2}(1 - p^{1-k}) \qquad (2\text{-}6)$$

$$\begin{aligned}\overline{U_2} &= q^{1-k} \times U_{c_1} + (1 - q^{1-k}) \times U_{h_1} \\ &= \frac{V_2}{2}(1 - p^{1-k_1} + q^{1-k_2}) - \frac{C}{2} p^{1-k_1} q^{1-k_2}\end{aligned} \qquad (2\text{-}7)$$

博弈方 1 的复制动态方程为

$$\begin{aligned}\frac{dp}{dt} &= \left(p^{1-k_1}\ 1-p^{1-k_1}\right)\begin{pmatrix}\dfrac{V_1-C}{2} & \dfrac{V_1}{2} \\ 0 & \dfrac{V_1}{2}\end{pmatrix}\begin{pmatrix}q^{1-k_2} \\ 1-q^{1-k_2}\end{pmatrix} \\ &= p^{1-k_1}(U_{1c} - \overline{U}) \\ &= p^{1-k_1}(V_1 - \frac{V_1+C}{2}q^{1-k_2} - \frac{V_1}{2}(1+p^{1-k_1}-q^{1-k_2}) + \frac{C}{2}p^{1-k_1}q^{1-k_2}) \\ &= p^{1-k_1}(1-p^{1-k_1})(\frac{V_1}{2} - \frac{C}{2}q^{1-k_2}) = 0\end{aligned} \qquad (2\text{-}8)$$

分析非期望效用的不对称模型，则分凹函数和凸函数两种情况进行分析：

情形 1：如果 $w_i(p)$ 即 p^{1-k_1} 为 p 的凸函数，即 $k_1 \in (-\infty, 0)$，说明博弈方 1 对冲突持乐观态度，则 p^{1-k_1}、$1-p^{1-k_1} \neq 0$，则 $\frac{V_1}{2} - \frac{C}{2}q^{1-k_2} = 0$，得解为博弈方 2 的解为 $q^{1-k_2} = \frac{V_1}{C}$，则 $q = \left(\dfrac{V_1}{C}\right)^{\frac{1}{1-k_2}}$。

当 q^{1-k_2} 为凸函数，即 $k_2 \in (-\infty, 0)$，说明博弈方 2 对冲突持乐观态度，则 $q > \left(\dfrac{V_1}{C}\right)^{\frac{1}{1-k_2}}$，且 k_2 越小，选择竞争的可能性越大。

当 q^{1-k_2} 为凹函数，即 $k_2 \in (0,1)$，说明博弈方 2 对冲突持悲观态度，则 $q < \left(\dfrac{V_1}{C}\right)^{\frac{1}{1-k_2}}$，且 k_2 越小，选择悲观的意愿越大，则博弈方 1 采取竞争策略，博弈方 2 维持合作。

19

情形 2：如果 $w_i(p)$ 即 p^{1-k_1} 为 p 的凹函数，即 $k_1 \in (0,1)$，说明博弈方 1 对竞争持悲观态度（即愿意选择合作），则 p^{1-k}、$1-p^{1-k} \neq 0$，得博弈方 2 的解为 $q^{1-k_2} = \dfrac{V_1}{C}$，则 $q = \left(\dfrac{V_1}{C}\right)^{\frac{1}{1-k_2}}$。

当 q^{1-k_2} 为凸函数时，博弈方 1 维持合作，博弈方 2 采取竞争。当 q^{1-k_2} 为凹函数，则博弈双方都维持合作。

博弈方 2 的复制动态方程为

$$\begin{aligned}\dfrac{\mathrm{d}p}{\mathrm{d}t} &= \begin{pmatrix} p^{1-k_1} & 1-p^{1-k_1} \end{pmatrix} \begin{pmatrix} \dfrac{V_2-C}{2} & 0 \\ V_2 & \dfrac{V_2}{2} \end{pmatrix} \begin{pmatrix} q^{1-k_2} \\ 1-q^{1-k_2} \end{pmatrix} \\ &= p^{1-k}(U_{c_2} - \overline{U}) \\ &= p^{1-k_1}(V_2 - \dfrac{V_2+C}{2}p^{1-k_1} - \dfrac{V_2}{2}(1-p^{1-k_1}+q^{1-k_2}) - \dfrac{C}{2}p^{1-k_1}q^{1-k_2}) \\ &= q^{1-k_2}(1-q^{1-k_2})(\dfrac{V_2}{2} - \dfrac{C}{2}p^{1-k_1}) = 0 \end{aligned} \qquad (2\text{-}9)$$

同博弈方 1 分析结果可得：

情形 1：如果 $w_i(q)$ 即 q^{1-k_2} 为 p 的凸函数，即 $k_2 \in (-\infty, 0)$，说明博弈方 2 对竞争持乐观态度，则得解为博弈方 1 的解为 $p^{1-k_1} = \dfrac{V_2}{C}$，则 $p = \left(\dfrac{V_2}{C}\right)^{\frac{1}{1-k_1}}$。

当 p^{1-k_1} 为凸函数，即 $k_1 \in (-\infty, 0)$，说明博弈方 1 对竞争持乐观态度，则 $p > \left(\dfrac{V_2}{C}\right)^{\frac{1}{1-k_1}}$，且 k_2 越小，选择竞争的可能性越大，甚至会发展贸易战。

当 q^{1-k_2} 为凹函数，即 $k_2 \in (0,1)$，说明博弈方 1 对竞争持悲观态度，则 $p < \left(\dfrac{V_2}{C}\right)^{\frac{1}{1-k_1}}$，且 k_2 越小，选择竞争的可能性越大，博弈方 1 采取竞争策略，博弈方 2 维持合作。

情形 2：如果 $w_i(q)$ 即 q^{1-k_2} 为 p 的凹函数，即 $k_2 \in (0,1)$，说明博弈方 2 对竞争持悲观态度，则得解为博弈方 1 的解为 $p^{1-k_1} = \dfrac{V_2}{C}$，则 $p = \left(\dfrac{V_2}{C}\right)^{\frac{1}{1-k_1}}$。

当 p^{1-k_1} 为凸函数，即 $k_1 \in (-\infty, 0)$，说明博弈方 1 对竞争持乐观态度，则 $p > \left(\dfrac{V_2}{C}\right)^{\frac{1}{1-k_1}}$，且 k_1 越小，选择乐观的可能性越大，博弈方实施竞争策略，博弈方 2 维持合作。

当 q^{1-k_2} 为凹函数，即 $k_2 \in (0,1)$，说明博弈方 1 对竞争持悲观态度，则 $p < \left(\dfrac{V_2}{C}\right)^{\frac{1}{1-k_1}}$，且 k_1 越小，选择合作的可能性越大，博弈双方走向合作。

相位图如图 2-2 所示。

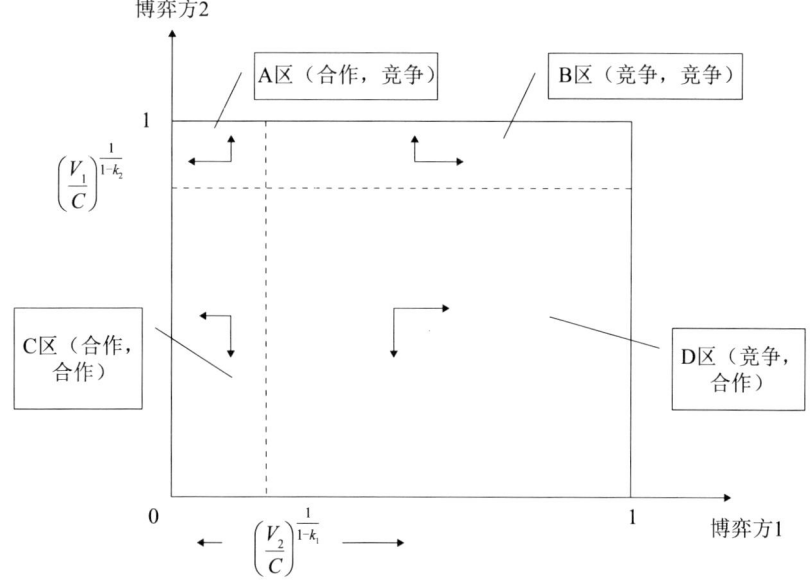

图 2-2　不对称经济相互依赖博弈方群体复制动态和稳定性 1

博弈方 1 和博弈方 2 最终采取何种策略有如下几种情况：

（1）第一种情况，当博弈方 1 的 $0 < k_1 < 1$，即对竞争倾向于悲观的时候，且 k_1 越大，$p < \left(\dfrac{V_2}{C}\right)^{\frac{1}{1-k_1}}$，意味着 p 由 $\left(\dfrac{V_2}{C}\right)^{\frac{1}{1-k_1}}$ 趋向于 0，选择合作的概率越大；与此同时，当博弈方 2 的 $k_2 < 0$，即对竞争倾向于乐观的时候，且 k_2 越小，则 $q > \left(\dfrac{V_1}{C}\right)^{\frac{1}{1-k_2}}$，即 q 由 $\left(\dfrac{V_1}{C}\right)^{\frac{1}{1-k_2}}$ 趋向 1，选择竞争的概率越大。该情况为相位图 A

区（合作，竞争）。

（2）第二种情况，当博弈方1的 $k_1 < 0$，即对竞争倾向于乐观的时候，且 k_1 越小，$p > \left(\dfrac{V_2}{C}\right)^{\frac{1}{1-k_1}}$，即 p 由 $\left(\dfrac{V_2}{C}\right)^{\frac{1}{1-k_1}}$ 趋向于1，选择竞争的概率越大；与此同时，当博弈方2的 $k_2 < 0$，即对竞争倾向于乐观的时候，且 k_2 越小，则 $q > \left(\dfrac{V_1}{C}\right)^{\frac{1}{1-k_2}}$，即 q 由 $\left(\dfrac{V_1}{C}\right)^{\frac{1}{1-k_2}}$ 趋向1，选择竞争的概率越大。该情况为相位图B区（竞争，竞争）。

（3）第三种情况，当博弈方1的 $0 < k_1 < 1$，即对竞争倾向于悲观的时候，且 k_1 越大，$p < \left(\dfrac{V_2}{C}\right)^{\frac{1}{1-k_1}}$，意味着 p 由 $\left(\dfrac{V_2}{C}\right)^{\frac{1}{1-k_1}}$ 趋向于0，选择合作的概率越大；与此同时，当博弈方2的 $< k_2 < 1$，即对竞争倾向于悲观的时候，且 k_2 越大，则 $q < \left(\dfrac{V_1}{C}\right)^{\frac{1}{1-k_2}}$，即 q 由 $\left(\dfrac{V_1}{C}\right)^{\frac{1}{1-k_2}}$ 趋向0，选择合作的概率越大。该情况为相位图C区（合作，合作）。

（4）第四种情况，当博弈方1的 $k_1 < 0$，即对竞争倾向于乐观的时候，且 k_1 越小，$p > \left(\dfrac{V_2}{C}\right)^{\frac{1}{1-k_1}}$，即 p 由 $\left(\dfrac{V_2}{C}\right)^{\frac{1}{1-k_1}}$ 趋向于1，选择竞争的概率越大；与此同时，当博弈方2的 $< k_2 < 1$，即对竞争倾向于悲观的时候，且 k_2 越大，则 $q < \left(\dfrac{V_1}{C}\right)^{\frac{1}{1-k_2}}$，即 q 由 $\left(\dfrac{V_1}{C}\right)^{\frac{1}{1-k_2}}$ 趋向0，选择合作的概率越大。该情况为相位图D区（竞争，合作）。

二、结论

综合上述分析，可以得到如下结论：

（1）不对称经济相互依赖的两个国家，在面临是否继续合作时，选择竞争还是合作的策略，会受对方选择策略的收益和成本之比 $\frac{V}{C}$ 的影响。假设 V 不变，对方取消双方合作造成的一方的成本 C 增加，一方因此策略而损失变大，此时一方会考虑合作策略的概率减少，即同样采取竞争策略的概率增大；反之，假设 C 不变，对方取消双方合作获得的收益 V 减少，则一方也会考虑选择采取竞争的策略以示惩戒。如果成本 C 和收益 V 都因该策略而发生变动，则看选择策略的收益和成本之比 $\frac{V}{C}$，如果对方打破彼此关系选择冲突获得的 $\frac{V}{C}$ 越大，意味着博弈一方的 $\frac{V}{C}$ 越小，则此博弈方也会倾向于选择该策略，但如果对方获得的 $\frac{V}{C}$ 越小，说明博弈一方的 $\frac{V}{C}$ 越大，该博弈方会选择合作策略。总体来说，一方面，考虑收益成本比，如果双方通过经贸合作实现经济相互依赖，使合作产生的合作收益大于竞争成本，则双方有可能实现合作格局；另一方面，不对称经济依赖关系的存在，使得依赖程度较大的国家的经贸格局非常不利，其相互依赖的经济关系有可能因为受到依赖程度小的国家的制约而带来较低的收益成本比，甚至会因此陷入经济贫困的境地，可能受到依赖程度小的国家的操控或作为讨价还价的筹码，一旦这类国家有所反抗，则彼此竞争往往会出现，此时不对称的经济依赖会成为博弈方竞争的影响因素。

（2）国家的偏好 k 对策略的选择有重要的影响，决策者的偏好强化或缓和了基于 $\frac{V}{C}$ 的策略选择倾向。如假设博弈方 1 发现采取竞争的 $\frac{V}{C}$ 相对较高，则博弈方 1 倾向采用竞争策略的可能性更大；如果博弈方 2 此时也对竞争有偏好，则双方会竞争越来越激烈。假设博弈方 1 发现采取竞争的收益成本之比较高，但是选择竞争的偏好较小，则会缓和选择竞争的策略倾向，如果此时博弈方 2 采取合作策略，则双方维持合作的可能性越大。正是因为决策者的偏好会极大影响双方的经贸往来，因此可以通过双方协商以及政策协调影响决策者的偏好。

（3）不对称相互依赖的变化。相位图中博弈双方的策略为：A 区（合作，竞争），B 区（竞争，竞争），C 区（合作，合作），D 区（竞争，合作），由此明显看出，虽然一方竞争和另一方合作出现的概率较大，但当双方经济依赖不对称幅度越大，虽然一方维持合作，另一方采取竞争的策略组合概率最大，但这种概率越来越小。

这说明，不对称经济相互依赖导致的博弈后果，大部分的情况会是一方实施竞争策略，而另一方希望保持合作，但这种矛盾是比较低级的，不会出现贸易战。但不对称的幅度越大，一方采取竞争的概率大于以前，另一方采取合作的概率小于以前，会演化为双方都采取竞争行为。而随着彼此不对称幅度的减小，双方都采取合作策略的概率增大，采取竞争策略的概率减少，进一步加大经贸合作，推动经济依赖增强。

（4）积极相互依赖与消极相互依赖。当不对称依赖的两国考量到竞争的成本大于竞争的收益，且双方决策者偏好合作的时候，双方会实现相互合作，共同合作的可能性更大，这是显而易见的。由图2-3可知，当博弈方1的收益成本比的概率 $>\left(\dfrac{V_2}{C}\right)^{\frac{1}{1-k_1}}$，博弈方2的收益成本比的概率 $>\left(\dfrac{V_1}{C}\right)^{\frac{1}{1-k_2}}$，而双方倾向于采取竞争策略的时候，最后有可能产生各种经贸纠纷甚至贸易战。之所以产生这种现象，可以用积极相互依赖和消极相互依赖来解释。假设是竞争获得了超过收益成本比的收益，加之竞争策略偏好的倾向，双方最终发生贸易战是意料之中；但假设是双方保持合作维持合作获得的收益均超过了收益成本比，且越来越大，则会出现，当这种依赖是严重不对称的时候，依附国会担心失去独立性，尤其是经济结构出现依附时，依附国更担心经济命脉被掌控，经济安全得不到维护和保障，或者会采取逐渐降低依赖程度直至切断经贸关系，降低和消除这种严重不对称依赖。在严重不对称依赖中，被依附国实际上在双方经贸关系中拥有更多的权力，即较少的依赖度也是一种权力，如果在依附国上述考量过程中，被依附国凭着这种权力肆意妄为，甚至提出不合理要求，有可能导致两国经贸关系趋向紧张，这就是消极的经济依赖所可能导致的双方竞争以致爆发贸易战。如果是积极依赖，则无论一方是出于偏好还是收益成本的考虑，但是由于积极依赖（各种沟通、合作机制的存在并发挥作用）的效应，双方能够友好协商、合作协调矛盾，产生正的外部性，使得继续合作成为可能。

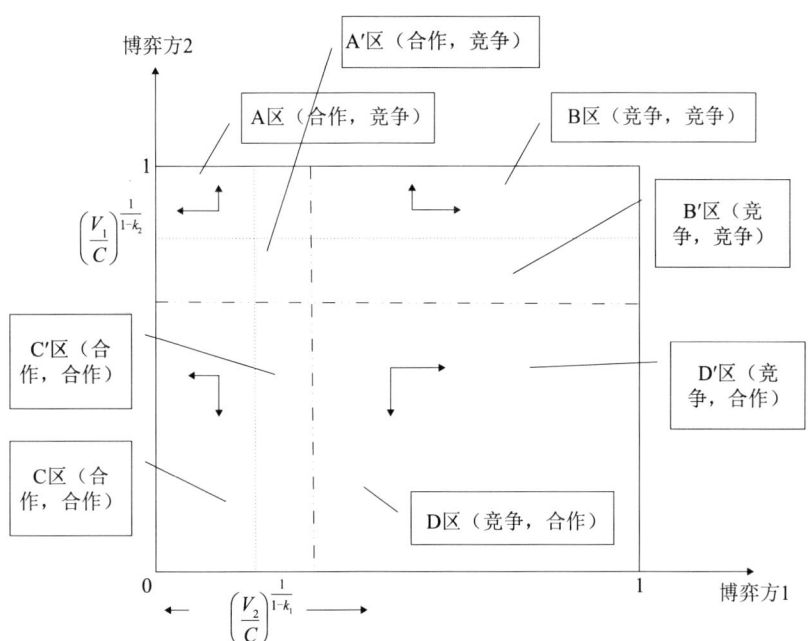

图 2-3 不对称经济相互依赖博弈方群体复制动态和稳定性 2

第三节 区域陆海经贸合作的经济相互依赖传导模型[*]

本节通过构建传导模型,为分析包括传导机制、影响因素和传导过程在内的区域陆海经贸合作影响经济发展提供理论指导。

一、传导模型及其构建依据和原理

区域陆海经贸合作的传导模型基于经济相互依赖等理论和观点而构建,其构建的依据与原理如下:经济相互依赖理论认为,各国经济贸易相互依赖具体表现为经济贸易结构、经济贸易目标、经济贸易政策的相互依赖等方面;贸易和平论认为,经济上相互依赖的国家能够基于贸易关系所形成的多向度双边联系和多层

---

[*] 本节部分内容已发表于《深圳大学学报(人文社会科学版)》,2019 年第 36 卷第 3 期,第 26-36 页。

次沟通机制更加有效地传递信号莫罗（Morrow, 1999），同时，双边关系能够以经贸合作为中心，逐渐外溢到其他合作领域，催生和引领双边在文化、政治、军事和外交等方面的频繁交往与紧密合作；系统论认为，所有系统要素之间是从无序到有序、从混沌变为稳定的过程。

具体传导模型见图2-4。

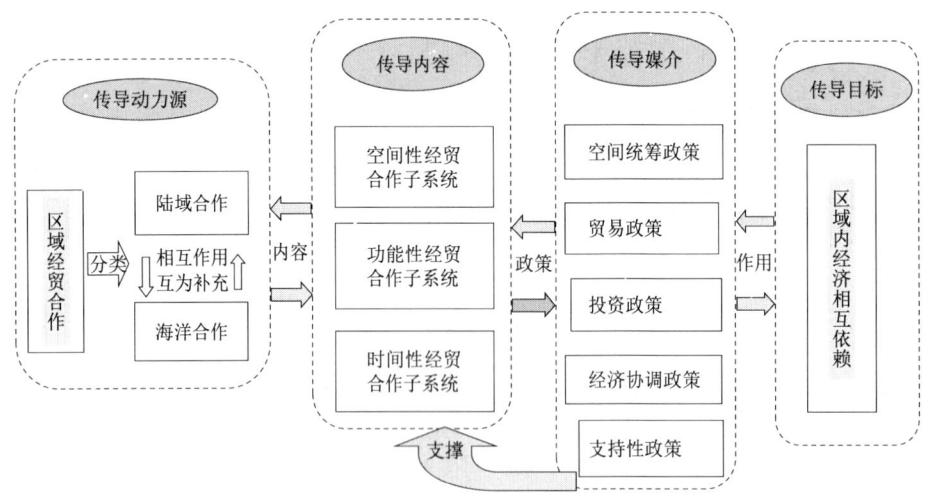

图2-4　区域陆海经贸合作的传导模型

二、传导机制

机制在《现代汉语词典》中表示为四种意思，其中较接近本书的是第四种意思，即机制是某个工作系统，该系统较为复杂，为了系统的正常和顺利运行，其要素或子系统各部分之间相互作用的过程和方式。自然科学领域最早运用"机制"一词，主要指的是事物或自然现象的内在结构与相互作用的过程、原理和功能，后来社会科学领域也逐渐使用开来，一般指的是社会结构或社会组织的内部机构以及运行过程、原理和功能。

传导机制的概念在本部分指的是，在一个有机联系的整体中，如何确定一个特定的目标，并围绕这个确定的目标，制定或根据某种固定的规则和程序，通过实施各种媒介或依托各种媒介，推动各构成要素之间相互作用和相互影响，最终实现既定的目标，发挥应有的效应。例如，货币政策的传导机制一般指的是，央行如何实施货币政策等媒介作用于中间环节，经过一段时间的影响和作用，最终实现既定目标的各构成要素有机结合的过程。

区域陆海经贸合作影响经济发展的传导机制，是区域经贸合作发挥效应的主要内容，传导机制被运行机理、运行规则、传导媒介和内容等极大影响，也决定了区域经贸合作能否有效传导。在本书的分析中，结合系统论、区域经济学、海洋学等相关学科，参考经济学的传导机制等理论研究，将该传导机制定义为，为实现经济发展这一确定的目标，依托各种媒介体或渠道（主要是各种经贸政策），按照一定的传导程序和规则，在区域陆海经贸合作这一有机联系的大系统中，通过各构成要素之间的相互作用和相互影响，将政策内容完整、有效地向目标传递并发挥作用，最终实现其整体目标和功能的过程。

三、要素构成

如图 2-4 所示，传导机制由传导的动力源、目标、内容、媒介等要素构成。

如果把区域经贸合作的循环传导机制视同为人体的血液循环机制，则传导动力源如同心脏，传导的内容如同血液，传导的媒介如同动脉、静脉和毛细血管，传导的目标就是人体正常机能的发挥。这一套血液循环机制如果循环传导不畅，则会导致机能无法正常发挥，如心脏作为动力源不足，则容易引发心肌梗死；如果作为媒介的毛细血管堵塞，则易引发"血栓"，甚至导致全身瘫痪。

因此，整套传导机制由以下要素构成，各要素之间相互影响、相互作用，也成为传导机制顺利工作的重要影响因素。

（一）动力源

动力源原意为由液力变矩器泵轮驱动的液压泵，可以引申为能够提供能量的源头，如发电站提供的电能就是一种电动力源。动力源在这里表示为在传导机制中，能够提供传导能力的原动力，如同人体心脏，对机制的形成具有重要的推动效力。

在模型中，区域经贸合作是机制的动力源，表明通过区域内国家之间的经贸合作，缓解矛盾与纠纷，把主要精力放在双方的贸易、投资合作上，共同推动双方走向和谐。

此外，此处动力源是一个陆域合作与海洋合作相互作用、相互影响的系统，包含陆域经贸合作和海洋经贸合作。陆域经贸合作指的是双方合作内容为陆地商品交换、陆地生产要素的交换和跨国移动与配置；海洋经贸合作是海洋商品交换、海洋生产要素的交换和跨国移动与配置，既包括海洋空间合作、国家间海洋经济协调，也包括海洋资源、产品的交换和投资等经济合作活动。二者既是区域经贸合作系统中的组成部分，同时又相互衔接和互为需要，并以交通与基础设施相互联通作为桥梁。

可以把区域经贸合作系统看作一个系统、子系统和要素的函数关系

$$S = F(a_i, b_i) \quad (2\text{-}10)$$

其中，S 是系统整体，a_i 是陆域经贸合作，b_i 是海洋经贸合作，分别是系统的构成子系统，子系统里有 i 个要素，$i=1-n$。

陆域经贸合作发展较早。由于人类以陆地作为其生活和生产的主要场所，所以千百年来陆域经济获得了充分发展，从而为人类生产和生活奠定了物质基础，与此同时，随着科学技术的进步，许多陆域产业也逐渐形成并获得较大的发展，进入了成熟阶段，成为区域经贸合作的最初动力源，国家之间的陆域经贸合作顺应发展起来，形成较为成熟的陆域经贸合作。

但是陆域经济的发展已经面临着严重的陆地资源匮乏的困扰，并引发日益严重的人口、环境问题，过度负荷的陆地环境已经无法承载人类的生产生活，这些都迫使人们开始积极探索陆域以外的环境，海洋便进入人类视野，人类也通过运用日新月异的科学技术获得了许多强有力的工具开发海洋，海洋蕴含着丰富的交通、海水、矿产、生物和非生物资源等，为人类的生产生活提供了新的动力源。陆域成熟产业不断向海洋延伸，陆域经济延伸为海洋经济，陆域和海洋彼此相互作用、相互促进，如海洋捕捞、海上运输、海水养殖和海洋矿产开发等生产环节在陆地上不断完成，高新技术的发展以及海洋新产品也层出不穷，促进了各类海洋产业的出现与发展。海陆产品互动发展，区域国家间海洋产品流通加大，贸易和投资往来增强，促成了海洋经贸合作的形成。

总体上看，随着人类对资源的开发利用能力的增强，特别是对海洋资源的深入开发，陆域经济和海洋经济互为需求，经济的互补性、产业的互动性和关联性都获得了进一步的增强，海洋经贸合作与陆域经贸合作互相作用、相互推动经贸合作系统的发展。一方面，海洋资源开发的深度和广度不能离开陆域经济的强大

支撑，海岸带成为陆域经济的资金优势和海洋资源相结合的最好的开发和加工场所，也是陆域经济向海洋经济延伸的依托场所，而海洋经贸合作依托海洋经济的发展，国家之间海洋产品的交换需要陆域交通设施和海洋交通设施互联互通，因而海洋经贸合作和陆域经贸合作互动性强，互补度高。另一方面，对于各国的经贸合作而言，陆域经贸合作的战略意义和陆域经济的战略优势提升也需要海洋经贸合作来增强。

（二）传导目标

传导目标是指，区域经济相互依赖，通过政策、内容的传导，使得一国或地区能够可持续获得各种资源和要素，既能满足经济发展和社会稳定的需要，也能维持良好的要素健康状态，最终形成区域内的经济相互依赖。国家间通过签订贸易协议等方式开展经贸合作，在当前"一带一路"倡议下，其根本目的是通过区域内的国与国之间陆域和海洋经贸合作子系统的交错影响，使得区域经贸合作可以影响区域的经济关系，最终形成陆海经济的相互依赖。

（三）传导内容

传导的内容如同人体血液，构成动力源的内容并传导到目标。

包含海陆经贸合作的区域经贸合作是一个完整的系统。按照系统论的观点，它由许多具体的子系统构成，从而形成一个复杂的巨系统。各子系统间并非简单相加，也不是孤立存在，而是每个子系统之间相互关联；按照协同论观点，各子系统之间如果能够协同作用，则会自发地出现空间、功能和时间上的有序结构和稳定发展。

因此，根据系统论和协同论，区域经贸合作这一大系统的传导内容可以由空间性经贸合作子系统、时间性经贸合作子系统和功能性经贸合作子系统组成，各子系统之间协同作用，良性互动。

空间性经贸合作子系统是经贸合作环境的共享系统，主要指在地理上区域各国的经济布局、空间开发和共享，优化空间格局，如区域经济一体化建设、产业园区合作、陆域腹地与港口合作等。一方面，可以通过空间环境的共享与开发，促进经济资源的充分利用和发展，优化双方产业结构和经济结构，增强综合实力和经济竞争力。另一方面，优化空间格局，以可持续发展观为引领，强调优化空间内的各种要素优化配置,实现空间环境与经贸发展相统一。

时间性经贸合作子系统是利益主体的协调系统,主要指各国之间通过协调、协商、干预、管理和调节等,尽快解决矛盾和问题,根据现实合作情况设定日程安排,提高彼此经贸合作效率,从而使得双方的经贸合作得以根据日程安排顺利发展和正常运行,具有时间上的递进性。

功能性经贸合作系统是商品和要素等资源自由流动系统,主要指贸易、投资等功能性活动进行的多层次、多维度的合作与发展,对双方经贸合作进行广度与深度的拓展,实现商品和要素的自由流动的过程,具有功能上的实践性。

总体来说,三个子系统之间相互作用,良性循环。空间性经贸合作子系统为功能性和时间性经贸合作子系统提供了活动场所,实现空间环境的共享与开发,功能性子系统促进空间内各国商品和要素的自由流动,时间性经贸合作子系统则推动时间上的过渡和递进,影响空间性经贸合作子系统的完善以及功能性子系统的顺利开展。

(四)传导媒介

传导的媒介如同人体的血管,输送血液到人体各个器官,在人体中起着桥梁和纽带的作用。在区域经贸合作的整个传导机制模型中,各项经贸合作政策起着传导媒介的作用。

区域经贸合作三大子系统要达成最终目标,需要借助一定的媒介完成,区域各国实施的经贸政策是将经贸合作内容传输到各国,最终成为对目标起作用的工具和关键的影响因素。

对应三大子系统,实施的经贸合作政策主要分为两个部分:第一个部分是具体的经贸合作政策,主要有空间统筹政策、功能性经贸合作政策,主要是贸易和投资政策以及时间性的协调政策;第二个部分是各类经贸支持性政策,为三大子系统的传导提供各种支撑作用,包含金融扶持政策、能源合作政策、基础设施合作政策、产业合作政策、人才培养政策以及科技合作政策等。

上述各要素相互作用、相辅相成、缺一不可。区域经贸合作是动力源,区域共赢共生的经济发展的目标是接收者,传导的内容是构成者,传导的媒介是桥梁,循环反复形成了传导机制的有机整体。

四、传导过程

区域经贸合作传导的途径一般有三个基本环节。通过区域内各国在海洋空间、功能和时间上采取空间经贸政策、贸易和投资政策以及国际经济协调政策等，实现空间、商品、要素等的合作，与此同时，通过区域内各国在陆域空间、功能和时间上采取空间经贸政策、贸易和投资政策以及国际经济协调政策等，实现空间、商品、要素等的合作，直接或间接影响区域经济发展。其传导的途径一般都包含三个基本环节，即整个过程都经历了从三大子系统的具体内容，到政策工具的实施，到对经济相互依赖发生作用的三个环节。

第三章
"一带一路"倡议的提出与新要求

第一节 "一带一路"倡议的提出

"一带一路"(即"丝绸之路经济带"和"21世纪海上丝绸之路")于2013年9月和10月由中国提出。"一带一路"的目标既有中国扩大开放,加强与世界各国经贸合作的需要,也促进了世界各国共同发展,增进理解和交流。中国与"一带一路"沿线各国的经贸往来、文化交流源远流长,"一带一路"的倡议已经得到绝大部分沿线国家的积极支持和响应。为顺利推进"一带一路",在"一带一路"发展进程中寻找合适的投资机会、提供相应的投融资服务,中国发起并设立"丝路基金"和亚洲基础设施投资银行。

"一带一路"倡议的提出,既有悠久的历史背景,也有深刻的现实考虑。目前,中国崛起正面临着国内外政治经济形势的变化——世界经济复苏缓慢,国际贸易、投资格局与规则酝酿调整,中国经济步入新常态,经济结构改革面临关键时期,中国海洋权益安全形势严峻,周边外交战略经历转型。作为构建中国全面对外开放新格局的综合性战略,"一带一路"倡议的初衷是统筹考量中国与周边各国的优势与利益,促进资金、技术、人才、信息在各国之间的交流,实现中国与世界各国经济的共同发展,打造"命运共同体"。

在地缘经济方面,实施"一带一路"倡议可以为中国经济发展寻找更多的市场和资源。通过"一带一路"倡议,推动中国与沿线各国包括东盟国家的基础设施建设、产业合作、资源开发,积极寻找各方利益的共同点,给沿线各国包括东盟国家带来经济发展上实实在在的好处,达到优势互补、共同发展。中国可以在"一带一路"倡议框架下,坚持陆海统筹、陆海联动、陆海互补的发展道路,有力助推"海洋强国"战略。

此外，中国可以借助"一带一路"促进中国参与海上合作和地区治理。中国在与东盟国家的海上合作和地区治理方面早有尝试。

2013年，习近平主席在印度尼西亚国会的演讲中，强调要在"21世纪海上丝绸之路"建设目标下，发挥中国－东盟海上合作基金的作用，促进中国与东盟国家的"海洋合作伙伴关系"建设。至此，中国－东盟海上合作基金与"一带一路"倡议相结合，为中国更好地参与海上合作和地区治理提供了契机。"一带一路"倡议不是对亚太地区现有合作机制的替代，而是在现有合作机制的基础上，推动沿线各国实现经济优势互补、战略对接。通过"一带一路"倡议的实施，促进中国与沿线各国的交流理解，以经济效益增进理念认同，以经济交流增进政治友好，使东盟国家自愿参与到中国主导的地区合作机制中。它不仅能使中国的经济发展成果与地区发展成效相结合，也有利于中国利用自身优势参与海上合作和地区治理，在地区秩序稳定和地区安全治理中发挥积极作用，体现中国作为负责任的大国应有的担当。同时，中国应不断扩充各类海洋人才队伍，制定完善的海洋维权制度，构建全面的海洋发展体系，充实海洋维权理念和力量，争取在各国友好合作和相互认同的基础上，实现中国海洋权益维护的最大化，因此，"一带一路"倡议将有效辅助中国参与海上合作和地区治理。

第二节 "一带一路"倡议对中国与东盟国家经贸合作的新要求

一、做好经贸合作的陆海联动

中国作为陆海兼备的大国，虽然在地缘空间上是陆海一分为二，但在国家发展战略选择上必须陆海合二为一。这意味着，国家对外经济发展战略也要兼顾大陆和海洋，以全方位的陆海统筹思想取代机械单一的重陆轻海思想。

以往中国与东盟国家的经贸合作更多是从陆地经济范畴考量，双方合作所涉及的产业结构、空间布局都没能跳出陆地疆域甚至行政区域的束缚，缺乏从陆、海多维度推进。"一带一路"倡议的实施,需要中国与东盟国家开展陆海经济一体化的合作加以策应。双方开展陆海经济一体化的合作,一是利于各国陆地产业、海洋产业的优势互补,实现中国新兴海洋产业实力的快速提升;二是利于双方突破陆地经贸合作的局限,从产业、空间、资源、环境方面创造更多合作机会,以陆海经济一体化合作促进政治互信。鉴于此,在"一带一路"倡议实施下,今后中国与东盟国家的经贸合作要迈向双方陆海经济一体化发展的更高目标,这既符合双方重视海洋经济发展的需求,也有利于加强中国与东盟国家经贸关系。

二、做好经贸合作的制度安排与规则构建

中国与东盟国家的经贸合作在"一带一路"倡议指导下开展,必然要受到一系列制度和规则的约束。中国应在双方经贸合作的制度安排和规则构建中发挥主导作用。

中国应将战略突破点放在具有发展潜力的中国与东盟国家经贸合作的制度安排与规则构建上。双方经贸合作,首先,应遵循李克强总理提出的"2+7"合作框架中的"两点政治共识",这是双方经贸合作的基石,所有经贸合作都应在"两点政治共识"原则下开展。其次,双方围绕"七个领域合作",构建一系列涉及贸易、投资、金融、安全、人文、科技合作的国际协议或协定,将双方的利益诉求落实到法律层面,确保双方扩大互利共赢。

三、做好公共产品与国际治理的责任承担

中国在与东盟国家的经贸合作中,既要充分发挥传统友谊、政策宣示的积极作用,也要通过提供公共产品和承担国际治理责任,激发与东盟国家经贸合作的外溢效应。

以开展经贸合作为平台,中国与东盟国家合作提供契合各方实际需求的各类公共产品。中国与东盟国家在贸易、投资领域已经成功合作提供了多项公共产品,包括中国—东盟自由贸易区(China-asean free trade area,CAFTA)早期收获计划、CAFTA 货物贸易协议、CAFTA 服务贸易协议、CAFTA 投资协议,还正在筹备 CAFTA 升级版、RECP 的谈判和建设。"一带一路"倡议,其重点环节也

是提升区域内及区域间的广泛合作。未来中国与东盟国家的合作要迈向深层次、全方位、高水平的发展方向，离不开有关国家合作提供各领域的公共产品。除了热门的基础设施类公共产品，中国还应把关注点放在东盟国家的民生、卫生、医疗、教育、生态、环境、文物、古迹等领域。这些领域的公共产品不像贸易、投资领域的公共产品有着明显的经济效益，但是社会效用高，使数个国家及其民众受益，惠及面广，对该区域乃至全球都是有益的。但是此类公共产品所需的建设资金庞大、投资周期较长、维护成本较高，产生的经济效益偏低。中国应积极与东盟国家协商设计公共产品，广泛参与提供公共产品的集体行动，并在其中发挥主导作用。

第四章

中国与东盟国家经贸合作的实践

第一节　中国与东盟国家经贸合作现状的一般性分析 *

中国与东盟国家陆海相连，自 20 世纪 90 年代以来，特别是在组建自由贸易区后，双方经贸合作取得了极大的进步，成为重要的合作伙伴。目前中国与东盟国家经贸合作的现状和特点表现如下。

一、空间性经贸合作

（一）国家间区域经济一体化

1. 中国－东盟自由贸易区

20 多年来，中国与东盟国家经贸往来飞快发展，双方空间经贸合作最具代表性的是在中国－东盟自贸区框架下的经贸合作，随着自贸区的组建和全面建设，中国与东盟国家的经贸合作发展突飞猛进，自贸区的建设主要有三个阶段，在每一个阶段，中国与东盟国家的经贸合作都具有不同的特点。

（1）2002—2010 年组建阶段。这一阶段以双方签署《中国－东盟全面经济合作框架协议》（2002 年 11 月）为标志开始，至 2010 年自贸区建成为止。自贸区建成后，中国对来自东盟国家新加坡、马来西亚、泰国、印度尼西亚、菲律宾和文莱等 93% 的产品，征收零关税。这一阶段也是中国－东盟自贸区主要法律文件签署的阶段，货物贸易协议、服务贸易协议、投资协议等都在这一阶段签署完毕。自贸区组建阶段，双方贸易往来不断增加，经贸关系获得了很大的发展，几乎每两三年便突破贸易规模的原定目标，如 2002 年中国与东盟国家贸易规模

---

* 本节部分内容已发表于《国际经济合作》，2019 年第 1 期，第 92-109 页。

已突破400亿美元，2004年贸易规模提前实现千亿美元的目标，2007年贸易规模破2000亿美元的目标。

（2）2011—2015年自贸区建成阶段。在这一阶段中，东盟新成员越南、柬埔寨、缅甸等国家和内陆国家老挝与中国绝大部分商品已实行零关税。中国与东盟老成员相互给予的平均关税都下降至不足1%，其中中国为0.1%，东盟老成员国为0.6%。中国与东盟国家互相开放贸易与投资市场，更是促进了商品的自由流通，双方已各自互为第一大和第三大贸易伙伴。中国于2013年提出启动中国－东盟自贸区升级谈判，2014年中国与东盟正式宣布启动自贸区升级谈判。

（3）2015年11月至今是自贸区升级阶段。在这一阶段中，贸易额与2001年相比，增长了75倍，2014年9月，中国－东盟自贸区升级谈判启动，并以《议定书》❶（2015）的签署为代表，标志着中国与东盟国家在原有自贸区发展的基础上，在市场开放后更注重促进货物贸易和投资效率的提高，同时对原有服务贸易各部门的开放度提高，补充、完善和丰富了双方在贸易和投资领域的升级合作。

2. 区域全面经济伙伴关系协定

区域全面经济伙伴关系（Regional Comprehensive Economic Partnership，RCEP）是2011年由东盟发起的，中国、韩国、日本、印度、澳大利亚、新西兰共同参与的"10+6"自由贸易区协议，其中6国已经分别和东盟签订了5份自由贸易区协定（澳大利亚和新西兰共同与东盟签署1份），目的是通过消除关税与非关税壁垒建立起16个国家的统一市场。RCEP如果建成，将会比中国－东盟自由贸易区的规模更大，涵盖的人口达到35亿，GDP总和也将达到23万亿美元，经济总量占全球总量的1/3，将成为世界最大自贸区。

中国作为大力支持加入RCEP的一员，早已经与东盟签订了自由贸易区协定，并在双方经贸合作已经取得较大成绩的基础上支持和积极参与RCEP的谈判。2012年中国在RCEP 16国经济部长会议上同意组建RCEP，随后按照议程参与了谈判。经过20多轮谈判，截至2018年年底，谈判中涉及的80%的内容已经完成。2018年11月14日RCEP第2次领导人会议在新加坡召开，会议发布的联合声明称，RCEP谈判已经取得实质性进展，各方均显示出强劲的达成协议意愿。

---

❶ 全称：《中华人民共和国与东南亚国家联盟关于修订〈中国－东盟全面经济合作框架协议〉及项下部分协议的议定书》。

在美国退出 TPP 协定 ❶、英国公投退出欧盟的全球区域一体化建设受挫的时期，RCEP 的谈判有条不紊地推进是重大事件，一旦成功，则是区域经济一体化受挫趋势中屈指可数的成功协定之一。

RCEP 如果组建成功，将有利于中国与东盟国家的经贸合作，由于 RCEP 的贸易与投资自由化程度高于东盟与中国签订的协议，各种壁垒的削减幅度的加大，将会给中国与东盟国家带来更多的贸易创造效应，也会加大中国与东盟国家之间的投资力度，增强彼此之间的经济依赖关系。

（二）次区域国际经贸合作

CAFTA 框架下的次区域经济合作已在各个空间范围内开展多层次、多领域的建设，大湄公河次区域（The Greater Mekong Sub-region，GMS）经济合作和 2015 年建立的澜沧江—湄公河合作（澜湄合作）机制这一新的合作机制，北部湾海域有泛北部湾经济合作，陆域有中国－新加坡经济走廊及后来拓展的中国－中南半岛走廊，这些次区域经济合作在 CAFTA 的建设中，形成了重要的"一轴两翼"次区域合作，即以铁路、高等级的公路、高速公路为载体，把 6 个国家、9 个城市串联在一起，从中国－中南半岛经济走廊的"一轴"；以河流为载体，把大湄公河流域的中国与东盟海洋国和老挝组合成 GMS 作为"左翼"；以海洋为载体，覆盖中国、新加坡、马来西亚、印度尼西亚、菲律宾、文莱和越南的泛北部湾经济合作区为"右翼"。中国－东盟全面合作框架下的次区域经济合作是大区域合作的各国和中国根据区位、比较优势等开展的空间合作，是 CAFTA 建设的重要组成和补充部分。

1. 大湄公河次区域经济合作

大湄公河次区域，是指湄公河流域的 6 个国家和地区，包括柬埔寨、越南、老挝、缅甸、泰国和我国云南省。2015 年，GMS 区域内贸易规模为 1939 亿美元，中国成为各国最大的贸易伙伴。大湄公河次区域合作的意义主要表现为其是中国与东盟国家开展的次区域合作，实际上是中国和东盟国家开展合作的试金石。

GMS 的次区域合作主要分为三个阶段，2012 年至今是第三阶段深化与完善阶段。GMS 作为中国与东盟国家最早开始的次区域合作，随着中国—东盟自由

---

❶ 《跨太平洋伙伴关系协定》（*Trans-Pacific Partnership Agreement*，TPP）。

贸易区的发展，开始了深化与升级合作，2011年的第四次领导人会议通过了《大湄公河次区域经济合作新十年（2012—2022）战略框架》，为新十年的合作提供了框架性指南，从2012年开始，GMS在交通运输、信息等领域开展全方位多层次的互联互通，以经贸合作区和工业园区的建立推动贸易便利化等的进一步发展，海陆空的GMS互联互通形成。成立了GMS铁路联盟以加快推动次区域铁路基础设施互联互通；加快铁路建设，推动泛亚铁路网络的形成。2014年通过《区域投资框架执行计划》，重点加大对能源、农业等领域的投资。这一时期有多个铁路合作项目，如中老铁路老挝段（磨丁至万象）2015年开工，标志着这个投资68亿美元完全按照中国标准的铁路项目正式落地，中国与老挝的铁路合作取得了实质性进展。中泰铁路的建设也于2015年12月开始，一旦建成，将完善泰国的铁路体系，丰富泛亚铁路网，也为中泰两国经贸往来奠定了交通基础设施基础，尤其是对较落后的中国西南部和泰国东北部的经济发展影响巨大。中老、中泰铁路项目是GMS区域内开展基础设施建设的旗舰项目，同时也激活了泛亚铁路网建设，对中国—东盟的互联互通建设有着重要的示范意义。值得注意的是，中泰铁路项目铁轨的建设标准是1.435的标准轨，这也为修建泛亚铁路其他路段提供了参考标准。总体上看，这一阶段，GMS的合作及中国—东盟自贸区建设和升级版谈判几乎同步进行，GMS在发展的同时也有利于与中国倡导的"一带一路"进行对接。

2. 泛北部湾经济合作

泛北部湾经济合作是在环北部湾经济合作的基础上外延扩大而成的次区域经济合作区。北部湾在地理上的概念指的是围绕北部湾海域的中国南部沿海粤、琼、桂三省各部分以及越南北部沿海地区。环北部湾经济合作指的是中国三省（粤、琼、桂）与越南的经济合作，泛北部湾经济合作是中国在2006年提出的，合作区域增加了马来西亚、新加坡、文莱、印度尼西亚、菲律宾、泰国等东盟国家，其发展情况分为以下几个阶段。

第一个阶段：两廊一圈、一轴两翼区域合作战略构想的提出与北部湾（广西）经济区的建设（2004—2010年）。2001年中国—东盟自贸区组建后，越南于2004年提出了共建"两廊一圈"，此后中国与越南共同发表了《中越联合公报》（简称《公报》），《公报》中指出双方要探讨两条至越南广宁的经济走廊建设的可行性，以及构建环北部湾经济圈。

2006年在"环北部湾经济合作论坛"上,中国提出了"一轴两翼"区域合作战略构想,构想中将大湄公河次区域合作区作为一翼,另一翼是泛北部湾经济合作区,包括中国、越南、马来西亚、新加坡、印度尼西亚、文莱和菲律宾等国,2009年泰国加入。GMS这一翼立足于陆地合作,以澜沧江—湄公河为载体,泛北部湾经济合作区这一翼则立足于海洋合作,以海洋为载体,彼此互为补充、互相促进。从2007年起,"环北部湾经济合作论坛"变为"泛北部湾经济合作论坛",成为泛北部湾经济合作的论坛平台。

此后广西率先响应"两廊一圈"建设,2006年3月"广西北部湾经济区规划建设管理委员会"正式成立,2007年第一届"泛北部湾经济合作论坛"在广西南宁市举办后,广西将北部湾(广西)经济区的建设作为重点区域进行建设,北部湾(广西)经济区包括广西的南宁市、钦州市、北海市、防城港市四市,2008年"泛北部湾经济合作论坛"指出,"应以广西北部湾经济区为重要基点",同年《广西北部湾经济区发展规划》获得国家批准,规划期为2006—2020年,广西北部湾经济区成为中国第一个国际区域经济合作区。

这一阶段的泛北部湾经济合作主要关注:①加强基础设施建设尤以交通为重点;②金融合作与创新;③改善投资与贸易便利化;④加强文化交流。泛北部湾经济合作强调以临海、临港、临边的重化产业为重点推动泛北部湾经济合作,加强了中国与东盟国家的港航、物流合作,取得了不少成绩。

第二个阶段:快速发展并深化阶段(2011年至今)。这一阶段继续加快海陆互联互通等重点发展领域的合作,并继续深化,同时,随着"一带一路"倡议的实施,努力推动泛北部湾经济合作成为海上丝绸之路的先行示范项目,并努力升级。

2011年《泛北部湾经济合作可行性研究报告》发布,标志着泛北合作成为政府层面推动的次区域合作;2012年制定《泛北部湾经济合作路线图(战略框架)》(简称《战略框架》)。《战略框架》中提出第一个5年将重点优先推动港口物流。2014年正值中国—东盟自贸区升级之年,也是"21世纪海上丝绸之路"启动元年,同年第八届泛北部湾经济论坛提出了"泛北文化传播的合作与创新"。2016年通过《中国—中南半岛经济走廊建设倡议书》。

泛北部湾合作主要是在交通基础设施建设方面的合作,覆盖了各领域具体项目的建设措施,如除了继续建设沿海港口基础设施外,还共同开辟直航东盟各国的航线航班；铁路基础建设方面，推进雅万高铁建设项目；投资和产业合作方面，以两国双园的模式探索合作建设产业园区的具体措施以及创新模式与印度尼西亚的中国·印度尼西亚经贸合作区、中越跨境经济合作区建设都在加快建设；作为泛北部湾经济合作一直重视的金融合作方面，积极推动泛北区域金融市场一体化的建设，开展跨境金融合作和创新，跨境贸易人民币结算试点也在稳步推进。此外还包括了中国与东盟国家制定交通战略合作总规划，双边进行谈判签订交通合作备忘录或联合声明、港口合作协定等，共同打造中国—东盟交通枢纽和交通网络。

3. 中国—中南半岛国际经济合作走廊

中国—中南半岛国际经济合作走廊的建设最早源于对南宁—新加坡经济走廊（简称"南新经济走廊"）的建设。

经过多年规划，目前南宁至新加坡的陆路已经连通，广西到越南的陆路特别是铁路建设加快，其中南宁至越南的国际列车已经开通，南宁—新加坡经济走廊的建设取得了一定的成绩，但总体上来说，与"一轴两翼"中的"两翼"的建设进度相比，南新经济走廊的建设大多数时候局限在南宁与新加坡的合作，而没有达到建设为经济通道的预期，整体合作进展比较缓慢，2014年中国—东盟智库论坛和商务与投资峰会上提出希望加快建设，并在"一带一路"倡议的大背景下，纳入海上丝绸之路的框架中，《愿景与行动》为"一带一路"的建设提供了框架性的规划，于是，2016年决定将南新经济走廊推进为中国—中南半岛经济走廊建设，这是与"一带一路"对接的重要举措，也是对泛北部湾合作务实推进找到新的突破口，目前已被列入六大经济走廊之一。2017年8月《关于合作共建中新互联互通项目南向通道的框架协议》签订，南向通道建设正式开始，2018年11月改名为中新（重庆）战略性互联互通示范项目"国际陆海贸易新通道"（简称"陆海新通道"），合作的区域范围与方向更广，更好地实施"一带一路"倡议。

二、双边贸易

（一）货物贸易

1995—2001年是中国与东盟国家双边贸易起步阶段。这一阶段的特点是，

1995年中国与东盟国家的贸易总额为203.20亿美元,2001年达到415.29亿美元,比1995年增长了1倍多,中国对东盟国家的出口1995年为104.26亿美元,2001年出口为183.22亿美元,增加了0.75倍;从东盟国家的进口1995年为98.94亿美元,2001年为232.07亿美元,增加了1.30倍,总体上看,不管是进口还是出口,双边贸易规模都有一定的增长,但每年的增长情况起伏不定,增长率快的年份如2000年达到45.00%,而1998年为负数,年均增长率为-0.91%。此外,中国与东盟国家双边贸易差额开始出现逆差,但逆差不显著,基本在50.00亿美元之内。

2002—2011年是中国与东盟国家双边贸易快速发展阶段。2002年《中国—东盟全面经济合作框架协议》签订后,双方共建中国—东盟自贸区,中国与东盟国家的双边贸易往来进入快车道,双边贸易额快速增长,双边贸易额首次突破500.00亿美元,达到547.17亿美元,此后除了2009年因为金融危机导致贸易减少以外,以进出口年平均增长率25.00%以上、出口年平均增长26.00%、进口年平均增长约25.00%的速度扩大双边贸易规模,随着2010年中国—东盟自由贸易区的正式成立,双边贸易走出2009年金融危机造成的低谷,2011年进出口额达到3617.92亿美元,是2001年的8倍多,同比增长超过24.00%。随着2011年东盟首次成为中国第三大贸易伙伴,中国与东盟国家的双边贸易规模继续扩大。值得注意的是,这一阶段也是中国与东盟国家贸易逆差增加的阶段,2002年开始,双边贸易逆差开始加大,部分年份如2004年、2011年超过200.00亿美元的逆差。

2012年后是中国与东盟国家双边贸易放缓,但中国顺差阶段。这一阶段的特点是,双边进出口贸易绝对规模继续扩大,2012年进出口额为3984.18亿美元,比2011年增长了10.12%,2015年达到4657.60亿美元,是2011年的1倍多。中国对东盟国家的出口额2012年为2033.37亿美元,比2011年增加了近20.00%,进口为1950.81亿美元,只比2011年增长了1.50%左右。总体上看,进出口贸易规模绝对数增加,虽然仍是增长,但增长速度放缓,2012—2017年进出口年均增长率为6.65%,出口年均增长率为13.34%,进口年均增长为负数,究其原因,一方面,是金融危机后全球普遍进入调整期,经济放缓,影响了双边贸易的发展速度;另一方面,是自贸区建立后面临着仅靠取消关税刺激双边贸易的发展措施已经不够,需要在非关税壁垒、贸易便利化等方面进一步深化双边贸易关系。此外,2012年中国对东盟国家进出口首次出现贸易顺差,2012年贸易顺差为83.60

亿美元，2015 年甚至达到历史记录 838.00 亿美元，2018 年贸易顺差为 506.00 亿美元，主要是由于东盟国家经济发展，进口来自中国的机械设备、食品加工设施、农业机器、电子产品类、钢铁和日用消费品等增多；由于中国加大对东盟国家的投资设厂等而带去的机械设备、原材料、辅料和半成品等增加。

（二）服务贸易

随着中国与东盟国家在货物贸易方面的迅速发展，贸易规模不断扩大，在此基础上，2007 年双方签订了中国—东盟自由贸易区《服务贸易协议》，承诺开放双方的服务业，实现区域内服务贸易自由化并加强服务贸易往来，双边服务贸易获得了长足的发展，2006 年中国与东盟国家服务贸易进出口额为 126 亿美元，2008 年迅速增长为 234 亿美元，年增长率高达 31%；中国—东盟自由贸易区建成后，中国与东盟国家服务贸易总额为 268 亿美元，比 2006 年增长了 1 倍多，增长率比 2005 年同期高出 21%，2012 年服务贸易自由化深化的文件《关于实施中国—东盟自贸区（服务贸易协议）第二批具体承诺的议定书》签订并生效，促进了中国与东盟国家服务贸易的发展，双方的服务贸易也在不断增长中，如 2017 年中国与东盟国家互访人数突破 3800 万人次，创历史新高。目前，东盟是中国的五大服务贸易伙伴之一，双方在海运、航运、金融服务、建筑工程服务等方面开展贸易往来，成为中国与东盟国家双边贸易的重要组成部分。

三、投资合作

在中国与东盟双边投资规模增长的背景下，中国与东盟国家之间的投资也获得了较大的发展，2011 年东盟首次成为中国企业在国外投资的第一大市场，2017 年双向投资额累计超过 2000.00 亿美元。2017 年年末，中国共在东盟设立直接投资企业超过 4700 家，雇用外方员工 35.3 万人。2003—2017 年，中国与东盟国家双边投资为上升趋势，2010 年前，双边投资规模比较小，2010 年后突破 100.00 亿美元，此后持续增加，2014 年有所下降，但 2015 年达到最高点，仅新加坡、印度尼西亚、泰国和越南四国与中国的双向投资额便达到 218.38 亿美元，2017 年有所下降，但也接近 100.00 亿美元。

目前，亚洲基础投资银行（Asian Infrastructure Investment Bank，AIIB，亚投行）已建成并为中国与东盟国家的基础设施建设、油气业、产业园区等方面开展了项目合作。可以预见未来中国与东盟国家的双向投资规模会不断增加。

从年增长率看，2009年因为金融危机，双方的投资额增长率跌至负数，而此前增长率达到22.00%左右，尤其是2008年增长近50.00%，2009年金融危机影响了双边投资，2010年恢复增长，2010年年增长率超过45.00%，但此后增长率有起伏，并呈现下降的趋势，2015年有所上升。2009年后中国对东盟国家的投资有所增加，达到24.95亿美元，与2003年的1.25亿美元相比大为增加。

虽然除了2014年、2015年外，中国引资规模历年来均大于中国对东盟国家的投资规模，但观察年增长率发现，中国对东盟国家的投资年增长率远大于中国的引资年增长率，前者平均年增长率为57.85%，在2006—2008年每年增长率均超过100.00%，2007年超过200.00%，而中国的引资年增长率仅为8.67%。

（一）投资和引资的国别结构

（1）2018年，中国对东盟国家投资额为136.90亿美元，占对亚洲投资额的13.00%；存量为1028.56亿美元，占对亚洲投资存量的8.10%。2018年中国对东盟国家的投资额最多的是新加坡，为64.11亿美元，占比46.83%，其次是印度尼西亚，投资额为18.65亿美元，占比13.62%，第三位是马来西亚，投资额为16.63亿美元，占比12.15%（见图4-1）。

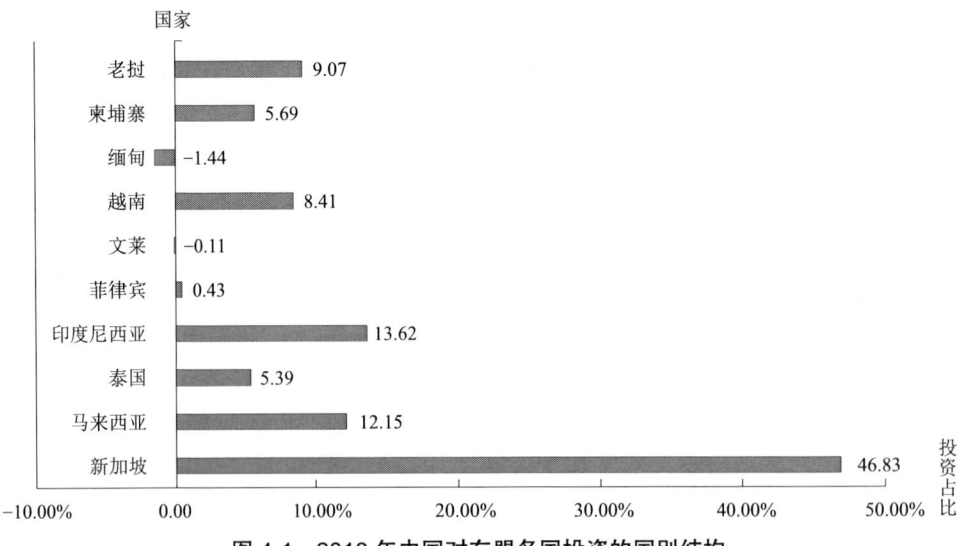

图4-1　2018年中国对东盟各国投资的国别结构

数据来源：《2018年中国对外直接投资统计公报》。

2010年后新加坡、印度尼西亚、泰国、越南和老挝成为中国对东盟国家投资最多的前五位,其中新加坡经过几次大起大落后,2012年后呈现上升的趋势,2015年更是一骑绝尘。菲律宾也呈上升态势,但总体规模较小,增长速度也不快。印度尼西亚、泰国和马来西亚等国家在2010年后接受中国投资的速度明显加快,虽然2014年为下降,但是总体趋势是上升的。其中,对新加坡的投资主要投向批发和零售业、租赁和商务服务业、金融业、交通运输、仓储和邮政业等;对马来西亚主要投向制造业、电力、热力、燃气、水的生产和供应业等;对印度尼西亚则主要投向制造业、租赁和商务服务业、电力、热力、燃气、水的生产和供应业等;对越南的投资资金主要流向制造业、批发和零售业、租赁和商务服务业等产业。

(2)2017年东盟国家对中国投资情况表明,新加坡对中国的投资最多,投资额为47.6亿美元,占中国从东盟总引资的93.00%以上,其次是泰国和马来西亚,实际投资中国的金额均为1.1亿美元,占中国从东盟总引资的2.16%(见图4-2)。

图 4-2　2017年东盟国家对中国投资的国别结构
数据来源:《2018中国外商投资报告》。

而印度尼西亚、马来西亚、菲律宾等国的对外投资发展趋势是趋向下降的,如马来西亚经过2009年低谷后,在2010年后逐年下降,2014年成为最低点,究其原因,近几年马来西亚等国家经济增长乏力,本国政局或者社会秩序不稳定,故对外投资收紧。

(二)投资和引资的行业结构

1. 投资行业结构

2018年,中国对东盟国家投资的行业前四位是制造业、批发和零售业、租赁和商务服务业以及电力、热力、燃气、水力的生产供应业,合计比重都超过75.20%。其中:租赁和商务服务业占11.00%,制造业占32.80%,对东盟各国均有投资,且投资规模都在亿美元以上,租赁和商务服务业主要投向新加坡、老挝、印度尼西亚,制造业投向最多的是马来西亚、印度尼西亚、越南、新加坡和泰国。批发和零售业的投资额为34.73亿美元,占25.40%;其余产业的投资都在10.00%以下(见图4-3)。

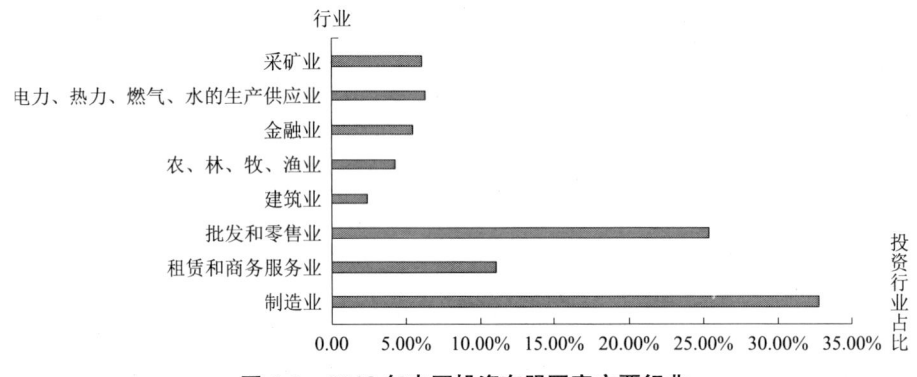

图 4-3 2018 年中国投资东盟国家主要行业

数据来源:《2018年中国对外直接投资统计公报》。

2. 2017 年东盟对中国投资的行业

由于东盟国家对中国投资的行业没有详细的数据,但如前所述,东盟国家对中国的投资中,以新加坡为首,且新加坡对中国的投资占东盟的90%以上,因此分析新加坡对中国投资的产业结构具有代表性。

2013年起新加坡就已经是中国第一大外资来源国,2016年对中国的投资占"一带一路"沿线60多个国家对华投资总额的85.20%,对制造业的投资大约占15.00%,服务业占11.00%左右,以制造业、金融保险、批发零售、固定资产与租赁为主。2013年后新加坡投资倾向于服务业,包括金融、保险、会计、律师、高科技等。

新加坡通过与中国开展园区合作建设来实现对中国的投资，双方的投资合作努力实现经济资源和要素高度互补。新加坡先后在中国投资了四个政府间合作项目，分别是上海附近的中新苏州工业园区、华北地区的天津生态城、新中广州知识城以及位于中国西南部重庆的互联互通示范项目。其中，1994年5月正式成立的中新苏州工业园区是具有标志意义的示范项目。①园区三大新兴产业分别实现产值470亿元人民币、380亿元人民币和350亿元人民币，增长24.00%、36.00%和25.00%；②服务经济方面，服务业增加值约为GDP的1/2，区域金融中心加速形成，苏州金融资产交易中心、股权交易中心等资本要素市场先后设立，区域股权投资基金规模超1200亿元人民币；③注重科技研发，生物医药、纳米技术应用、人工智能产业已初具规模，2018年分别实现产值780亿元人民币、650亿元人民币、250亿元人民币，同比增长27.00%、30.00%、38.00%，高新技术产业产值占规上工业产值比重达到70.00%以上，集聚新型研发机构近500家，万人有效发明专利拥有量149件，平均每天产生发明专利18件；④投资方面，首个国家级境外投资服务示范平台运营良好，2015年新批境外投资额增长163.60%。总体上看，中新苏州工业园区促进了中国与新加坡合作的持续深化，合作领域不断拓宽，园区的建设也主动融入"一带一路"倡议和长江经济带等，园区经验加快辐射。天津生态城是新加坡、中国政府间合作的第二个标志性合作项目，2007年新加坡、中国两国共同发起建设，主要是国家间共建的生态城，该项目已经取得了长足的发展，并被《纽约时报》评为中国最成功的生态城项目。

四、国际经济合作

2017年，中国企业在东盟国家的工程承包新签合同额和完成营业额均实现增长，新签合同额713.2亿美元，同比增长51.2%；完成营业额339.7亿美元，同比增长22.1%。马来西亚和印度尼西亚市场本年度业务增长较快，新签合同额和完成营业额均进入了全球市场前10位。当前，东南亚国家在基础设施建设和制造业领域需求较大，且与中国在基础设施建设方面的合作不断加强。东南亚国家推动区域互联互通的规划与中国提出的"一带一路"倡议相吻合，中国企业积极参与该地区陆上和海上交通基础设施建设，并通过项目建设带动了中国的产能出口与合作，为双边开展基础设施合作提供了机遇。

首先，在东盟各国中，中国企业在马来西亚的新签合同额和完成营业额均为东盟市场的第一，2017年，中国企业在马来西亚市场新签合同额248.5亿美元，同比增长121.2%；完成营业额为81.5亿美元，同比增长71.6%。业务主要涉及交通运输建设、一般建筑、石油化工、电力工程建设等领域。主要参与企业有中国交通建设股份有限公司、中国中铁股份有限公司、中国铁建股份有限公司、中国水电建设集团国际工程有限公司、中国葛洲坝集团股份有限公司、中国建筑集团有限公司、中国石油管道局工程有限公司等。老挝是中国重要的国际经济合作对象，2017年，中国企业在老挝新签合同额为52.1亿美元，同比下降22.4%；完成营业额为42.3亿美元，同比增长43.5%。主要参与企业有中国中铁股份有限公司、中国机械设备工程股份有限公司、中国电建集团及下属企业、北方国际合作股份有限公司、中国葛洲坝集团股份有限公司等。中国企业在老挝市场的主要业务领域为电力工程建设和交通运输建设，其中交通运输建设领域业务增幅较大，新签合同额达23.7亿美元。目前，中国企业在老挝业务逐渐转型，积极开展水电站、矿产等投资开发项目，有力带动了承包工程业务的发展，如中国电力建设集团有限公司投资建设的南欧江流域梯级水电项目正在推进，北方国际合作股份有限公司投资建设的南湃水电站项目已经建成发电（见表4-1）。

表4-1　2017年对外工程承包新签合同额和完成营业额前十大国家（地区）市场

排名	新签合同额			完成营业额		
	国家（地区）	金额（亿美元）	比重（%）	国家（地区）	金额（亿美元）	比重（%）
1	马来西亚	248.5	9.4	巴基斯坦	113.4	6.7
2	印度尼西亚	172.0	6.5	马来西亚	81.5	4.8
3	尼日利亚	114.8	4.3	阿尔及利亚	78.5	4.7
4	巴基斯坦	107.5	4.1	埃萨俄比亚	58.9	3.8
5	孟加拉	104.2	3.9	沙特阿拉伯	63.4	3.8
6	肯尼亚	110.8	3.8	印度尼西亚	55.6	33
7	中国香港	89.2	3.4	中国香港	55.5	3.3
8	安哥拉	85.8	3.2	埃塞俄比亚	55.2	3.3
9	俄罗斯	77.5	2.9	老挝	42.3	2.5
10	埃塞俄比亚	70.6	2.7	肯尼亚	37.3	2.2
	合计	1180.9	44.2	合计	641.6	68.1

资料来源：《中国对外承包工程发展报告2017—2018》。

其次，从建筑和相关工程服务的内容方面分析，中国对东盟国家的工程承包贸易有不同的表现和特点。

（1）电力工程建设领域。2017年中国企业在老挝、印度尼西亚、越南等国电力工程建设市场业务表现较为稳定，新签合同额和完成营业额均进入前10名。

（2）交通运输建设领域。这一领域是中国与东盟国家贸易与合作的热点和重点，表现在铁路领域的合作取得了显著成效，也带动了中国轨道交通设备的出口。2017年，中国企业在马来西亚等国交通运输建设领域业务呈现出较好的发展态势。其中，在马来西亚交通运输建设领域新签合同额达到151.2亿美元，占到了在该领域新签合同额的21.1%。在2017年全球交通运输建设领域业务量前20位的国别（地区）新签合同额马来西亚列第1位，完成营业额马来西亚列第2位，是中国在海外开展交通运输基础设施建设的重要市场。

（3）一般建筑领域。2017年，中国企业在一般建筑领域业绩突出，新签合同额中印度尼西亚列第1位，在完成营业额方面新加坡、马来西亚、柬埔寨、泰国大部分超过7亿美元，进入2017年占该领域业务市场排名前20位。

（4）石油化工领域。石油化工领域的服务包括海上石油平台建设、炼油厂和石化厂建设、油气管线建设、服务维护运转等。2017年，新签合同额方面，中国与马来西亚是23.7亿美元，占2017年占该领域业务市场排名第4位。

（5）通信工程建设领域。2017年中国对泰国、印度尼西亚和菲律宾的通信工程建设服务新签合同额、完成营业额名列前茅，新签合同额方面，进入排名前10位；在完成营业额方面，中国对泰国完成14.5亿美元，位居中国对外通信工程建设领域完成营业额的第1位。

（6）水利建设领域。2017年，中国对东盟国家的新签合同额和完成营业额，在中国对外水利建设领域的营业额中并不算多，只有在完成营业额方面进入全球前10位，其中印度尼西亚位居第7位，完成营业额2.4亿美元。

（7）工业建设领域。东盟国家的印度尼西亚等国是中国对外工业建设领域的主要业务集中国家。其中在新签合同额方面，越南8.6亿美元、印度尼西亚7.3亿美元、泰国5.6亿美元，位于全球前5位；在完成营业额方面，印度尼西亚、马来西亚、越南、泰国进入全球前10位。

（8）制造加工设施建设领域。制造加工设施建设领域业务包括汽车装配和零部件制造厂建设、电子装配厂建设等。中国在越南、新加坡和马来西亚这一领域的市场表现尚可，2017年对越南新签合同额为1.9亿美元，新加坡为1.8亿美元，马来西亚为1.6亿美元；完成营业额方面，新加坡、印度尼西亚、越南进入了全球前10位（见表4-2和表4-3）。

表4-2　2017年进入全球业务前20名的中国对主要东盟国家工程承包完成营业额

单位：亿美元

电力工程建设		石油化工建设		工业建设		一般建筑	
国家	金额	国家	金额	国家	金额	国家	金额
老挝	21.6	马来西亚	12.4	印度尼西亚	11.1	新加坡	24.0
印度尼西亚	16.4	—	—	马来西亚	5.8	马来西亚	23.7
越南	12.6	—	—	越南	5.6	柬埔寨	7.1
菲律宾	7.2	—	—	泰国	2.6	泰国	4.4
泰国	4.5	—	—	—	—	—	—
通信工程建设		水利建设		交通运输建设		制造加工设施建设	
国家	金额	国家	金额	国家	金额	国家	金额
泰国	14.5	印度尼西亚	2.4	马来西亚	25.1	新加坡	4.9
印度尼西亚	10.0	—	—	老挝	12.0	印度尼西亚	1.8
菲律宾	9.3	—	—	—	—	越南	1.5

资料来源：《中国对外承包工程发展报告2017—2018》。

表4-3　2017年进入全球业务前20名的中国对东盟国家承包工程合作新签合同额

项目	占中国对外的排名	国家（地区）	新签合同额（亿美元）
电力工程建设	4	越南	29.4
	8	老挝	19.5
	9	印度尼西亚	18.3
	11	菲律宾	13.2
	15	马来西亚	9.1
	18	泰国	7.9
交通运输建设	1	马来西亚	151.2
	7	老挝	23.7
	9	印度尼西亚	22.8
	16	新加坡	10.7

续表

项目	占中国对外的排名	国家（地区）	新签合同额（亿美元）
一般建筑	1	印度尼西亚	105.1
	3	马来西亚	37.1
	9	新加坡	17.9
	12	柬埔寨	13.7
	13	越南	12.8
	18	缅甸	9.6
石油化工	4	马来西亚	23.7
通信工程建设	1	泰国	15.9
	6	印度尼西亚	7.2
	9	菲律宾	6.4
工业建设	1	越南	8.6
	4	印度尼西亚	7.3
	5	泰国	5.6
制造加工设施建设	4	越南	1.9
	5	新加坡	1.8
	8	马来西亚	1.6

资料来源：《中国对外承包工程发展报告2017—2018》。

五、时间性经贸合作

时间性经贸合作是利益主体的协调系统，是在各国之间通过协商设置合理时间表，彼此解决矛盾问题，按时按质，甚至提前完成目标，实现效率的提高。因而时间性的经贸合作与推进合作前、合作进行中和合作后的协调，分阶段分层次解决合作中出现的问题，提高合作效率有关，因此，在区域经贸合作中主要表现为区域合作主体之间的协调机制，实现双边、多边多领域的互动合作，推动双方在重点合作领域的沟通与联系，协调解决在开展合作项目过程中遇到的问题，从而在多领域达成的合作共识与合作的法律文件。中国与东盟国家之间的协调合作主要有国家间的协调机制和次区域的协调机制，其中由于GMS协调机制比较成熟,因而也是次区域协调机制的典型代表。

(一)国家间时间性经贸合作和协调机制

中国与东盟国家之间在经贸合作中形成的时间性协调机制,是在"10+1"的合作机制下实现的。从1997年建立这一机制以来,双方的合作不断发展与深化,成为中国与其他国家开展时间性经贸合作的重要机制之一。

纵观中国－东盟自由贸易区的组建和升级过程,可以看出,中国与东盟的协调机制是一个不断加强和深化的过程。综合来看,这套协调机制由上至下主要包括国家层面的中国－东盟领导人会议;部委级和下属机构合作层面的部长级会议、中国－东盟高官磋商、各种合作委员会和各种论坛;以及民间层面的协调合作等。

(1)国家层面的协调机制与对话平台。中国－东盟领导人会议是中国和东盟领导人每年都举行的非正式会议,原名"10+1"领导人会议,后称为"中国－东盟领导人会议",讨论中国与东盟合作中的重大问题,就中国与东盟未来的发展作出战略规划和指导。

(2)部委级和下属机构层面的协调机制与对话平台。主要是各部委就各自管理的领域召开针对性的协调和对话。目前已有11个部长级会议机制,各个部长召开会议就本领域双方的合作问题进行磋商协调,如中国－东盟交通部长会议,多次就中国与东盟国家的交通问题进行协商,2016年召开的第15次交通部长会议便签署和颁布了《中国－东盟交通合作战略规划》(修订版)、《中国－东盟交通运输科技合作战略》,这也是中国"一带一路"倡议在交通运输领域与东盟国家交通战略规划对接的标志性成果文件。

其中,中国与东盟的外长会议已有16年的历史,主要是每年举行会议,针对外交等问题开展协商,特别是就中国与东盟之间年度重点关注事项展开交流。

中国－东盟高官磋商距今已有13年的历史,每年就年度安全问题、政治问题等进行交流,如曾经就对话关系周年系列纪念活动、加入区域政治协定、南海行为准则制定等问题进行沟通,并为中国－东盟外长会议做准备。

各类合作委员会及论坛。它包括中国－东盟联合合作委员会、1993年成立的中国－东盟经贸联委会和中国－东盟科技联委会、1996年成立的东盟北京委员会、1997年成立的中国－东盟商务理事会、2010年建立的中国－东盟联合银行体、2011 年成立的中国－东盟中心、2004 年起举办的中国－东盟博览会等一系列委员会，还有各类合作论坛。各类合作委员会是讨论文化、人员流动、经贸合作等问题的平台，如中国－东盟联合合作委员会，每年在印度尼西亚的雅加达举行会议，出席会议的有东盟常驻代表委员会代表和中国驻东盟大使、中国－东盟经贸联委会代表等。此外，展会、论坛如中国－东盟博览会等也在各领域协助中国与东盟国家开展各种协调和交流。

（二）次区域时间性经贸合作和协调机制

中国与东盟国家的次区域合作中，以大湄公河地区的协调机制最为成熟。大湄公河次区域的经贸合作是建立在平等、互信和互利基础上的，是发展中国家之间合作共赢的机制，也是一个务实的机制。

大湄公河次区域的协调机制首先是 GMS 合作机制。GMS 合作机制主要有三个层次，第一个层次是领导人会议，是 GMS 中最高决策机构，每三年召开一次会议；第二个层次是 GMS 部长级会议，每年举行一次；第三个层次是部委高官会议、涵盖各领域的论坛、工作组会议等，其中交通、能源和电信是关注的重点领域，主要有贸易与投资工作组会议、环境和旅游工作组会议，以及向部长级会议报告。三个层次的机制为 GMS 区域的合作保驾护航（见表 4-4）。

表 4-4　GMS 机制的代表性文件

阶段	标志	其他相关文件
以项目为导向的部长级初步合作	《大湄公河次区域经济发展规划》（1993 年）	《大湄公河次区域经济合作——由倡议走向实施》文件（1994 年）； 《大湄公河次区域经济合作——面向挑战》（1995 年）； 《不断发展大湄公河次区域经济合作的势头》（1996 年）； 《开放边境携手合作》，首次提出了建立"商业论坛"（2000 年）； 《展望未来，继续推进大湄公河次区域经济合作》（2001 年）
GMS 合作机制形成与发展的十年	批准《次区域发展未来十年（2002—2012）战略框架》以及《领导人宣言》（2005 年），标志着 GMS 的合作机制已形成	《大湄公河次区域便利运输协定》及其谅解备忘录、中方加入书和《大湄公河次区域政府间电力贸易协定》； 《实施次区域跨国电力贸易路线图谅解备忘录》（2008 年）； 《经济走廊可持续与均衡发展谅解备忘录》（2008 年）； 大湄公河次区域铁路衔接计划（2010 年）
GMS 合作机制的完善	《大湄公河次区域经济合作新十年战略框架》（2012 年）	《区域投资框架执行计划》（2014 年）

资料来源：根据历年《中国—东盟年鉴》整理。

多层次的合作机制的构建和顺利运行，协调了中国与东盟国家在各领域的意见，保证了中国与东盟国家的合作能正常运行，实现在求同存异、共同发展的基础上相互协调，加深双方的合作关系，在中国与东盟国家的经贸合作和战略安全方面取得了丰硕的成果。一方面，在战略安全领域，中国与东盟国家本着互信互利、平等协商的精神，加强沟通和协调；另一方面，在经贸合作上，推进了中国与东盟自由贸易区的建设和升级，使双方的合作实现了跨越式发展，双方的贸易与投资增长更为迅速。在贸易方面，中国是东盟的第一大贸易伙伴，东盟是中国的第三大贸易伙伴；在投资方面，2019年双方累计投资额是1991年的20多倍，其成就非常巨大，这与中国与东盟构建的合作机制的顺利运行是分不开的。

第二节　中国与东盟国家经济相互依赖的实证分析

如前述，区域经贸合作会形成经济相互依赖，而中国与东盟国家经贸合作形成的经济相互依赖情况如何，具有什么特点需要进行进一步的分析。本节根据前述的理论框架，基于经济相互依赖理论，运用贸易和投资相互依赖指标，对中国与东盟国家的经贸合作形成的经济相互依赖进行实证分析，试图从双方经济相互依赖的现状、类型和发展趋势方面，分析双方经贸合作中存在的不足，为"一带一路"倡议下推动双方经贸合作的进一步深化提供对策思路。

一、贸易相互依赖

（一）指标选用与公式

贸易依存度反映了一国对另一国贸易的依赖程度，因而可以作为贸易依赖的分析指标。其公式如下

$$\mathrm{FTD}_{AB} = \frac{I_{AB} + X_{AB}}{\mathrm{GDP}_A} \tag{4-1}$$

其中，FTD_{AB} 表示 A 国对 B 国的贸易依存度，I_{AB} 表示 A 国从 B 国的进口，

X_{AB} 表示 A 国对 B 国的出口，GDP_A 表示 A 国的 GDP。

（二）贸易依赖表现与特点

（1）中国与东盟的贸易依存度表现为中国对东盟的贸易依存度逐渐减少，但东盟对中国的增长较快。中国对东盟的贸易依存度基本保持 5% 左右，2008 年后逐渐减少为平均 4% 左右；相反，东盟对中国的贸易依存度逐年上涨，2007 年接近 15%，2012 年突破 15%，2018 年接近 20%，2003 年后年平均为 15%，自贸区成立后平均接近 18%（见图 4-4）。

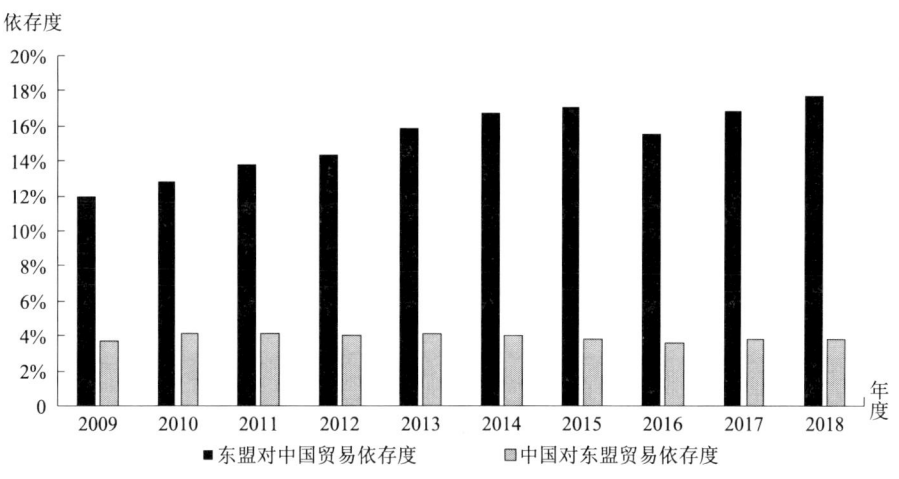

图 4-4　中国与东盟贸易依存度
数据来源：联合国贸易和发展会议数据库。

（2）东盟各国对中国的贸易依存度远远大于中国对东盟各国的贸易依存度。东盟各国对中国的贸易依存度远远大于中国对东盟各国的，如越南和马来西亚对中国的贸易依赖程度都超过 25%，而中国对这两国的不到 2%。此外，东盟各国对中国的贸易相互依赖程度有增长态势，同样，中国对东盟各国的贸易相互依赖程度也有增长态势。其中，东盟各国对中国的依赖增长幅度大于中国对东盟各国的，其贸易依存度从 2003 年开始增长了数倍（见图 4-5）。

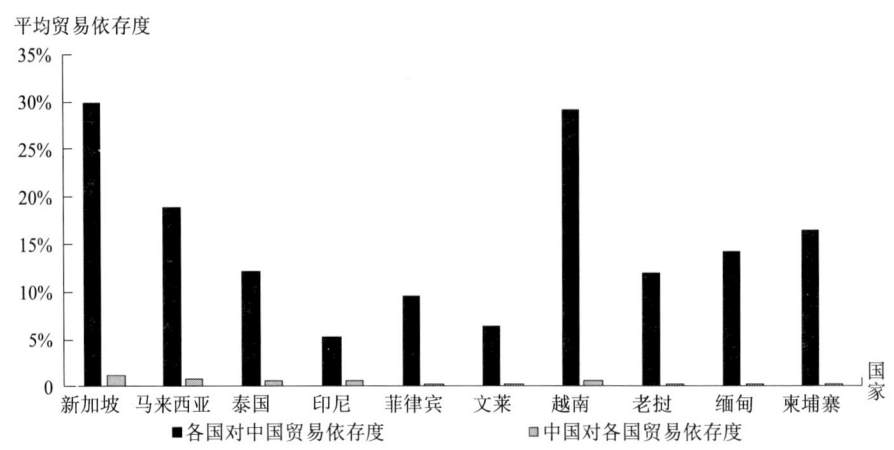

图 4-5 中国与东盟各国平均贸易依存度
数据来源：联合国贸易和发展会议数据库。

结合前述中国与东盟双边贸易情况和贸易依存度可知，中国与东盟国家的贸易相互依赖表现为：

首先，中国与东盟贸易相互依赖程度较大，但属于不对称的贸易依赖。从总体上看，东盟对中国的贸易依赖度更大，表现为中国对东盟的出口规模更大、东盟各国与中国的贸易对本国 GDP 的贡献更大、东盟各国对中国的贸易依存度更大、中国与东盟的出口贸易结合度更大（见表4-5）。

表 4-5 中国与东盟贸易依赖关系比较

指标	中国对东盟	东盟对中国
出口额（亿美元）	3190.26	2027.77
出口增长率（%）	18.79	16.00
贸易依存度（%）	3.94	15.58

数据来源：数据来自前述各表的计算结果而得，各指标值都是2003—2018年的平均值。

其次，中国与东盟各国的不对称贸易依赖幅度增大，贸易依存度的差距在2003年为4.67%，2018年达到13.85%，与2000年相比，不对称幅度扩大了近3倍，可知中国与东盟之间的不对称贸易依赖呈现扩散的趋势，且主要是东盟对中国越来越依赖（见图4-6）。

第四章
中国与东盟国家经贸合作的实践

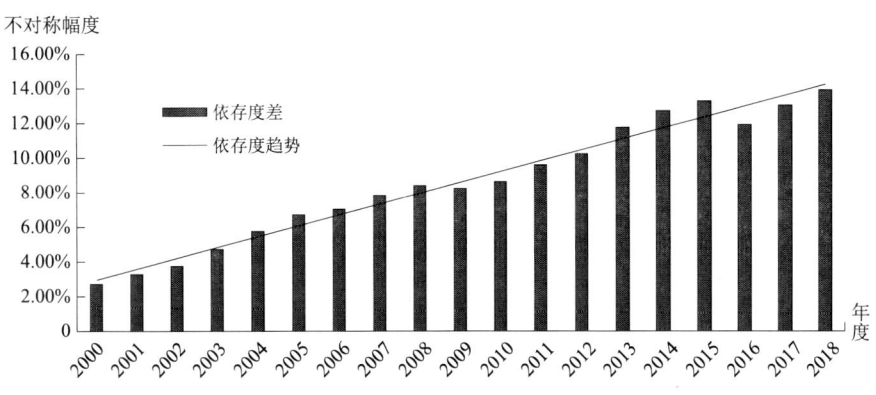

图 4-6 中国与东盟不对称贸易依赖幅度
数据来源：联合国贸易和发展会议数据库。

再次，从东盟的国家结构来看，中国与各国的贸易相互依赖分为三个层次。东盟各国与中国的贸易情况如同东盟整体与中国一般，都具有贸易相互依赖的特征。

根据贸易依存度的分析，按照与中国贸易相互依赖密切程度，把东盟国家由高到低分为三个层次：第一个层次是越南、马来西亚，对中国的贸易相互依赖程度最高；第二层次是新加坡、泰国、菲律宾、缅甸、柬埔寨；第三层次为印度尼西亚与文莱（见表4-6）。

表 4-6 贸易依赖层次

由高到低层次	国家
第一层次	越南、马来西亚
第二层次	新加坡、泰国、菲律宾、缅甸、柬埔寨
第三层次	印度尼西亚、文莱

最后，东盟各国与中国的贸易依赖也属于不对称依赖，且比东盟的不对称程度更高。从贸易依存度看，东盟各国对中国大部分为20%以上，而中国对东盟各国的依存度不到1%，东盟各国对中国的贸易依存度远远大于中国对东盟各国的，可见中国与东盟各国在彼此贸易依赖关系上，东盟各国更依赖中国，而且随着时间的推进，这种不对称的程度趋向增大。对中国不对称贸易依赖大的主要是越南、马来西亚等国家，这与依赖程度的层次大致相似。从不对称依赖的幅度看，2003—2018年以来，大部分东盟国家与中国的不对称贸易依赖幅度趋向于加大，其中2018年柬埔寨与中国的不对称依赖程度比2003年增加了近5倍，越

南2018年与中国的依赖程度比2003年增加了4倍,泰国增加了2倍多(见图4-7)。

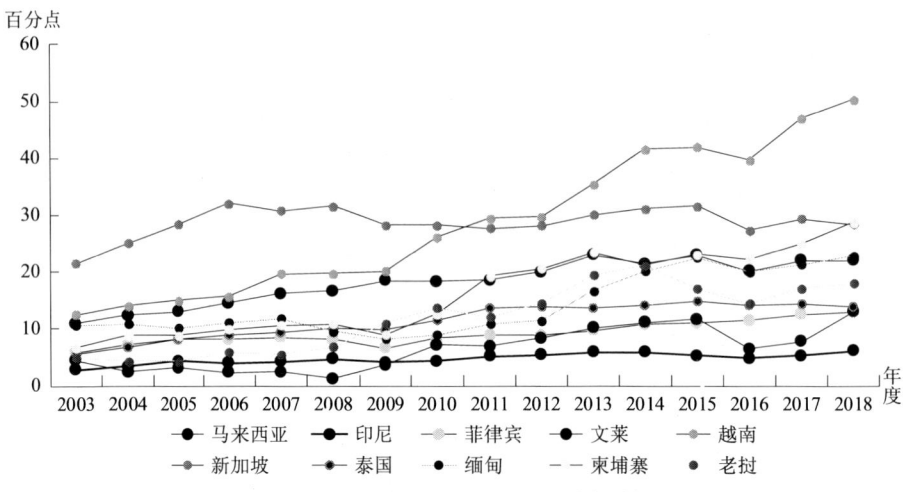

图4-7　东盟国家与中国贸易相互依赖水平差
数据来源：联合国贸易和发展会议数据库。

二、投资相互依赖

(一)投资密集度指数与公式

投资密集度指数用于说明两国之间投资关系,欧盟的统计数据库在表示区域投资一体化的时候,采用了本指数,因此本部分在分析中国与东盟投资依赖度的时候,采用这一指数进行分析。投资密集度指数表示一国对他国的投资和(或)一国从他国的引资/该国的GDP(加上他国的GDP),以说明两国之间的投资占本国GDP的比重高低,如果比重越大,说明两国的投资依赖度越大。

投资密集度指数公式为

区域内投资密集度指数

$$\mathrm{FDI}_t = \sum_{i=1}^{n}(\mathrm{FDI}_{Xij} + \mathrm{FDI}_{Mij})/\sum_{i=1}^{n}\mathrm{GDP} \times 100\% \quad (4\text{-}2)$$

一国对他国投资密集度指数

$$\mathrm{FDI}_{xi} = \sum_{i=1}^{n}\mathrm{FDI}_{Xij}/\mathrm{GDP}_i \times 100\% \quad (4\text{-}3)$$

一国对他国引资密集度指数

$$\text{FDI}_{mi} = \sum_{i=1}^{n}\text{FDI}_{Mij}/\text{GDP}_i \times 100\% \qquad (4\text{-}4)$$

其中，FDI_t、FDI_{xi}、FDI_{mi}分别代表区域内两国投资和引资的密集度指标，FDI_{Xij}表示i国对j国的直接投资，FDI_{Mij}表示i国对j国引资，GDP_i表示i国的国内生产总值。

（二）投资依赖的表现与特点

（1）中国与东盟整体投资依赖度不高，但总体上看依赖度在不断增加；中国对东盟的投资依赖更大，而东盟对中国的引资依赖更大；中国与东盟的投资与引资均为不对称的依赖，引资的不对称幅度2007年后变大，而投资不对称幅度在2015年后增大。

从投资来看，中国与东盟整体的投资情况看，双方的投资密集度非常小，说明了彼此依赖度并不高。此外，2017年中国对东盟整体的投资密集度为0.73%，高于东盟对中国的投资密集度为0.55%，从2007—2017年的发展情况看，2007—2013年，东盟对中国的投资密集度更大，而2014年后中国对东盟的投资密集度超过了东盟对中国的，这说明2014年后中国加大了对东盟的投资力度，并且双方在投资方面的依赖度大为增加。

从引资来看，东盟对中国的引资密集度从2007年开始便一路高涨，2017年达到3.22%，而中国对东盟的引资密集度只有0.04%（见图4-8）。

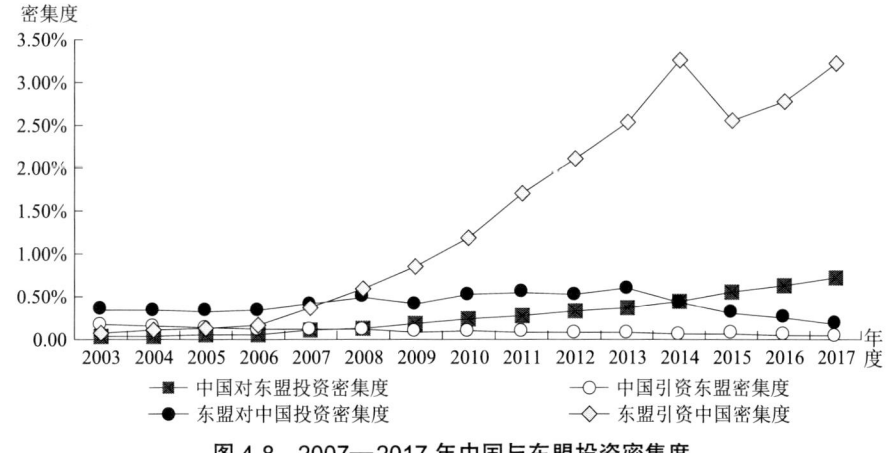

图4-8　2007—2017年中国与东盟投资密集度

数据来源：历年《中国对外直接投资统计公报》《中国外商直接投资报告》。

由上可知，2014年后中国对东盟的投资相互依赖程度更高，2014年前是东盟对中国的投资依赖高；东盟对中国的引资依赖程度远远大于中国对东盟的。但总体上看，中国与东盟的投资关系密切，投资上相互依赖，但与贸易相比，依赖程度并不高，且在引资上双方的不对称幅度较大。

如图4-9所示，中国与东盟的引资依赖差距越来越大，代表着不对称相互依赖的幅度越来越大，2007年不对称幅度仅为0.17%，之后逐渐增加，而2012年突破1.00%，2015年达到3.18%的差距；而投资方面显示，中国与东盟的投资依赖的不对称存在，但幅度性不算大，而且部分年份呈现对称状况，但值得注意的是，2015年后投资不对称幅度超过以往数值，2017年达到3.18%。随着中国对东盟的投资加大，以及东盟越来越依赖中国的投资，双方的投资密集度增大，其不对称幅度也将会继续加大。

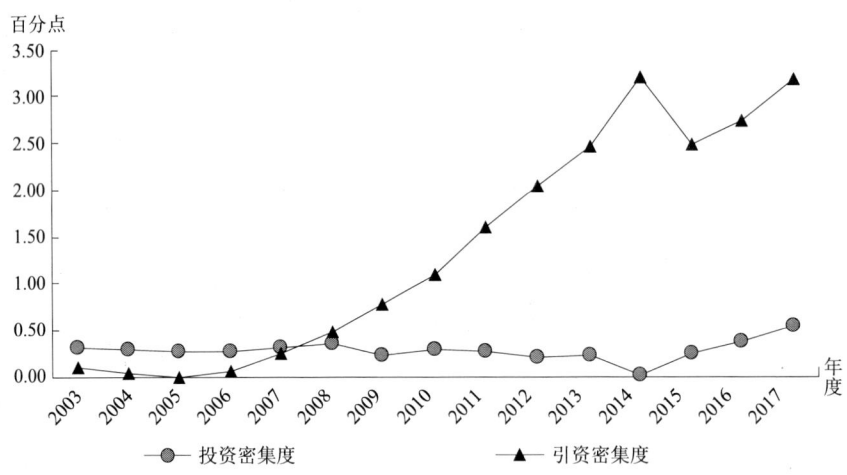

图4-9　2003—2017年中国与东盟投资不对称幅度

数据来源：历年《中国对外直接投资统计公报》《中国外商直接投资报告》。

（2）中国对东盟各国的投资和引资依赖度均小于东盟各国对中国的，东盟各国对中国的投资依赖度更大。东盟各国与中国的投资依赖是不对称依赖，大部分国家投资不对称幅度趋向减少，而东盟各国与中国的引资相互依赖不对称幅度不断增大，其中新加坡等增加最快。

中国对东盟各国的投资和引资密集度均小于东盟各国对中国的投资和引资密集度，可见，东盟各国对中国的投资依赖度更大。

从东盟国家对中国的投资和引资密集度来看，东盟各国的引资密集度更大，其中最大的是柬埔寨，在大部分国家的投资和引资密集度 1.00% 的情况下，平均引资密集度达到了 13.00%，第二位是缅甸，引资密集度平均为 6.42%。第三位是新加坡，引资密集度为 5.08%。东盟国家对中国的投资密集度里，新加坡的最大，平均达到 2.44%，第二位是文莱的 1.84%，其余的投资密集度不到 0.20%（见图 4-10）。

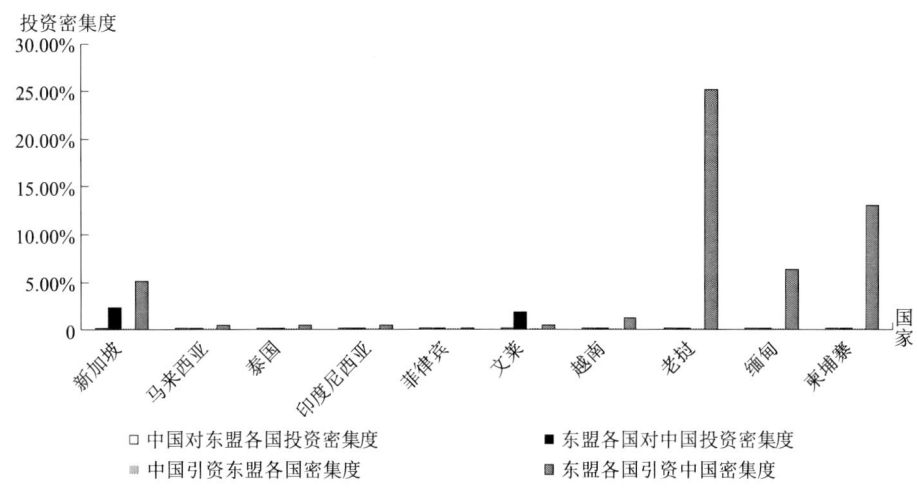

图 4-10　中国与东盟各国投资密集度
数据来源：历年《中国对外直接投资统计公报》《中国外商直接投资报告》。

东盟各国中，新加坡与中国的投资依赖度比较大，并且对中国的投资密集度大于中国对新加坡的投资密集度，彼此之间投资相互依赖是不对称的依赖。

中国与东盟各国有一定的投资相互依赖关系，属于不对称投资相互依赖（见表 4-7）。

表 4-7　2007—2017 年中国与东盟国家投资与引资依赖不对称变化

国家	投资依赖不对称变化	引资依赖不对称变化
马来西亚	−	+
印度尼西亚	+	+
菲律宾	−	+
文莱	−	+
越南	+	+
新加坡	−	+
泰国	−	+
缅甸	+	+
柬埔寨	−	+

注："+"代表加大，"−"代表减少。

投资方面，中国与东盟大部分国家投资依赖不对称幅度有所减少，如中国与新加坡2007年的2.10%减少到2017年的1.11%，与马来西亚由2007年的0.25%的差距缩小到2017年的0.01%，与菲律宾则由2007年0.17%缩小到2017年的0.01%；印度尼西亚、越南和缅甸与中国的不对称幅度在增大，如印度尼西亚2007年为0.02%，2017年不对称幅度增加到0.08%，越南由2007年的0.01%增加到2017年的0.04%。

引资方面，中国与东盟各国的引资不对称幅度都增加，其中，新加坡增加了54倍，此外，2007—2017年，马来西亚由0.88%增加到13.72%，增长了15倍；印度尼西亚由0.16%增加到1.56%，增长了近10倍。

把投资相互依赖根据关系密切程度，在投资和引资方面，根据依赖程度由高到低将各国分为三个层次（见表4-8）。

表4-8 中国与东盟国家投资依赖层次

层次	投资依赖	引资依赖
第一层次	新加坡	柬埔寨
第二层次	文莱	新加坡、缅甸
第三层次	其他国家	其他国家

投资方面，第一层次是新加坡，第二层次是文莱，第三层次是其他国家；引资方面，第一次层次是柬埔寨，第二层次是新加坡和缅甸，第三层次是其他国家。

第三节　中国与东盟经济相互依赖的敏感性与脆弱性实证分析

敏感性和脆弱性的概念源于国外学者提出的经济相互依赖理论。罗伯特·基欧汉和约瑟夫·奈（1977）的著作《权力与相互依赖》是论述相互依赖理论的代表性著作。事实上在他们之前，理查德·库珀（1968）出版的《相互依存经济学：

大西洋国家的经济政策》提出大西洋国家的经济上相互依存的态势。但《权力和相互依赖》的出版，更进一步将相互依赖关系的学说推向了研究的高潮阶段，并有学者将之应用到经济领域，成为研究相互依赖的经典著作。在这部书中，罗伯特·基欧汉和约瑟夫·奈首次提出了敏感性和脆弱性的概念。随后学者们做了进一步研究，如克雷申齐（Crescenzi）等（2005）认为脆弱性与市场结构和资产的特殊性相联系的概念，它们使得两个国家之间相互依存，如果这种关系被破坏，一方或两个国家都可能遭受损失。实证方面，以巴贝利（Barbieri）等（1996）为代表的学者做了定量分析，巴贝利称敏感性和脆弱性为"突出性"与"对称性"，并设计了衡量指标。

国内学者则运用经济相互依赖理论进行了一系列的研究。例如，对经济相互依赖与和平关系的研究（邝艳湘，2008），对中（国）美（国）、中（国）日（本）、中（国）韩（国）经济相互依赖关系的分析等（李蔚华，2009；王毛平，2009，2010；阿燃燃，2011；项卫星等，2012；张彦，2013；王箫轲，2013；李猛，2015；黄琨等，2015；王冠楠，2016），部分学者也对这些国家做了敏感性和脆弱性分析，如项卫星等（2012）对中美关系的分析后指出中国对美国的敏感性和脆弱性远高于美国对中国的，原因是美元本位制和中国的出口导向型战略，因而存在"金融恐怖平衡"；项卫星等（2015）再度发文对中美经济相互依赖关系进行分析，指出贸易和金融领域具有不对称性，因而双方处于消极依赖关系，提出中美的经济相互依赖从消极依赖向积极依赖转变的冲突性、共生性和互利性。敖杏林（2016）在分析中国与周边国家的经济相互依赖的时候，采用贸易依存度指数等对中国与周边国家包括东盟国家（除了新加坡和文莱）的敏感性和脆弱性做了分析，指出中国与东盟不同国家之间存在从普通到友好的关系，但无紧张关系；张彦（2015）借助中国－东盟经贸数据运用贸易份额和经济贡献度指标分析敏感性和脆弱性，指出双方经济相互依赖关系未来朝着不对称方向发展，而且随着东盟对中国的脆弱性增大，东盟的战略地位会处于被动，从而将影响东盟未来的中国战略。陈江虹（2015）运用二元回归模型对中国与越南的敏感性进行分析时指出，中国处于比较有利的地位，越南处于不利的地位。

由上可知，国外学者构建了经济相互依赖的理论以及敏感性和脆弱性的概念，也设计了测度方法，国内学者运用其理论和方法作了补充和实证研究，本章的第二节述进行了实证分析，特别是分析了中国与东盟国家之间的贸易和投资相互依赖，且为不对称，罗伯特·基欧汉和约瑟夫·奈曾经指出"非对称的经济依赖是最可能影响行为体的应对过程"，并指出非对称的经济依赖可分为敏感性相互依赖和脆弱性相互依赖，因而本节进一步对不对称相互依赖下的中国与东盟国家的贸易和投资的敏感性和脆弱性水平进行测度，以分析其情况与变化。

一、贸易和投资相互依赖的敏感性水平

所谓敏感性，指的是某政策框架内做出反应的程度：一国变化导致另一国家发生有代价变化的速度有多快？所付出的代价有多大？即敏感性指的是在某一政策框架（如国内政策或国际协议等）内一国变化对另一国变化的影响，可分为同向的敏感性和反向的敏感性。同向的敏感性指的是一国对他国的变化做出的反应是随之而作的，或者说是同向变化。如果一国对他国的变化的反应强烈且同步，说明彼此之间的敏感性很强且积极变化，相互依赖呈现"情投意合"的状态❶；如果一国对他国的变化做出的反应虽然迅速，但却是反向变化，这是反向的敏感性，即如果一国对他国的变化反应强烈且反向变化，说明彼此之间敏感性虽强但彼此仅是消极的依赖，这种敏感性发展到最后，双方的结局也必然是"分道扬镳"。

（一）敏感性水平的评价方法

在敏感性水平的测算方面，巴贝利（1996）曾使用贸易份额来分析，但该指标更倾向于分析彼此之间的相互依赖关系，且不能完全反映出当一国与他国的经贸活动发生变化时，对他国的经济影响（即另一国因此而发生的变化）。在石柱鲜（1992）、陈江虹（2015）运用计量模型分析相互依赖的敏感性水平的基础上，根据中国与东盟国家既有截面亦有时间序列维度的特点，本书主要采用计量面板数据模型评估两国贸易和投资相互依赖的敏感性水平，该模型可以克服时间序列分析受多重共线性的困扰，能够提供更多的信息、更多的变化、更少的共线性、更多的自由度和更高的估计效率，用于分析中国与东盟国家的贸易和投资往来形成的经济相互依赖对东盟各国经济的影响，其中投资还分析中国与东盟各国

---

❶ 这种"积极"是从是否同步的角度划分的，即即使两国同步产生的物质收益是糟糕的，但对情感关系而言，二者情感上是契合的，合作的感受是愉悦的，实现的是无形收益，并进而影响有形收益。

第四章
中国与东盟国家经贸合作的实践

的 FDI（含外向投资和内向投资）的变化，导致东盟各国经济随之发生什么变化。

模型公式为

$$\ln y_{it} = \alpha + \ln x_{it}\beta + u_{it}, \quad i=1, 2, \cdots, n \tag{4-5}$$

其中，y_{it} 为东盟国家的经济发展情况，用 GDP 来表示，x_{it} 为中国与东盟国家的进出口贸易额 /FDI 外向和内向之和，以 t/i 来表示。

模型的进出口数据来源于联合国贸易和发展会议数据库，时间长度为 1995—2017 年；中国对东盟各国的外向 FDI 数据来源于《中国对外直接投资统计公报》，中国对东盟各国内向 FDI 数据来源于《中国外商直接投资报告》，时间长度为 2004—2017 年。该模型由于 t 大于 n（变量），为长面板，使用软件为 eviews。

经过单位根和协整检验后，分别对模型进行混合回归、变截距和变系数估计，得到统计量 F_2 的值 4.247869183 大于 $F(27, 170)=1.62$，拒绝假设 H2，又统计量 F_1 的值大于 $F(18, 170)=1.67$，则拒绝假设 H1，可知应该采用变系数模型拟合，因而本节分析中国与东盟国家的贸易和投资敏感性水平运用的面板模型最终选定为变系数面板数据模型。

对该模型进行变系数模型的拟合，得到的最终回归结果如表 4-9 所示。

表 4-9 贸易与投资敏感性水平回归系数

变量	贸易敏感性 T	投资敏感性 I
截距 C	2.556203	5.974632
新加坡	1.214350	0.354528
泰国	1.034263	0.184677
柬埔寨	0.961228	0.008481
缅甸	0.914020	0.094062
马来西亚	1.196264	0.298491
印度尼西亚	0.910340	0.104694
菲律宾	0.798777	0.002387
文莱	0.746882	0.031555
越南	0.731241	0.176195

估计结果中，贸易敏感性回归结果中的 $\overline{R}=0.884701$，投资敏感性回归结果

中的 $\bar{R}$ =0.991712，均接近 1，$\bar{R}$ 是样本决定系数，值越接近 1，表示拟合程度越高，方程的拟合度不错。

（二）贸易和投资敏感性水平分析

回归结果显示：

（1）中国与东盟双边贸易和投资对东盟的 GDP 呈同向变化。说明中国对东盟国家的贸易或投资变化会引起对方经济的同向变化。自从 2001 年中国与东盟开展自贸区建设，2010 年自贸区建成，到 2015 年签署自贸区升级协议以来，中国与东盟国家通过促进经贸往来加大了彼此间的经济相互依赖，双方中如果一方在贸易或投资上发生变动，另一方的经济发展因此也发生变化，说明双方在经过多年合作后，敏感度在增强，并且这种敏感性的依赖是正向的。其中，当中国与东盟国家的贸易增加 1.00%，东盟各国 GDP 平均会增加约 0.95%；当中国与东盟国家的 FDI 增加 1.00%，东盟各国 GDP 平均会增加约 0.13%，这种正向的敏感性对双方经济依赖关系的维系有着重要的作用。

（2）中国与东盟国家的贸易敏感度大于投资敏感度。与贸易敏感度 0.95 相比，中国与东盟国家的投资敏感度非常低，只有 0.14。中国与东盟各国的贸易敏感度也普遍接近 1.00 相比，投资敏感度也很低，最高的新加坡只有 0.35（见图 4-11）。

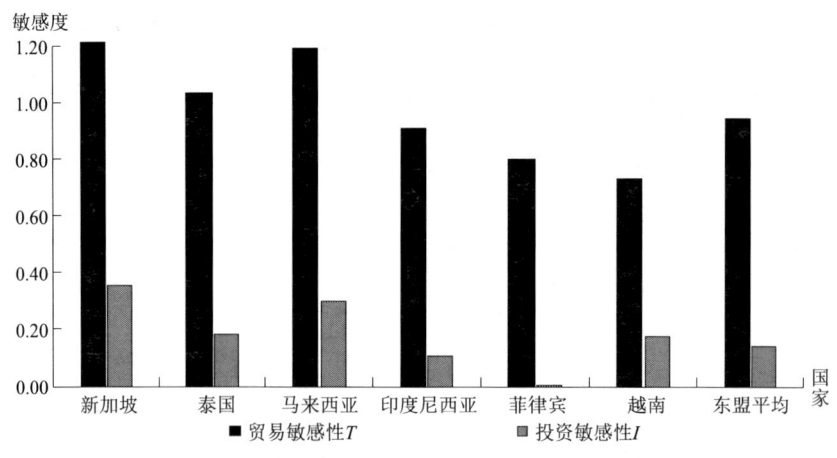

图 4-11　中国与东盟贸易和投资依赖的敏感度

敏感度由大到小为新加坡、马来西亚、泰国、柬埔寨、缅甸、印度尼西亚、菲律宾、文莱、越南。新加坡与中国的贸易相互依赖的敏感度最高,当中国与新加坡贸易额增加 1.00% 的时候,对新加坡 GDP 的影响会随之增加 1.20%;投资敏感度程度由大到小依次为新加坡、马来西亚、泰国、越南、印度尼西亚、缅甸、文莱、柬埔寨、菲律宾。新加坡与中国投资相互依赖的敏感度最高,新加坡与中国的贸易依存度较高,其经济发展受双方贸易的影响较大,对贸易变化的反应较为敏感。货物贸易方面,1995—2008 年以前,中国与新加坡的贸易往来最多,2008 年以后,新加坡仍是中国最大的贸易伙伴之一。中国是新加坡出口和进口第一大国,占新加坡出口总额的 34.90%,新加坡机电产品、化工产品、光学、钟表、医疗设备五大类出口国家或地区均覆盖中国;服务贸易方面,新加坡占对外服务贸易总量的一半以上,且整体是上升的趋势。此外,新加坡与中国间的协商渠道通畅,新加坡政府办事高效、自由开放、基础设施完善等优势使其能对双方的贸易变化做出快速反应。

二、贸易和投资相互依赖的脆弱性水平

经济相互依赖的脆弱性在克雷申齐等(2005)定义的基础上,指的是一国对另一国的经济依赖是否有替代性,即当一国政策等发生重大调整的时候,如该国退出双方经贸往来,则另一国是否有替代方案以及替代方案的成本大小等,如果替代的成本大(或替代的收益小),则说明脆弱性强,随着消极情况出现,彼此经贸关系容易"撕裂";反之,如果替代的成本小(或替代的收益大),则说明双方的脆弱性弱,在敏感性体现为同向(积极)敏感的时候,彼此经贸依赖关系更趋向牢固,进而会进一步软化彼此的主张实现合作。

(一)脆弱性水平的衡量方法

关于脆弱性的测算方法,李蔚华(2009)指出"衡量相互依赖的脆弱性,关键是分析在双边贸易中,彼此出口商品、进口商品的市场可替代性",结合脆弱性的内涵,从市场是否可替代和可替代程度来评估中国与东盟国家经济相互依赖的脆弱性,一国 A 取消或减少与 B 国的依赖关系,最大的损失便是 A 国丧失或减少了与 B 国的进出口贸易额或投资额,另外,有可能因为取消或减少了和 B 国的经济依赖关系而从他国 C 获得支持和贸易或投资收益。因此,按照脆弱性定

义，一国与他国的经济相互依赖的脆弱性水平可以构建"脆弱性指数"进行测度

$$W_{AB} = \frac{V_{AC}}{C_{AB}} = \frac{T_{AC}}{T_{AB}} \tag{4-6}$$

其中，W_{AB} 是 A 国对 B 国的脆弱性指数，C_{AB} 表示 A 国取消或减少与 B 国的彼此依赖关系后的贸易或投资损失（以 A 国与 B 国贸易额或投资额 T_{AB} 表示），V_{AC} 表示 A 国取消或减少与 B 国的关系后，有 C 国的贸易或投资支持和收益（以 A 国与 C 国贸易额或投资额 T_{AC} 表示）。W_{AB} 越大，表明一国从他国获得的贸易或投资利益越能弥补本国取消或减少与原伙伴国经贸关系的损失，市场可替代或付出的代价较小，因而脆弱度越小，反之脆弱度越大。

根据脆弱性指数公式，结合中国与东盟国家的经贸往来以及域外其他贸易伙伴的经贸关系，选定中国与东盟国家取消或减少了贸易或投资依赖关系后的贸易或投资损失为 $T_{AB}=T_{中国—东盟}$，即双方的贸易进出口额（投资额）；T_{AC} 为中国与东盟国家取消或减少和对方的贸易或投资依赖关系后，能从别的国家获得的补偿收益。对东盟而言，美国是东盟最主要的贸易和投资伙伴国，因其历史原因美国与东盟国家也有着密切的关系，因此假设东盟能在与中国取消或减少经贸往来后发展与美国的往来，并获得收益，选定东盟各国与美国的贸易进出口额（投资额）为 $T_{AC}=T_{东盟—美国}$；对中国而言，取消或减少与东盟国家的贸易或投资往来，考虑"一带一路"倡议下沿线国家的战略意义，假设中国在与东盟国家取消或减少贸易或投资依赖后通过发展与沿线国家的经贸往来弥补损失并获得收益，因此选定中国与"一带一路"沿线国家的贸易（投资额）为 $T_{AC}=T_{中国—沿线国家}$❶。

中国与东盟国家、"一带一路"沿线国家、美国与东盟国家的双边贸易数据来自联合国贸易和发展会议数据库，中国对东盟各国、"一带一路"沿线国家的外向 FDI 数据来源于历年《中国对外直接投资统计公报》，中国对东盟各国、"一带一路"沿线国家内向 FDI 数据来源于历年《中国外商直接投资报告》，美国与

---

❶ "一带一路"沿线国家为新加坡、马来西亚、印度尼西亚、缅甸、泰国、老挝、柬埔寨、越南、文莱、菲律宾、伊朗、伊拉克、土耳其、叙利亚、约旦、黎巴嫩、以色列、巴勒斯坦、沙特阿拉伯、也门、阿曼、阿联酋、卡塔尔、科威特、巴林、希腊、塞浦路斯、西奈半岛、印度、巴基斯坦、孟加拉、阿富汗、斯里兰卡、马尔代夫、尼泊尔、不丹、哈萨克斯坦、乌兹别克斯坦、土库曼斯坦、塔吉克斯坦、吉尔吉斯斯坦、俄罗斯、乌克兰、白俄罗斯、格鲁吉亚、阿塞拜疆、亚美尼亚、摩尔多瓦、波兰、立陶宛、爱沙尼亚、拉脱维亚、捷克、斯洛伐克、匈牙利、斯洛文尼亚、克罗地亚、波黑、黑山、塞尔维亚、阿尔巴尼亚、罗马尼亚、保加利亚、马其顿等 65 个国家，其中西奈半岛、摩尔多瓦、不丹数据缺失。此外，因为东盟属于"一带一路"沿线国家，因此数字为减去与东盟的贸易投资额后的余额。

东盟双向投资数据来自美国经济分析局数据库。

（二）贸易和投资脆弱性水平分析

根据脆弱性指数公式计算结果，可知中国与东盟贸易与投资脆弱性水平如下：

（1）中国对东盟整体的贸易脆弱度低于东盟对中国的，而投资方面，中国对东盟整体的脆弱度高于东盟对中国，且中国对东盟整体的投资脆弱度高于贸易脆弱度。2017年中国对东盟整体的贸易脆弱性指数值为1.10，而东盟对中国的为0.46，差距为0.74。主要原因是随着中国与东盟双边贸易逐年增长，尤其是2010年自贸区建成后，中国与东盟进一步加快了贸易合作，签订和发布的服务贸易协议，加快了贸易自由化的建设，贸易方面平均关税下降至不足1.00%。2017年双边贸易总额达到5155.0亿美元，比2010年自贸区建成时增加了近2倍。而且随着"一带一路"建设步伐的加快，中国与除了东盟的沿线国家的进出口规模超过中国与东盟的进出口规模，东盟对中国进出口市场的依赖度越来越大，市场的替代成本上升。2017年中国对东盟整体的投资脆弱性指数值为0.36，而东盟对中国的为1.60，差值为1.24，比贸易脆弱性的差距更大，原因是对中国而言来自东盟市场的资本较多。即使是"一带一路"的开展，由于各种原因，如建设时间不长、沿线国家投资风险较大等，双向投资的规模仍有欠缺，因而对东盟资本市场更依赖，替代成本较大，东盟对中国的脆弱度更低，也与美国和东盟的双向投资较多有关，东盟市场一直是美国在亚洲的主要投资区域，2017年美国与东盟双向投资流量总额307.5亿美元，占东盟吸引外资总额的23.00%，中国对东盟的总投资流量额192.0亿美元，占14.40%[1]（见图4-12）。

（2）中国对大部分东盟国家的投资脆弱度高于贸易脆弱度，但菲律宾与越南与之相反。在中国与东盟这一区域内，中国对东盟整体的贸易和投资脆弱度在区域内处于较高的水平，但相较而言，中国对东盟整体的投资脆弱性比贸易脆弱性更高，这与中国和东盟双向投资总额相比贸易较少，取消或减少与东盟的双向投资，虽然可以与"一带一路"沿线国家开展双向投资替代，但替代额较少有关。

---

[1] 数据分别根据美国经济分析局数据库、中国商务部官方公布的数据计算而得。

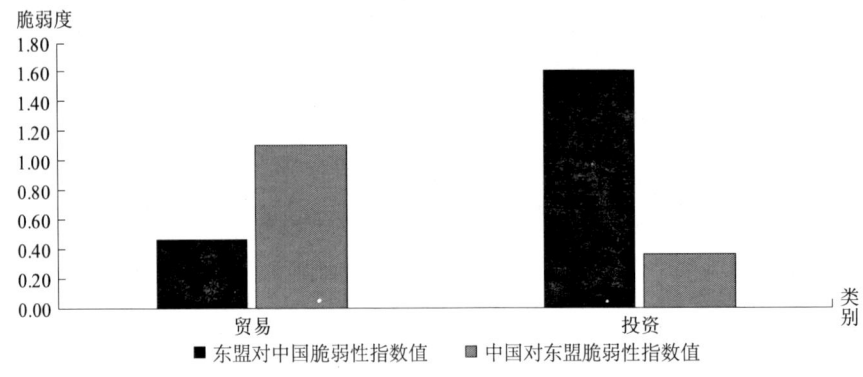

图 4-12　中国与东盟贸易和投资脆弱性指数值

从中国对东盟各主要国家看，新加坡、马来西亚、泰国、印度尼西亚等东盟四国的贸易脆弱性水平均低于投资的脆弱性水平。例如，新加坡贸易脆弱性指数值为 7.18，投资为 0.63，彼此差距较大，说明贸易方面，中国以新加坡为进出口市场的可替代程度较高，而投资方面则是因为对新加坡的引资为东盟各国中最多，投资市场的可替代成本较大；其次是印度尼西亚，投资脆弱性指数值比贸易值高 1 倍左右，而印度尼西亚也是对中国投资较多的东盟国家之一。

中国对菲律宾、越南的脆弱度和东盟其他国家有差异，体现在中国与两国的贸易脆弱性水平高于投资脆弱性水平，尤其是中国与菲律宾的贸易脆弱度比投资高了 6 倍多，说明相对于投资，菲律宾的进出口市场对中国更重要。除此之外，也与菲律宾和美国历史上关系密切有关。虽然菲律宾与中国加大了经贸往来，但贸易特别是双向投资上仍以美国为主，菲律宾是美国在东盟双向投资最多的前两位国家之一，仅次于新加坡，2012 年后美国更是加大了与菲律宾的双向投资。越南与此类似，但越南的贸易脆弱度只比投资脆弱度高 1 倍多，差距相对较小（见图 4-13）。

一般而言，不能忽视高敏感、高脆弱的国家，更需要重视低敏感、高脆弱的国家。

本书构建图 4-14 说明敏感性和脆弱性的组合关系。

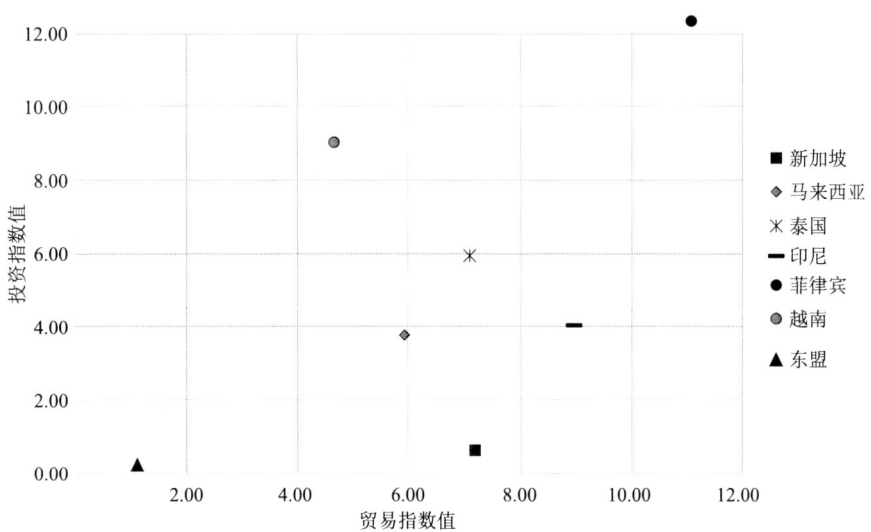

图 4-13 2017 年 中国与东盟的贸易和投资脆弱性指数值

数据来源：根据联合国贸易和发展会议数据库、美国经济分析局数据库、中国商务部数据整理计算。

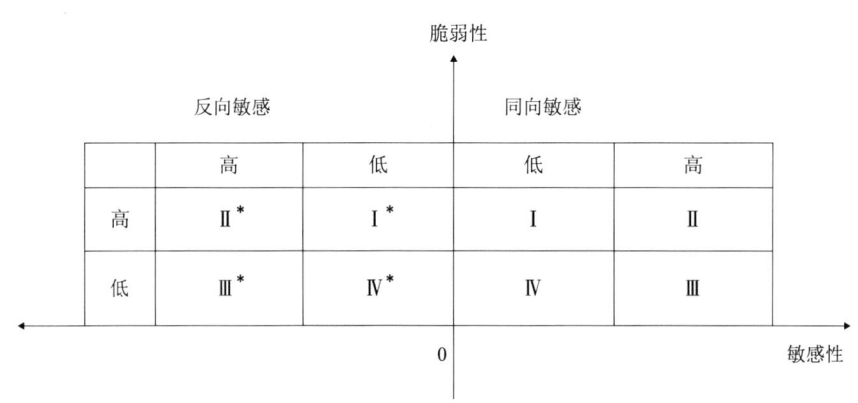

图 4-14 敏感性和脆弱性的组合关系

如图 4-14 所示，如果两国是反向敏感性，则与两国的脆弱性的组合有四种：Ⅰ*（低反敏，高脆弱），即反向敏感程度低时脆弱性高；Ⅱ*（高反敏，高脆弱），即两国反向敏感程度高时两国的脆弱性也高；Ⅲ*（高反敏，低脆弱），即反向敏感性高时脆弱性低；Ⅳ*（低反敏，低脆弱），即低的反向敏感性和低的脆弱性。由于脆弱性决定了两国的经济依赖关系的最终走向，因此前Ⅰ*、Ⅱ*两组高脆弱性加上消极敏感性，会使得彼此经济依赖关系减弱，特别是Ⅱ*最终会导致两国经贸合作关系的结束；而Ⅲ*、Ⅳ*两组低的脆弱性则还能维持一段时间的两国经济依赖，特别是Ⅳ*，在未来如果能调整好彼此的敏感性，使反向朝同向转化，消极向积极转化，则两国经贸合作形成的经济依赖能就较长期维系。

如果两国是同向敏感性，则与两国脆弱性的组合同样也有四种：Ⅰ（低同敏、高脆弱），即两国低的同向敏感性和高的脆弱性；Ⅱ（高同敏、高脆弱），即高的同向敏感和高的脆弱性；Ⅲ（高同敏、低脆弱），即同向敏感性程度高的同时脆弱性较低；Ⅳ（低同敏、低脆弱），即低的同向敏感性和低的脆弱性。这四种组合中，促使两国通过经贸合作加强彼此经济依赖度的是Ⅲ，高的同向敏感性依赖和低的脆弱性，这表明两国经济依赖敏感且不脆弱，两国的经济依赖对彼此经济发展产生了积极的促进作用，同时彼此之间互通有无，沟通畅通，这是两国经贸合作最好的组合；而Ⅰ组，低的同向敏感性与高脆弱性并存会使得两国彼此之间在经贸往来上越来越不同步，加上脆弱性的增加，最终将使得两国的经济依赖关系趋向消散。至于Ⅳ组、Ⅱ组，由于对两国经济相互依赖起决定作用的是脆弱性，这意味着Ⅱ中两国经贸合作会面临着可替代性太小，容易受对方国家市场、产品乃至政策的影响，而Ⅳ组则意味着两国虽然在敏感性程度上并不高，但如果能采取措施增强彼此同向敏感性的程度，则两国经济相互依赖会趋向Ⅲ高同向敏感性和低脆弱性的组合，最终两国经济依赖的维系程度越来越高，合作越来越默契。

在敏感性和脆弱性的关系中，首先，脆弱性有决定双方依赖关系的作用，如果脆弱性太高则无法摆脱对对方的依赖即无法承担政策框架改变时候的代价或承担的成本太大，导致对方在双边关系中更具有"权力"；其次，敏感性反映了双方反应情况，低敏感性意味着双方贸易和投资效应不大，彼此依赖关系容易疏离，如果再加上高脆弱性，意味着双方的依赖关系更容易因为其他各种原因而被动摇，甚至关系破裂，造成极大的损失。在中国与东盟的经贸合作中不能忽视高敏感高脆弱的国家，更需要重视低敏感高脆弱的国家。例如，越南，在东盟主要国家中既是贸易敏感度最低，也是投资敏感度较低的国家之一，同时贸易脆弱度最高，因此中国应关注与越南的贸易和投资，特别是贸易方面要大力开拓市场，增强与"一带一路"沿线国家的相互依赖性；又如新加坡，与中国的贸易和投资敏感度在东盟主要国家间均为最高，表明中国与新加坡的经贸关系非常密切，但中国对新加坡的投资脆弱度却是东盟主要国家中最高的，主要是因为新加坡不但吸引中国对外直接投资，还是东盟国家中主要向中国投资的国家，历年来新加坡对中国的投资占东盟对中国投资的 90% 以上，2017 年仍高居不下，占东盟对中国投资的 94% 左右。新加坡投资脆弱度高说明新加坡是中国不可或缺的双向投资市场，但也意味着中国的资本流向市场单一，因此应加大发展与"一带一路"沿线国家的双向投资，促进中国对外资本流动市场的多元化发展。

第五章

中国与东盟经贸合作模式新构*

---

* 本章部分内容已发表于《国际贸易》,2019 年第 7 期,第 79-87 页。

第一节　经贸合作模式的发展轨迹与特点

中国与东盟国家的经贸合作主要在中国－东盟自贸区的框架下进行，因而随着中国与东盟整体的合作过程体现出双方经贸合作的特点。从历史发展来看，中国与东盟国家的经贸合作模式最初表现为政治合作为主导的模式，当政治合作加深后进入经贸合作为主导的模式，并在政治合作升级下经贸合作模式也升级的过程。

一、政治合作主导

中国和东盟之间的交流与合作最初深受世界政治经济格局的影响，具有主要以政治合作为主导、经贸合作联系较少、规模较小的特点。这一时期从20世纪70年代开始到2003年，主要有三个阶段。

第一个阶段是20世纪70年代至1991年。这一阶段的特点是中国与东盟复交，为进一步合作提供政治条件。20世纪70年代后随着中美关系的缓和，东盟各国陆陆续续与中国复交或建交，1990年，即东盟成立23周年之际，印度尼西亚与中国复交，此后1991年新加坡、文莱与中国建交，至此，所有东盟国家全部与中国复交。1991年中国与东盟开始正式对话，当年7月，中国成为东盟的磋商伙伴。

第二个阶段是1991—1996年。这一阶段的特点是中国成为东盟的全面对话伙伴国。加入对话伙伴国会议的前提是在这一时期双方政治交往的不断深化，东盟各国欢迎中国参与东盟对话，共商政治、经济合作，于是继1996年3月中国主动提出后，7月东盟各国外长达成共识接纳中国成为对话国会议成员。

第三个阶段则是 1996—2003 年。这一阶段的特点是从相互成为睦邻互信伙伴到"面向和平与繁荣"的战略伙伴。1997 年,东盟中的泰国等国家爆发了严重的金融危机,中国在这场重大的金融危机中向遭受危机的国家提供了金融和财政的支持,表现出与东南亚国家同舟共济的决心,得到了东盟各国的赞誉,也增进了彼此的政治互信。同年 12 月,中国与东盟建立了"面向 21 世纪的睦邻互信伙伴关系";2002 年《南海各方行为宣言》签订与发布,表明双方开始将合作领域拓展到海上的政治互信;2003 年第一个以区外身份参加《东南亚友好合作条约》,与东盟的政治关系升级为"面向和平与繁荣"的战略伙伴关系。

总体来看,这一阶段中国与东盟国家的国际性区域层面的经贸合作尚未正式开始,贸易规模非常小,1991 年中国与东盟贸易额仅为 63 亿美元,1997 年金融危机后不到 400 亿美元。但政治合作的机制比较成熟,形成了较完善的双边协商机制,主要在"10+1"和"10+3"的框架下进行政治合作,重点是加强政治互信。

二、经贸合作主导

从 2002 年开始,中国与东盟在政治合作的基础上,开始了双边的经贸合作,中国与东盟国家也迎来了经贸合作的大发展,曾经以政治合作为主导的合作模式,转向以经贸合作为主导的双边合作模式。

2002 年 11 月《关于非传统安全领域合作联合宣言》的签订和发布,表明中国与东盟开始非传统安全领域的合作。同期以《全面经济合作框架协议》的签署和发布为标志,意味着中国-东盟自贸区的建设正式启动,也标志着中国与东盟的合作一改政治合作的指向,进入了以经贸合作为主导的新的历史阶段。此后,分别签订了框架下的系列经贸合作协议:《货物贸易协议》《服务贸易协议》和《投资协议》等,以及为经贸活动发生的争端制定《争端解决机制协议》等一系列法律法规,为经贸合作奠定了法律基础,2010 年中国-东盟自贸区正式建成。

这一时期经贸合作模式的特点是中国与东盟国家的贸易和投资规模大幅度增长,2010 年贸易进出口额达到近 3000 亿美元,是 2001 年的近 10 倍;2010 年双边投资超过 100 亿美元,是 2003 年的 4 倍。双方也建立了经贸合作专业部长会议的执行机制,成立中国-东盟经济和贸易合作联合委员会、中国-东盟联合合作委员会(ACJCC)等组织机构,也通过中国-东盟博览会等民间机构指导和推动双边的经贸合作。

三、经贸合作升级

从 2011 年开始，随着中国－东盟自贸区的正式建成，双方经贸合作日益加深，朝着经贸合作的升级发展，形成了更高层次、多方位的合作模式。以 2013 年中国提出中国－东盟命运共同体的倡议为开端，中国与东盟国家的合作形成了进一步加深经贸合作深化和升级的模式。

此后，中国提出"2+7"合作框架设想，指出政治互信与经贸合作深化相携并行，并提出深化合作的关键是聚焦经济发展，同时规划启动自贸区升级版进程，将双方合作拓宽至七个领域合作，涵盖了政治、经济、安全、人文和科技等方面，以推动中国－东盟宽领域、深层次、高水平、全方位合作。

2015 年 11 月 22 日中国政府与东盟十国政府正式签署中国－东盟自贸区升级谈判成果文件——自贸区升级《议定书》[1]，经贸合作升级的模式开始形成。2016 年 7 月 1 日，《议定书》率先对中国和越南生效。此后东盟其他成员陆续完成国内核准程序，升级《议定书》生效范围不断扩大。2019 年 8 月 22 日，所有东盟国家均完成了国内核准程序，10 月 22 日，升级《议定书》对所有协定成员全面生效。升级《议定书》指出双方贸易与投资等合作领域进一步深化，是对原有协定的丰富、完善、补充和提升，体现了双方深化和拓展经贸合作关系的共同愿望和现实需求。

这一模式的特点仍然以经贸合作为主导，但比以往模式更突出的地方是，在政治合作进一步深化的基础上，中国与东盟国家的经贸合作领域更广泛，合作更全方位，这对于稳固和加深双方友好关系，增加政治互信有着重要的影响。

第二节　现有模式存在的问题

总体上看，"一带一路"倡议下，中国与东盟国家经贸合作现有模式主要以

---

[1] 全称是：《中华人民共和国和东南亚国家联盟关于修订〈中国－东盟全面经济合作框架协议〉及项下部分协议的议定书》。

陆地思维开展双方经贸合作，而缺少海洋经贸合作的思维和模式，因而存在如下问题。

一、空间经贸合作

（一）陆地为主的空间经贸合作

中国与东盟国家的区域经贸合作主要是在中国－东盟自贸区框架下开展的合作，各类次区域合作、产业园区多以陆地合作为主，如大湄公河次区域的合作是大湄公河沿线的国家合作，最早是针对加强基础设施、促进跨境贸易和投资、加强私营部门参与、开发人力资源、保护环境和促进自然资源的可持续使用方面合作，2016年开始实施GMS经济走廊沿线建设，合作以来在交通、能源、电信、农业等方面取得了不少成果，但是该次区域的经贸合作虽然有海洋国家参加，如柬埔寨、缅甸、越南和泰国等国，但中国参与的主导省份是内陆省云南省，双方合作的项目也多数为陆地合作项目或湄公河水路合作，另外，东盟参与的国家只有柬埔寨、老挝、缅甸、越南和泰国五个国家，其中大部分是非常落后的国家，合作能力有限，向外辐射程度不高，资源结构相似性和地域的相近性导致参与国同质化，企业参与度也不高，特别是中小企业的合作能力问题很难解决。又如中国—中南半岛走廊打造的主要是以广西南宁、云南昆明为起点，贯穿中南半岛，最后到达新加坡的铁路、高速公路和高等级的公路建设联通的陆路交通网络。

中国与东盟国家合作的各类产业园区中，东盟国家到中国投资合作的园区有新加坡在苏州、杭州、无锡、沈阳和成都的"新加坡工业园"，新加坡在天津建成的"中新天津生态城"以及马来西亚与中国广西合作成立的两国双园"中马钦州产业园"和"马中关丹产业园"等，但这三个产业园区除了中马钦州产业园和马中关丹产业园外，都是内陆经济合作区；中国到东盟国家投资合作成立的境外经贸合作区主要有柬埔寨西哈努克港经济特区等6个合作区，这些经贸合作区的主导产业也多以陆地合作和发展陆地产业为主，如中国首批通过商务部、财政部考核确认的境外经贸合作区之一的柬埔寨西哈努克港经济特区虽然在西哈努克港口附近，但是园区主要以纺织服装、五金机械、轻工家电等为主导产业；泰国泰中罗勇工业园园区主要以汽配、机械、建材、家电和电子等为主导产业；越南龙江工业园主要集中在纺织轻工、机械电子、建筑工程化工等三大领域的产业合作；中国·印度尼西亚经贸合作区项目是国家商务部于 2007 年 11 月批复中标的第二批境外经济贸易合作区之一，合作区位于印度尼西亚首都雅加达东部 37 千米处贝卡西县境内的绿壤国际工业中心园区内，属于"园中园"；中国印度尼西亚聚龙农业产业合作区项目按照"一区多园、合作开发、全产业链构建"模式开发建设，包括中加里曼丹园区、南加里曼丹园区、西加里曼丹园区、北加里曼丹园区与楠榜港园区五大园区，主要开展的是农业项目的合作（见表 5-1）。

表 5-1 位于东盟国家的通过确认考核的境外经贸合作区名录

编号	合作区名称	境内实施企业名称
1	柬埔寨西哈努克港经济特区	江苏太湖柬埔寨国际经济合作区投资有限公司
2	泰国泰中罗勇工业园	华立产业集团有限公司
3	越南龙江工业园	前江投资管理有限责任公司
4	中国·印度尼西亚经贸合作区	广西农垦集团有限责任公司
5	中国印度尼西亚综合产业园区青山园区	上海鼎信投资（集团）有限公司
6	中国·印度尼西亚聚龙农业产业合作区	天津聚龙集团

资料来源：中国商务部。

由上可见，中国与东盟国家的区域经贸合作无论是次区域还是双方的产业园区，海洋方面包括次区域经贸合作的内容仍比较缺乏，在中国－东盟自由贸易区的整体框架中，也缺乏关于海洋经贸合作方面的谈判。

（二）海洋经贸合作呈碎片化

在双边次区域合作中，沿海各省都有参与海洋经济合作的计划并进行了现实操作，其中泛北部湾经济区属于海洋次区域经贸合作，聚集了马来西亚、新加坡、文莱、印度尼西亚、菲律宾、泰国等国家，取得了不少海洋经贸合作的成果，如建设沿海港口基础设施，共同开辟航线航班，在 2014 年首条直航东盟的外贸集装箱定期班轮航线开通后，截至 2018 年年底包括钦州—香港—福州或汕头—香港—海防—钦州、防城港—香港或蛇口—厦门—仁川—海防—防城港在内的定期集装箱班轮航线共有 27 条❶；也建立了中马钦州产业园、马中关丹产业

---

❶ 资料来源：广西北部湾国际港务集团有限公司提供的北部湾集装箱航线情况。

的两国双园模式的产业合作等,但目前中国南部沿海地区对泛北部湾经济合作的关注度并不是太高,基本上是广西在推动,而广西自身海洋经济发展水平并不高,海洋产业规划科学性较为欠缺、海洋人才缺口很大等,受这些方面的约束,双方的海洋合作无法更深入进行。

此外,中国南部沿海广西、广东、海南和福建省虽然都建立了各自的海洋经济合作区,加大了海洋经济发展的力度和进程,如2011年《广东海洋经济综合试验区发展规划》为广东的海洋试验区建设从珠三角、粤东、粤西到与周边省份广西和海南的全方面海洋经济合作提供了规划指南;海南省则在2008年颁布了《海南省海洋经济发展规划》,提出建设海口综合海洋经济区、澄迈湾临港工业—水产养殖区、临高综合海洋经济区、清澜港滨海旅游—轻加工业区、莺歌海化工为主导的经济区等,并在"十三五"规划中提出,要培育全国海洋经济示范区,同时实施"国际旅游岛+"计划等。福建省则在建设海洋经济同时提出建设蓝色经济试验区等,但各省份在发展战略中各自为政,会出现海洋产业同构现象,低度化建设问题也会较多,划分海洋经济合作区过多也会在与东盟国家的海洋合作上呈现碎片化特征。

总体上看,在空间规划和布局上,无论是产业园区还是各省建设,中国与东盟国家的经贸合作都缺乏系统、深入的海洋经贸合作内容。

二、功能性经贸合作

(一)存在严重的不对称经济依赖关系,且部分国家不对称程度越来越大

中国与东盟国家的经贸合作属于不对称经济依赖关系,而且部分国家经济不对称依赖程度越来越大,越可能为合作带来现实和潜在的危害。

从贸易看,中国与东盟的贸易依赖关系是不对称的贸易依赖,东盟对中国的贸易依赖度大于中国对东盟的,大约是中国对东盟的4倍左右。此外,这种不对称程度呈现扩散的趋势,从贸易依存度看,2017年与2000年相比,不对称幅度扩大了4倍有余,中国与东盟各国之间也属于不对称依赖,且比东盟整体的不对称程度更高,可见虽然中国与东盟经济依赖不对称程度较大,但组建自贸区后对缩小不对称有一定的效应;投资方面中国与东盟国家的引资IFDI不对称依赖度

大于中国的对外直接投资（outward foreign direct investment，OFDI），彼此之间的投资相互依赖也属于不对称依赖，从投资看，中国与东盟部分国家投资依赖不对称程度有所减少，但大部分仍在增大，从引资看中国与东盟国家的引资不对称幅度都增加，有的甚至增加了30倍的。

（二）投资依赖的效应小于贸易的效应

中国与东盟国家之间的投资依赖除了具有不对称特点，与贸易的影响相比，投资的影响非常小，投资的规模也不大，对中国的投资中多以新加坡等国为主，中国对东盟国家的投资这几年速度加快，但是与贸易相比，总体上规模仍有不足，因而发挥的作用也有限，这也说明，本书认为我国应考量双方经贸合作的模式，加大双方在海洋产业上的投资，采取更多的措施促进双方投资合作。

（三）贸易和投资领域的合作广度和深度有待加强

中国与东盟各国在经贸合作上关系非常密切，也取得了很多成果，由最初仅仅是货物贸易减免税的自由化合作，到后来扩展到服务贸易自由化等数十项领域；合作的形式也多元化，项目合作、区域合作、产业合作等形式也极大推动双边经贸合作，"中国－东盟投资合作基金"、亚投行等的设立等也进行了大力扶持。但从广度看，长期陆地合作的思维导致双方在合作领域多局限于陆地合作，许多领域的合作缺乏海陆统筹思想的指导，如通道的互联互通，不但要加强与改善陆路交通基础设施，加强通关便利化等，也包括加强海上航道和港口的建设，陆海结合共同发展；从深度看，双边贸易与投资自由化程度较大，但是贸易与投资的便利化和规范化仍有待提高和完善，双方经济结构的相似性带来的竞争性问题，金融领域的合作不够深入等都需要良好的合作模式，促进更高层次的经贸合作，并推动彼此经济依赖度朝着良性发展。

三、时间经贸合作

中国与东盟国家在中国东盟自贸区框架下，已经形成了国家到次区域的多层次多时间规划的协调机制，也建立了中国－东盟博览会等合作平台，各类保障各项措施顺利实施的合作基金渠道较多，如各个国际合作框架下的合作基金、"10+1"投资合作基金以及各种专项基金、公共卫生合作基金，近年提出建立的丝路基金、海上合作基金等基金，并有次区域合作基金如澜湄合作专项基金等，2015年12月，由中共提议包括新加坡、印度等国同意决定成立了亚投行重点用于支持基础建设，这些基金为东盟各国提供了援助、信贷等助力，也为中国与东盟国家的经贸合作提供了资金来源和基础。

现有的经贸协调机制与措施虽然取得不少成效，但仍有需要完善的地方。

第一，中国与东盟国家之间的经贸协调机制如何与"一带一路"倡议中的相关内容进行对接。此外随着《东盟2025：携手前行》的发布，东盟共同体成立，原有的经贸合作模式也需要考虑中国如何根据东盟颁布的《东盟互联互通总体规划2025》等相关文件的内容，中国与东盟的重点关注的经贸合作内容，如基础设施建设、贸易与投资、资源、电子商务等方面进行更好地协调，推动双方合作的进一步发展，互利共赢。

第二，部分次区域协调机制需要继续完善，如泛北部湾经济合作区等次区域合作中，区内相关国家或省份的利益问题需要协调，因而需要构建和完善相关的经贸合作机制和海洋协调机制等，和现有的协调机制相结合，在中国－东盟自贸区升级版的建设和RCEP的谈判背景下，通过沟通协作，提升次区域合作水平，推动次区域的合作稳步、按进程协调进行。

第三，协调经贸合作的平台建设尚有诸多不足，如中国－东盟博览会是中国与东盟进行合作的重要民间合作机制，也是重要的经贸合作平台之一，博览会举办的同时还有中国－东盟商务与投资论坛峰会，有利于分享经济贸易的成果，但也有不足的地方，如专业水平有待提高、展会人才缺乏等，尤其是在网络信息时代，平台的建设也需要信息电子商务的发展和线上线下平台的建设。

第三节　区域经贸合作模式的国际辨析与借鉴

中国是海陆兼备大国，"一带一路"特别是"海上丝绸之路"经过的国家有的是岛屿国家，如印度尼西亚，有的是海陆国家，如印度等，因此根据中国与"一带一路"沿线各国的特征，选取了目前世界上影响较大的区域经济一体化组织：北美自贸区、欧盟、澳（大利亚）新（西兰）、印度－东盟，这些一体化组织既有发达国家的经济一体化,也有发展中国家的经济一体化,且均是海陆国家和海岛国家的一体化,本书对这些国家在区域经济一体化框架下的经贸合作模式进行比较分析。

一、美加模式

作为海陆兼备的海洋大国和发达国家,美国与加拿大之间形成了"发达海陆大国之间陆地立国兼顾海洋合作"的经贸合作模式,具有在自贸区框架下实现双边海陆贸易和投资合作、有较多的资源合作协议和双边海洋合作的实践、为发展海洋经济奠定了合作的法制基础、海洋经济合作的技术含量较高等特点。

(一)通过北美自贸区框架下的条款实现海陆贸易和投资合作

在海陆产品贸易和投资上,美加协议和北美自由贸易区协议为美国与加拿大的双边合作搭建了自由化框架,在此框架下,美国和加拿大开展了海陆产品和服务的交换和生产要素的流动合作。

海陆货物贸易方面,从1994年1月1日协定生效开始,两国的汽车产品在2010年后取消关税,所有商品在1998年前逐步取消关税,而且,此前已减让的关税除了有特别规定外不会再提高。在关税减让表中的商品分A、B、C、C+、D类取消贸易壁垒;服务贸易上推动服务贸易自由化,且优于WTO承诺,主要通过重点产业自由化来体现;投资上,绝大多数产业部门的投资限制被取消,除了特定国家特定产业如加拿大的文化产业、美国的航空与无线电通信外。

(二)美国和加拿大虽无专门的双边海洋经贸合作协议与法规,但有资源、航运合作等协议和较多的双边海洋合作实践

美国和加拿大跨边界海洋合作管理是主要内容和环节,双边合作协调是解决彼此海洋边界管理问题的途径。

在资源合作上,美国和加拿大签订了共同的合作协议来管理双方国家边界的渔业资源问题,还签订了五大湖合作管理协议,共同管理五大湖水域资源环境。此外,于2013年2月7日还签署了关于北极海上钻井合作的谅解备忘录,备忘录中提到两国政府监管机构之间在能源政策、能源监管、具体的能源合作项目和

实践上鼓励数据、经验和信息共享与合作，能尽快识别和有效应对行业风险，减少在北极海上钻井出现的各种相关风险，这是北极近海能源方面的政策上，两国关于北极区域安全和环保的海上作业的合作和有效的监管之一。

在航运合作上，美国和加拿大包括墨西哥形成了北美近海航运会议机制，每年召开的会议上，对三国的海洋航运问题做出新的协商，提高供应链效率，促进近海航运，开发北美近海航运数据库，从而扩大近海航运合作。此外，由加拿大牵头，包括美国在内的北冰洋沿岸五个国家建立了北极区域水道测量委员会，主要致力于海上生命安全的合作、保护生态系统以及促进各国北方社会与经济的发展，对于构筑北极沿岸国家的协作优势有极大的促进作用。

美国与加拿大在海洋经贸合作上，非常看重双方海航货物安全与航运合作，包括双方的港口合作，并通过实施境外试点项目，实施美国和加拿大边境的综合货运安全战略的境外行动计划。例如，2012 年美国和加拿大启动的加拿大鲁珀特王子港试点项目，立足于加快港口航运便利化，提高货物横跨加拿大、美国边境和通关的安全性，以便移除烦琐的港口货物入境手续和其他不必要的障碍，提高跨境货运效率。

（三）美国与加拿大均为经济大国与海陆大国，都重视制定海洋经济管理法规发展海洋经济，为双方海洋经贸合作奠定了合作的法制基础

（1）美国重视海洋经济发展规划，着重高科技海洋战略及政策的制定和实施。美国政府主导海洋经济理论和实践，并制订和完善了相关的海洋经济发展计划和法规，是较早开展此类研究的国家。随着美国重点发展海洋科技产业，2000年后颁布了许多政策法规，以推动海洋科技产业的发展，如 2000 年《海洋法令》制定并颁发，指出要加大技术投资、促进能源开发，提高海洋科技开发利用能力等；2004 年《21 世纪海洋蓝图》颁布后，《美国海洋行动计划》等相继颁布，对国家的海洋科技政策和法规提出了具体的落实措施；2013 年，美国国家科技委员会重新修订了《一个海洋国家的科学：海洋研究优先计划》；2015 年，美国国家科学基金会与美国国家研究理事会发布了《海洋变化：2015—2025 海洋科学 10 年计划》，这些计划都涉及海洋科技发展方面的政策。

（2）加拿大制定了科学完备的管理海洋的法规政策体系，提升海洋可持续发展能力。首先，建立科学完整的海洋管理法规体系。在保护和开发海洋及近岸水

域方面,加拿大是世界上最早依法采取综合管理方式进行管理的国家之一。1997年《加拿大海洋法》正式实施,标志着加拿大成为世界上第一个对海洋进行综合性管理立法的国家。2002年,加拿大在该海洋法的基础上制定了《加拿大海洋战略》,对加拿大海洋发展进行了战略性指导和政策规划。除了对宏观管理立法外,还在海洋管理的各个方面制定了一系列法规。港口航道方面有《加拿大海事法》(1998)、《加拿大航运法》(2001),渔业方面有《渔业法案》(1985)、《渔业发展的行为》(1985)等。每个法规下,还有依照该法规定的一系列法令,如《加拿大海事法》(1998)主要对海港、航道等加以管理,其中包含《自然及人造海港航行及使用规例》SOR/2005-73、《港务局管理规例》SOR/99-101、《港口当局行动规例》SOR/2000-55、《公共港口及公共港口设施规例》SOR/2001-154、《航道房地产法规》SOR/2003-105、《多伦多港务局条例》SOR/2005-120等十几条法规法令;《加拿大航运法》(2001)则有《安克雷奇法规》SOR/88-101《伯灵顿运河条例》SOR/89-222、《货物、熏蒸及处理条例》SOR/2007-128、《船级检验规例》(1988,SOR/89-225)等近70个法规条例。《渔业法案》(1996)《吉尔伯特湾海洋保护区条例》SOR/2005-295、《鲍伊海底山海洋保护区条例》SOR/2008-124等约20条法规。加拿大现有涉海的国家法规、法令、条例构成了海洋管理方面的法规体系,这些法规政策的颁布实施,为加拿大综合管理海岸带及海洋提供了一整套科学而完整的法律法规体系,为最大限度发展产业,利用开发海洋资源、提高海洋科技、保护海洋生态资源环境等发挥了重要的规范作用。

其次,完善的海洋生态环境保护观念和执法。加拿大开展了水产养殖、生物技术、海洋信息技术、海洋气候监测等多方面的研究和观测,加强对海洋生态环境的保护,如开展水产养殖科学和研究研发、物种的研究;水生动物卫生科学海洋野生和养殖物种的健康项目,科学研究病原体和寄生虫;水生生物技术和基因组学项目,评估水生生物的生活环境和人类健康安全产品;水生生态系统信息科学支持人类活动的研究;大西洋区监测项目等;加拿大相关部门还及时发布各类与海洋有关的报告,如2017年发布的《气候变化:对珊瑚礁造成致命威胁的报告》。此外,从法律上加强了对海洋生态环境的保护,1985年颁布了对渔业环境进行保护的《沿海渔业保护法案》,对北极水域污染进行管理的《北极水域污染防治法案》(1985),进入2000年后对海洋生态环境加强了管理,2000年颁布了《国家海洋保护条例》。海洋渔业方面,针对沿海地区颁布了《沿海渔业保护条例》

（2017）、对海洋保护区制定了《联邦海洋保护区战略》等，为实施综合管理、海洋开发和保护海洋环境方面提供指导方向，所有这些政策措施为加拿大在保护海洋环境方面发挥了重要作用。

（四）两国海洋经济的技术含量较高，注重海洋的科技研发

美国的大陆经济发达，海洋经济发展也较快，而且重视发展的质量，美国政府主导了海洋高新技术产业的发展以及高新技术的研发，在国内上下形成了"科技兴海"的共识，主要集中发展高科技海洋产业、再生能源产业、海洋保护性发展等。研发投资平均每年的投资达到了1400多亿美元，推动海洋的高科技研究和成果转化活动，如美国夏威夷自然能源实验室，以海洋热能转换、海洋矿产资源、海洋生物等领域的技术产品的开发为主，建立大西洋海洋生物圈，重点在海洋生物研究科技与转化。此外，政府重视能源产业的发展，致力于新能源技术的开发，如特朗普新上任便发布的《美国优先能源计划》，提出了要拥抱页岩油气的革命，发展清洁煤技术以重振美国煤炭工业，而且在实际实施中，还增加了对发展新能源如用于风能技术和国防的核能技术的支持。上一届奥巴马政府甚至将"能源独立"作为了新能源政策核心，奥巴马政府预算中，可再生能源的投资比往年增加了1倍。2015年8月，奥巴马政府还正式公布了美国国家环境保护局最终拟订的"清洁能源计划"，该计划是美国推动可再生能源发展的规划，而海洋可再生新能源开发前景广阔，这也表明美国在海洋新能源的开发利用上的重视。加拿大政府也非常重视海洋科学研究与发展，加拿大渔业和海洋部一直致力于海洋科技的投入和研发，如对生物多样性、淡水、海洋鱼种类和栖息地、入侵物种和基因等的研究，在研究水产养殖物种方面，对大马哈鱼、海虱、蓝贻贝、鳟鱼等鱼类和非鱼类动物探索新技术和创新技术，帮助改进水产养殖的做法，为新物种的培养打开大门；在新的可持续水产养殖计划下启动了野生鱼类的水产养殖科学风险评估项目，以支持以科学为基础的水产养殖活动的决策；对海洋、水生生态系统、水文学等开展更多的科学技术合作。加拿大也加强了对海洋新兴技术的研发，如依托维多利亚大学建起了加拿大温哥华海洋科技园区，重点进行海洋生物技术、海洋信息技术、海洋动力或能源技术、海洋交通科技的研发和海洋高科技成果转化等，为加拿大海洋科技研发发挥了重要的作用。

二、欧盟模式

欧盟的海洋经济较为发达，各个成员国之间的海洋合作也非常频繁，采取的是"海洋强国陆海联动的超国家经济集团"的模式，该模式具有成员国多为经济发达国家和海洋强国，超国家机构管理海陆经贸合作，采取统一的超国家协议对海陆贸易和投资行为进行规范，超国家的统一、综合和科学的海洋经济的发展与合作体制的特点。

（一）欧盟模式中的各国大部分属于经济发展水平较好的发达国家和海洋强国

欧盟各国经济发展水平相对较高，以及历史文化的渊源、在经贸上长期一体化建设等，都促进了欧盟陆海经贸合作的稳步发展，另外，欧盟各临海国，很多都是历史上的海洋强国，即使在现在也仍是位居世界前列的海洋强国，限于国土面积，欧盟各国的陆地面积和海岸线均不大，这也决定了彼此合作相对简单容易，但是，欧盟有部分国家间在海洋主权上有纠纷，这也决定了欧盟各国间的海洋经贸合作有一定的复杂性。

（二）超国家机构管理陆海经贸合作

欧盟作为世界上经济一体化水平最高的经贸集团，有着完整的超国家机构体系来执行欧盟国家之间的管理陆海经贸合作事宜。超国家管理机构体系共有四个部分：理事会，包括了欧洲联盟理事会和欧洲理事会；欧盟委员会，该委员会是常设执行机构，具有立法倡议权和政策执行权等"实权"；欧洲议会，主要执行监督和咨询职能；欧洲法院，为欧盟的仲裁机构，负责监督欧盟法律实施，解决争端并进行司法解释。各机构的组成部分均由欧盟各成员国派员担当，既体现了各成员国的共同参与和分担责任，也让各成员国拥有分配的权利，从而构成了欧盟的超国家机构体系，该超国家体系既有国际组织的性质又有联邦的特征，成员国们自愿将本国的部分主权转移到欧盟，由超国家机构代为执行各项职能。

（三）采取统一的超国家协议对海陆贸易和投资行为进行规范

欧盟各成员国在《欧洲共同体条约》框架下实施各种政策措施而实现欧盟区

域内的海陆经贸合作。最初仅在贸易方面有共同管理部门和相关政策功能,并无投资的共同管理部门和政策,由各成员国自行制定各自的投资管理政策,《里斯本条约》(2009)生效后才在欧盟共同体框架拓展至投资,由欧盟超国家机构统一对外开展关于投资的各种政策。共同体框架下贸易方面的事务由贸易总司专门负责,下设 8 个司,分别负责水平议题和双边经贸关系等问题,与中国经贸关系由 C 司负责,贸易救济措施由 H 司负责,投资、服务、政府采购和知识产权保护由 B 司负责,WTO 事务由 F 司负责。

(1)海陆贸易。海陆货物贸易方面,在《欧洲共同体条约》框架下,欧盟设立了欧盟成员国统一执行的、针对第三国的贸易政策、共同海关税则和法律体系对海陆经贸进行规范。自 1973 年统一取消商品关税后,1994 年海陆货物贸易自由化的范围拓展至各国实施的非关税壁垒,主要是进口配额制,建立欧盟统一市场的共同贸易制度。2015 年 10 月欧盟颁布了《贸易惠及所有:迈向更负责任的贸易和投资政策》,这份文本指导 2020 年前欧盟的海陆贸易与投资政策;服务贸易方面,欧盟成员国的服务贸易最开始是在《建立欧洲经济共同体条约》框架下进行,该条约签订之时起便有关于内部服务领域一体化合作的政策,也确立了开展服务贸易自由化的中心原则,里斯本战略实施后,欧盟开展内部服务市场战略,颁布了《欧盟服务指令》(2006),对欧盟成员国之间开展服务贸易做了一系列的规定,尤其在欧盟内部取消服务贸易各种壁垒,实现自由化方面的规定成为目前各成员国开展海陆服务贸易的主要法律依据,包括关于服务企业跨境交付取消障碍、服务贸易"商业存在"的便利化等。

(2)海陆投资规定。如前所述,欧盟最初仅统一对外贸易政策,各国对外投资政策的制定仍由本国独立完成和实施,后随着一体化的发展,《里斯本条约》签订并给予了欧盟统一对外签订国际投资协定的权利。《里斯本条约》于 2010 年 12 月 1 日生效后,开始由欧盟实行统一的外资政策,即欧盟的对外投资管理政策在继共同贸易后也统一划归欧盟的职权范围,欧盟不再是由个别成员国与其他第三国缔结双边投资协定,而是由欧盟作为一个整体代表所有的成员国与第三方签订协定,制定和颁布《推进广泛的欧盟国际投资政策》,规定将国际直接投资事务纳入欧盟的共同商业政策职能范围之内。此外,规定了欧盟立法管辖权,规定欧洲法院是解决欧盟共同投资争端的司法机构。通过这些做法,获得了欧盟层面上实行统一国际直接投资事务的管理职权和制定统一对外投资政策的权利。2015

年 10 月，欧盟颁布的《贸易惠及所有：迈向更负责任的贸易和投资政策》对未来五年欧盟的贸易与投资政策作了新的规定，投资与贸易同样要具有有效性、透明度和价值观，涉及投资的是投资政策和协定内容会向公众公开，使其具有透明度，借助与他国签订投资协定，与美国一起共同制定面向 21 世纪的贸易与投资的新标准和新规则，将文化、价值观和社会管理模式融入经贸规则中，并推广到全球。

（四）超国家的统一、综合和科学的海洋经济的发展与合作体制

海洋产业和海洋经济在欧盟的经济发展中有着重要作用，因此欧盟对海洋经济的发展和区域内各国的合作非常重视。但由于欧盟过去在海洋事务上各国实行的是分散管理和决策的方法，导致海运、渔业、旅游、海洋环境等方面的政策分散化，各产业、各成员国之间常在海洋经济发展中出现诸如海域利用开发等方面的冲突，随着欧盟一体化的深化、海洋经济的进一步发展、区域内成员国之间海洋经贸合作的内在要求的推动，欧盟对海洋经济发展与合作的制定，遵循可持续发展的原则，实行综合、统一和科学的决策管理机制成为必然。

欧盟的综合、统一和科学的决策管理机制最早见于的《里斯本议程》（2000 年）和《哥德堡议程》（2001 年），20 世纪 90 年代以后，欧盟加强了海洋经济和合作，《欧盟 2005—2009 年战略》进一步确认了综合、统一和科学制定海洋政策的原则，推动欧盟海洋经济和保护海洋环境良性互动。

《欧盟综合海洋政策绿皮书》（2006）对协调各地区对不同行业和部门的政策，做好海洋管理工作提出了一系列的规定。《欧盟海洋综合政策蓝皮书》（简称《蓝皮书》）（2007）重申了要综合、统一和科学制定海洋政策，打破分散决策和条款分割的管理，为接下来的海洋经济工作打下了基础。该《蓝皮书》指出管理海洋的方法是综合方法，还指出欧盟海洋工作的重点和优先行动领域，主要内容有：发展具有竞争力和安全的海洋产业，如船舶运输业、造船、维修与海洋装备制造业、水产养殖等。实行坚持打造"海上高速公路"、短途海上船运网络，建立无障碍欧洲运输空间；重点发展港口经济与港口合作；加大海洋研发与投入；提出建立"多产业海洋集群区"和区域性"海洋优秀中心"等，重点是发展海洋科学技术，鼓励创新。在区域上，重点发展沿海地区，为沿海地区提供最大限度的支持以及建设"海洋欧洲"等举措。

2008 年在《欧盟海洋综合政策蓝皮书》基础上，颁布了《欧盟海洋综合政策实施指南》，从战略角度论及和制定海洋政策，要求以战略方法制定各国的海洋政策，并加强各成员国之间的协调合作，建立各成员国国家层面的公立机构决策管理框架和海洋事务协调机制；提高区域合作效率等。

2008 年《海洋战略框架指令》颁布，首次明确提出了"基于生态系统"的方法管理海洋经济和合作，至 2020 年要在欧盟海域内实现良好的海洋环境。该指令成为欧盟海洋环境保护的生态治理的里程碑，也是欧盟一直坚持的综合统一科学制定海洋经济发展和合作管理政策的补充。此后《共同渔业政策》发布，对欧盟水域内的渔业管理、成员国的渔业捕捞限额的分配以及渔业可持续发展做了一系列的规定。

2012 年欧盟发布《蓝色增长》的战略报告，指出蓝色经济和蓝色增长的关系，同时对海洋经济活动做了阶段划分，并对欧盟蓝色经济的区域布局做了阐述。

2014 年 4 月欧盟发布了《海洋空间规划》指令，指令要求各成员国统筹规划海洋产业发展和生态环境保护，开展海洋空间规划和海岸带综合管理，明确了各成员国的义务和合作协调要求。同年 5 月，欧盟推出《蓝色经济创新计划》，对海洋经济的科技创新、海洋科技与经济融合做了详细的规划，内容包括进行各部门散落的海洋数据整合，并绘制多分辨欧洲海底地图；增强各成员国之间和欧盟与他国的国际合作，推动科技成果的转化；鼓励海洋从业者积极开展研究，开展培训提高人员技术水平等。

纵观欧盟数年的海洋经济发展，以及合作的法规、制度、指令及实践，可以看出其海洋经济管理体制有如下特点。

1. 综合科学性

欧盟在海洋经济的管理上，体现出与海洋有关的所有事务都是相互关联的，关于海洋政策都是综合科学制定，并意识到合作的重要性。所谓的综合科学指的是在制定年度规划等计划时全面考虑海洋工作，包括海域的空间规划与综合管理、海洋产业的发展、各国在渔业海域分配捕捞限额等都需要综合考虑各种情况和各国实际，科学规划。也体现为各成员国之间、区域之间、成员国与欧盟之间在涉海事务上相互协调，如《欧盟海洋综合政策绿皮书》《欧盟海洋综合政策蓝皮书》先后提出的建立海洋政策决策协调机制，包括资料信息的收集与服务的全面收集也要符合综合科学性的原则。

2. 生态性

欧盟的海洋经济管理从《海洋战略框架指令》颁布开始，以后的政策都遵循着"基于生态系统"的方法管理海洋经济和合作，如《海洋战略框架指令》提出"良好环境状态"的概念，围绕着如何达到良好环境状态提出了一系列的措施建议，如建立统一和分散化结合的行动框架、区域海域的海洋治理、对海域的有效治理必须符合环保要求、随着海洋不同管理区域的环境变化采取动态化政策等。基于生态系统的原则和方法成为之后欧盟各成员国开展海洋经济管理和合作的基本原则，2016年11月10日欧盟还通过了首个欧盟层面的全球海洋治理联合声明文件，称将从改善全球海洋治理架构、减轻人类活动对海洋的压力和发展可持续的蓝色经济、加强海洋科学研究国际合作三大优先领域，致力于应对气候变化、贫穷、粮食安全、海上犯罪活动等全球海洋挑战，以实现安全、可靠和可持续地开发利用全球海洋资源。

3. 科技性

欧盟管理海洋，发展海洋经济和合作非常重视海洋科技和创新。例如，《欧盟海洋综合政策蓝皮书》提出建立"多产业海洋集群区"和区域性"海洋优秀中心"等，发展的重点是发展海洋科学技术，鼓励创新，采用跨学科方法开展海洋研究；促进知识有效转化为产品；提高海洋研究效率，合作进行海洋科研；加大海洋科研投入；建立"海洋观测与资料网络"等。《蓝色经济创新计划》也对海洋经济的科技创新、海洋科技与经济融合做了详细的规划，鼓励各成员国之间或欧盟与他国之间国际科技合作等。欧盟还在合作的基础上，建立信息平台，完善信息系统，分享联盟的海洋科研成果。

三、澳新模式

位于澳洲的澳大利亚和新西兰都是发达国家，远离大陆置身于南太平洋上，是特殊的海陆国家，彼此之间的经贸合作形成了"相互依存、海陆并举"的模式，具有高度自由化的海陆产品贸易、海陆投资、注重生态可持续发展和海洋教育的海洋经济管理体系、澳新海洋经济合作的特点。

（一）高度自由化的海陆产品贸易

1. 货物贸易

1965年澳大利亚和新西兰签订了《澳新自由贸易协定》后，双方海陆货物贸易获得了快速发展，1983年签订了《澳新更紧密经济关系贸易协定》（Australia New Zealand Closer Economic Relations Trade Agreement，ANZCERTA 或 CER），CER 签订后的七年里，多次进行了修订和补充，通过对贸易和投资相关的法规、市场准入标准等进行协调统一，实现了澳大利亚和新西兰之间的货物、服务、人员和资本的自由流动，从而促使两国经济逐步走上一体化的道路。CER 实际上使得澳大利亚和新西兰成为统一的市场。CER 也被视为世界上最成功的双边自由贸易协定。七年后，1990年澳大利亚和新西兰宣布建立澳新自由贸易区，取消自贸区内的关税。建立自贸区以来，双方贸易往来获得了极大的发展，澳大利亚成为新西兰的第一大贸易伙伴。2004年开始，为了深化澳大利亚和新西兰双边经贸关系，两国多次举行领导层论坛，对双边经贸的深化进行磋商。2014年11月3日澳大利亚和新西兰达成生产合作伙伴关系。2016年2月19日澳大利亚和新西兰发表了关于包括经贸合作在内的联合声明，同时商讨单一经济市场（the Single Economic Market，SEM）议程。

以 CER 为基础，经过多次的修订，澳新自贸区关于海陆产品贸易的相关规定如下。

（1）从1990年7月1日起，来自澳大利亚和新西兰的海陆货物取消所有关税，但要求是商品在两国生产且生产成本比例达到50%以上的才能按照《澳新更紧密经济关系贸易协定》的原产地规定免征相关关税。

（2）取消一切扭曲市场竞争的行为，包括取消澳大利亚和新西兰对海陆货物的进出口贸易的补贴，特别是农产品的补贴以及产业援助。

（3）取消所有在澳新自贸区内进出口的海陆产品的非关税措施。

（4）协调规范化方面，成立了"澳新联合食品委员会"（the Australia New Zealand Food Authority，ANZFA），统一了两国食品标准，联合食品标准条约于2010年6月生效；对生物安全标准进行了协调，意味着较低的行业合规成本，减少的监管障碍以及消费者获得更多的消费选择。

（5）1998年5月1日生效的《跨塔斯曼海相互承认协定》(the Trans-Tasman Mutual Recognition Arrangement，TTMRA)❶，推动了两国海陆贸易一体化，TTMRA规定，在澳新两国中任一国允许合法销售的货物，原则上也可以在另一国销售。

（6）为提高发展中国家的生活水平，"公平贸易的澳大利亚和新西兰之间的合作伙伴关系"(Fairtrade Australia & New Zealand)规定澳大利亚和新西兰提供共450万美元，支持两国及南太平洋岛屿国家的小农生产者开展在印度—太平洋国家市场的公平贸易，以提高小农生产者的生活水平，如澳新银行提供赠款，扶持可可小生产者，促进更公平的贸易条件；教导巴布亚新几内亚和太平洋岛屿的可可生产商如何通过获得公平贸易认证来提高收入，从而激励可可种植；开发了具有互动培训工具的生产者图书馆，内容涉及有利于生物多样性的耕作方法以及公平贸易制度和标准。其中的"培训员手册"，指导小生产集团的管理团队设计公平贸易系统培训活动。

（7）实行澳大利亚可信贸易商计划和新西兰安全出口的方案，提供两国贸易便利化。这项方案目的在于减少两国之间重复的贸易监管，使澳大利亚和新西兰企业之间的贸易更加容易，提升两国的国际竞争力，此项方案实施了诸如承认对方的供应链安全计划，减少边境检查，加快出口产品的运输，缩短通关时间和简化海关手续等措施，有利于提高两国双边贸易便利化。

2. 服务贸易

澳大利亚和新西兰通过签订多项协议来发展和规范服务贸易，1988年两国签订了《服务贸易议定书》，1989年开始CER中两国的自由化内容延伸到了服务贸易领域，关于服务贸易自由化的内容主要有以下方面。

（1）成员国之间实行大部分服务贸易自由化，只有部分列入附件的服务项目写明特殊的方面或政策，但大部分在后来也进行了服务市场的开放。

（2）交通运输服务贸易中，大力增加两国基础设施和管道的建设；按照1996年签署的《单一航空市场协定》，两国航空公司在对方国家享有"不受限制的飞行权"。

---

❶ 塔斯曼海（the Tasman Sea），澳新之间的海域名。

（3）金融服务方面，在澳大利亚证券、投资委员会和新西兰金融市场管理局之间达成了相互承认的协定后，进入对方金融市场成为可能。双方签订的《跨塔斯曼海相互承认协定》打开了彼此的金融咨询市场，只要澳大利亚和新西兰其中一国的金融顾问在本国国内合格，并遵守相关要求，就允许他们为对方国家的客户提供服务。目前该协议早已惠及澳大利亚金融服务许可证的持有者，并允许具有相关资质的个人金融顾问在塔斯曼海两岸开展服务。

（4）自然人流动方面，1998年两国签署的《跨塔斯曼海签证安排》，实行两国国民的互免签证待遇，规定两国公民可在两国间自由流动，在彼此国家里自由地生活和工作，享有与当地公民一样的就业、教育、医疗、保险、学习环境等。

TTMRA除了货物贸易销售规定外，仿效货物贸易销售的规定，对自然人流动，除了医疗从业者之外，在澳大利亚和新西兰其中一国注册从事某种职业的人员也可在另一国从事相同职业，尤其是技术类人员。

1994年签订的《社会安全协定》规定，两国平摊为两国公民到对方境内居住提供收入支持的开支。但对于两国永久居民不同时期有不同规定，双方的永久居民也可以享受上述规定，但是由于新西兰的外籍永久居民大量进入澳大利亚，最后两国经过协商，只有澳大利亚永久居民可以在新西兰享受《社会安全协定》规定的国民待遇优惠，而新西兰永久居民在澳大利亚境内的优惠则被大幅限制。

2006年1月，《澳大利亚和新西兰海上边界条约》生效。2006年2月，签订《澳大利亚和新西兰自由贸易区协定原产地规则》规定了双方开展自由贸易涉及的原产地规划的具体内容。

（5）健康服务则按照1986年签订的《健康协定》允许临时到对方国内的两国公民必须得到与所到国国民相同待遇的"立即、必要的医疗救护"。后来修正为医院外救护不享受国民待遇。

(二) 海陆投资

2011年2月两国签署《进一步密切经济关系投资议定书》并发表《跨塔斯曼合作联合声明》，2013年3月1日ANZCERTA投资协议正式生效，规定了更低的投资成本、更高的投资比例以及更高的法律确定性。《进一步密切经济关系投资议定书》执行第二年，两国双边投资增长，超过了1300亿美元。

(1)《进一步密切经济关系投资议定书》指出两国海陆投资要达到的目标是进一步加强双方之间的经济关系,促进跨塔斯曼单一经济市场的形成与发展,取消双方的投资壁垒,实现市场内投资的自由化;推动双向投资;构建增加双方投资透明度的规则框架,并确保每个成员投资的安全。

(2)采用负面清单方式对投资领域及其他做了限制,澳大利亚政府限制以下投资,并要求涉项企业向政府通报。

①外资在传媒界的投资,不管该项投资额为多少,或不管采取的是直接投资还是超过5%以上的间接投资方式;

②现有在澳大利亚的外国投资企业,或电信业、运输、提取铀或钚、核设施行业中总资产价值超过231万美元的企业;

③除了金融公司外,所有总资产价值超过10亿美元的合资企业或独资企业;

④外国人收购发达非住宅商业房地产价值超过10亿美元;

⑤外国政府或其机构的直接(即非组合)投资,以其他方式被外国政府控制的企业,或外国政府或机构直接或间接持有15%以上股权的公司,不论其规模大小,都属于澳大利亚政府限制范围内的企业,并需要向政府通报的投资❶。

(3)推动澳大利亚—新西兰基础设施市场的主要基础设施公司大力增加基础设施管道的投资,海洋合资合作案例增加,如澳大利亚最大的体育品牌制造商"野马海洋"与新西兰价值最高的品牌"奥利弗"进行合资,将"奥利弗"的财富与"野马海洋"的制造和营销经验和研发、配送能力相结合等。

(三)注重生态可持续发展和海洋教育的海洋经济管理体系

澳新模式以澳大利亚的海洋经济管理体系为代表,体现出了生态可持续发展与分工协作的特点。

1. 综合、协调管理海洋海域与经济活动

1979年,澳大利亚颁布的《海岸和解书》,规定了联邦政府与各州、领地之间的海域控制范围和管理权;1997年,澳大利亚实施了《海洋产业发展战略》,"国家海洋办公室"作为国家海洋部长委员会❷的职能部门成立,统一管理海洋产业;

---

❶ 资料来源:澳大利亚外交事务与贸易部官网 http://www.austlii.edu.au/au/other/dfat/treaties/ATS/2013/10.html。

❷ 由于政府更迭和施政思路变化,国家海洋部长委员会于2005年解体,澳海洋事务协调工作由自然资源管理部长委员会承担。

将澳大利亚海域分为 12 个生态区，实现了海洋资源的针对性分类与开发管理。

2. 生态可持续发展的海洋政策

1998 年颁布的《澳大利亚海洋政策》，提出了 21 世纪澳大利亚的生态可持续的海洋发展战略，并提出了一系列推动海洋经济发展的战略和政策措施❶；《综合海岸带管理国家协作方式——框架与执行计划》（2006）发布，实施生态可持续发展的具体措施还有推动建立了一批不同类型、具代表性的海洋生态保护区，这些海洋生态保护区都执行严格的可持续发展政策；颁布《海洋与入海口水质保护纲要》，控制陆地废物等对海洋的污染。

3. 健全法律法规，依法发展海洋经济

澳大利亚对海洋立法非常重视，制定了覆盖各个领域的比较完备的法律体系，依法管理海洋。

（1）海洋资源保护。如专门制定了《南极海洋生物资源保护法案》（1981 年第 30 号法案）。

（2）对航运经济的立法管理。如《海上航行税法》（1989 年第 161 号法案修订）、《航海税征收法》（1989 年第 162 号法案修改）、《海上航行（管理职能）征费法案》、《海上安全（国内商船）》（2012 年第 121 号法案修订）等。

（3）对海洋服务贸易的立法。如对海洋保险的《海上保险法》（1909 年第 11 号法令修订）。

（4）对海上运输基础设施建设的管理。如《电信立法修正案(海底电缆保护)》（2014 年第 33 号—2014 年第 33 号法令）。

（5）对海区的管理。如对大堡礁海洋公园的管理，制定了《大堡礁海洋公园法案》（1975 年第 85 号法案修订）、《大堡礁海洋公园环境管理条例》（1993 年第 14 号法案修订）、《大堡礁海洋公园环境管理总体规定》（1993 年第 15 号法案修订）等一系列法规。

针对海洋管理和保护完备的法律体系为澳大利亚的海洋经济奠定了法律基础，有助于海洋经济的发展。

---

❶ 该政策由于各州和地区政府并未签字，因此该政策只限于约束联邦政府，仅在联邦政府管辖水域方面的事务有效。

4. 加强海洋技术开发

澳大利亚政府重视海洋科技研发，先后颁布了《澳大利亚海洋科技计划》《海洋研究与创新战略框架》，制定海洋科技研发的战略框架，协调海洋研究与开发机构行为，为海洋经济服务，取得了较好的成果。澳大利亚建立了海洋科研机构，如1972年的澳大利亚海洋科学研究所，主要致力于通过创新的科学和技术开展海洋的开发和研究，包括对海洋生物从微生物到全生态系统进行战略性和应用研究，监测海洋环境的健康状况和趋势，将分子科学到海洋技术的技术广泛应用于实践等。例如，开展了国家海洋模拟器（SeaSim）的项目研究，该模拟器主要用于生态系统恢复和生物过程等复杂的问题研究，是一个世界级的海洋研究项目；以大堡礁和e-Atlas（澳大利亚热带地区与海洋数据库）相结合为例，在生物和遗传信息整合等领域进行长期数据收集和大规模观测和计算。在澳大利亚弗雷泽岛建立海岸海洋产业园，发展专业海洋服务，如海洋工程设计等。

5. 全民普及海洋教育和海洋知识

海洋教育和海洋知识的普及是澳大利亚海洋经济管理体系中非常重要的内容，也是澳大利亚关注海洋经济的重要表现。澳大利亚政府通过在大、中、小学校开设与海洋相关的专业和课程，如海洋与气候变化的关系、海洋智能信息系统的研究等，对中、小学生科普海洋知识，充分利用博物馆等平台，鼓励学生参与博物馆的海洋知识型活动等。

（四）澳新海洋经济合作

澳大利亚和新西兰在海洋经济方面进行了诸多合作。

1. 保护区域海洋资源，促进渔业资源的合作

在南太平洋海域，澳大利亚和新西兰展开合作，有效地阻止和消除非法、未报告和无管制的捕捞，实行了澳大利亚太平洋巡逻艇计划、澳大利亚太平洋海上安全程序和渔业管理制度的实施等举措。在面对海域的各种捕捞行为，如日本在南太平洋海域的捕鲸行为，澳大利亚和新西兰联合呼吁日本遵守国际捕鲸公约的义务。澳大利亚和新西兰坚决反对商业捕鲸，尤其是在国际捕鲸委员会建立的南

大洋鲸鱼保护区。2015 年澳大利亚和新西兰旨在打击非法捕鱼的联合监视活动、信息共享和协调活动取得了不少成果，2016 年两国还承诺支持太平洋渔业部门为实现可持续的经济效益而继续合作。

2. 关于南极洲的科研合作

澳大利亚和新西兰开展了探索南极洲的合作，并深化两国在气候变化的影响等领域的科技合作，同时提出建立有效的南极条约体系。

3. 海洋交通运输设施的合作

澳大利亚和新西兰在海洋交通运输设施方面开展了许多合作，如澳大利亚悉尼和新西兰惠灵顿之间的跨塔斯曼海海底电缆铺设采用了双方合资的方式；2001 年两国之间的高容量的光纤南十字电缆也开始运作。

4. 南部海洋的宣传和合作

澳大利亚和新西兰开展了各种形式的南太平洋海洋保护区的宣传，如通过电视和报纸等媒介向国民新公布了受环境法保护的海洋保护区。规定新保护区在保护生物多样性的同时，还需兼顾个人和商业利益。除了受到高度保护的国家海洋公园区域，垂钓等休闲渔业可在海洋保护区的所有区域内进行。海洋保护区还欢迎游客进行除挖掘和采集海洋资源以外的旅游活动。除了重点保护的国家海洋公园，保护区所有区域对商业捕鱼开放，不过不同区域对捕鱼器具的类型有不同的限制。在环境保护网站开办针对海洋保护区的宣传栏目，普及相关知识，鼓励全民参与讨论等，部分学校开展海洋保护区的保护培训活动。此外，澳大利亚和新西兰共同开办专题讨论、举办海洋保护区知识讲座等。

2011 年签订了《澳新海洋研究的协议》，双方通过成立督导委员会来制定正式协议，督导委员会包括新西兰国家水和大气研究所的代表，奥塔哥大学创新科技部，澳大利亚海洋综合观测系统的代表，澳大利亚海洋科学研究所，澳大利亚联邦科学与工业研究组织等。《澳新海洋研究的协议》推动了双方在海洋科研方面的合作，大大提高了两国海洋观测的能力，有利于两国在海洋经济、环境和气候变化的研究，以及更可持续地利用海洋资源获得更多经济和环境效益的研究。

进行合作的领域有海洋气候和海洋环境的观测和模拟、区域海岸观测与建模，如"澳大利亚政府与新西兰政府之间的海上观测安排"指出要对新西兰和澳大利亚气候系统观察和了解的基础上，发展一个综合的新西兰和澳大利亚的海洋观测系统，包含共享数据，支持许多面向新西兰和澳大利亚面临的重要海洋相关问题的研究，包括海洋气候变化的观测、海洋资源和海洋生态系统健康的可持续利用；提高提供观测能力，以便更好地了解和预测沿海生物，分析区域海洋对生物多样性的影响，最终找出解决方案，帮助行业应对气候变化等问题。

四、启示与借鉴

以上国家经贸合作模式的特点与经验对在"一带一路"背景下构建中国与东盟国家的经贸合作模式有如下启示和借鉴。

（一）在发展陆地经贸合作的同时注重海洋经贸合作，树立海陆并举的合作理念

已经建设区域一体化组织的海洋大国之间，在陆地合作的同时，加强了海洋经贸合作，如北美自贸区的美国和加拿大，既是陆地大国也是海洋大国，在以陆地立国之后，也加强了双方的海洋合作；欧盟作为多个海洋强国的经济联盟，虽然成员国领土面积不大，但多数是沿海的国家，都开展了陆海并举的经贸往来，澳新模式也是如此。因此，中国与东盟国家应借鉴其他经济一体化组织的经验，在中国与东盟陆上合作的同时，把海洋经贸合作作为共同的合作目标，推动开展海上的经贸合作。

（二）在区域经济一体化框架下加大海洋贸易与投资的力度

世界上成功的海陆经贸合作，大都在双方达成的区域经济一体化的框架下进行，如北美自贸区、澳新自贸区、欧盟，以各种层次的区域经济一体化为合作平台，制定合作框架，为双方开展海陆贸易和投资提供了制度上的保障。中国与东盟国家也应借助自贸区的平台，如结合中国－东盟自贸区的升级版建设，在海洋贸易与投资上更多地实现自由化、便利化和规范化的合作。

（三）重视海洋科技研发

各个区域经济一体化组织的海洋合作都强调对海洋科技的研发，尤其是发达的海洋大国更注重海洋科学研究，并各有特点，如北美自贸区注重海洋的科技研发；澳新自贸区加强海洋生物技术开发；欧盟"多产业海洋集群区"和区域性"海洋优秀中心"的建议以及海洋经济的科技创新、海洋科技与经济融合等的政策的制定，都是海洋合作较为成功的经验。

（四）注重生态可持续发展与海洋教育

双方的海洋是否可持续发展决定了未来海洋能为双方经贸发展提供多少资源和保障，因此各大区域经济一体化组织都很重视海洋的生态保护和建设，如欧盟的《海洋战略框架指令》提出了"基于生态系统"的方法是欧盟成员国之间开展的海洋经贸合作的基本方法之一；澳新自贸区实行的是推动建立了一批不同类型的海洋生态保护区，与此同时，海洋教育也得到极大关注，其中最有代表性的是澳新自贸区，通过大、中、小学校教育强化对海洋知识的学习。

第四节 "一带一路"背景下经贸合作模式的构建

随着"一带一路"建设步伐的加快以及建设中国－东盟自贸区升级版，中国与东盟国家应根据新形势的变化，实施更符合现实要求的经贸合作模式。

一、总模式及其内涵

中国与东盟国家以陆地经贸合作为主的合作模式存在许多不足，在当前新形势下，双方的经贸合作应围绕着各国海洋和陆地兼备的特征，构建"陆地为依托，海洋寻突破"共赢共生的经贸合作新模式。

其内涵可以表述为：为了共同的利益和目标，中国与东盟国家协调一致，在"一带一路"倡议下，"积淀全球价值链重构所需的禀赋、技术和制度基础"，通过促进空间、时间和功能性经贸合作三大子系统的协同，共享资源、信息、权利等，实施各种经贸政策，促进海陆经贸合作系统的良性循环，加快发展海陆经贸合作，实现双方的共赢和共生。

（一）新模式的实质与意义

新模式的实质在于"一带一路"全球价值链下，打破陆地思维，用海陆兼备的思维看待中国与东盟国家的经贸合作。随着各国加大对海洋贸易的重视，中国与东盟国家应将眼光由陆地拓宽到海洋方面的经贸合作，寻找新的合作领域，寻求差异化合作、资源共享与构建海陆经贸规则，实现陆海协调发展。

新模式有利于缓解双方在经贸方面的严重不对称依赖问题，同时也意味着中国与东盟国家的合作层次由陆地合作向陆海经贸合作的提升，既是双边经贸合作领域广度和深度的推进，也能以海洋经贸合作带动海洋和谐，推动中国与东盟国家的经济相互依赖，推进共赢和共生。

从全球看，由于陆地资源不足，各国逐渐加大开发和利用海洋资源，陆地经济和海洋经济的平衡发展在各国的经济可持续发展中必将提上日程，陆地和海洋的不可分割性也使得一些较为成熟的陆地产业逐渐向海洋产业延伸，使得陆地经济和海洋经济的关系日益密不可分，各国在开展陆地经贸合作的同时也离不开海洋经贸合作，并且在海洋经贸合作中获得在陆域资源日益匮乏下所无法得到的收益。未来世界经济的发展，由于发达国家持续乏力，发展中国家和地区尤其是亚太地区将成为世界经济的重要的驱动因素。中国与东盟国家同为亚太地区的发展中国家，也是经济发展速度较快的国家，因此，双方在陆地经贸合作的基础上共同参与海洋经贸合作，将会对世界经济的发展带来巨大的影响。

此外，中国与东盟国家在陆地合作现有成绩的基础上，加大海洋经贸合作的力度与步伐，寻求双边共享海洋资源，实现海洋资源优化配置的经贸合作新模式，在区域层面上具有战略意义。

从中国与东盟各国来看，以现有陆地经贸合作为依托，强化海洋经贸合作，会为双方经济发展带来直接的积极作用。中国与东盟国家在自贸区合作的框架下，陆地合作取得了不少成绩，但也存在不少问题，自贸区成立以来，中国与东盟国家经济依赖的不对称程度较高，部分国家甚至严重不对称，这说明了双方的经贸合作的广度和深度有待加强。升级版自贸区协议的签订，为双方的合作提供了进一步发展的思路和具体措施,在"一带一路"倡议下,彼此的海洋合作也有了初步发展,但总体来看,关于中国与东盟国家的海洋产业合作、海洋贸易与投资以及相关的海洋区域合作等具体措施不足,因此,海洋经贸合作可以缓解双方经贸合作上的不对称依赖问题,补充和完善自贸区框架的双边合作内容,也是中国与东盟国家拓展合作广度和挖掘合作深度的重要举措,对于增强双边海洋领域的政治互信,促进经济的共同发展,都具有突出和重要的实践意义,成为双方推动双边升级合作的突破,因此,这一模式的实质是中国与东盟国家的合作层次将因增加了海洋合作这一重要内容而得到提升。

(二)新模式的内容

海陆经贸合作系统是在陆域系统的基础上,由空间性经贸合作、功能性经贸合作和时间性经贸合作三个子系统构成(见第二章传导模型),同时子系统内部各构成要素互相影响,子系统之间形成广泛而深刻的相互联系,彼此作用、良性循环,并与陆地经贸合作系统相互促进,共同推动中国与东盟的海陆合作协调发展。

总体上看,中国与东盟的空间系统应实现海洋发展环境的共享,功能性系统促进双方商品和要素的自由流动,时间性系统应实现利益主体的利益协调。

(1)海洋空间性经贸合作。中国与东盟国家的海洋空间经贸合作要实现双方对海洋发展环境的合作与共享,优化空间格局,使空间资源实现最优配置和获得最高经济效益。首先,通过海洋空间环境的共享与开发,优化双方产业结构和经济结构,增强综合实力和经济竞争力。其次,优化空间格局,以可持续发展观为引领,强调优化空间内的各种要素优化配置,实现海洋环境和经贸发展相统一。

(2)海洋功能性经贸合作。该子系统模式的建设需要对贸易、投资和经济合作等构成要素进行多方面多层次的发展,通过把握其构成要素的特征,对双方经贸合作进行广度和深度的拓展,促进双方商品和要素的自由流动,实现更高层次的转化和发展。

(3)海洋时间性经贸合作。该子系统模式的建设注重中国与东盟国家的海洋协调,根据合作情况设定协调进度,提高彼此经贸合作效率,在双方合作进程中提高合作的效率,推动经贸合作的更快发展。

（三）新模式的目标

模式要达到的目标是在"一带一路"全球价值链下，中国与东盟国家实现海陆的共赢共生。中国与东盟国家的经贸合作强调共同的目标，共同的兴趣、利益和平等的权利与义务，正是围绕着共同的兴趣和利益，行使平等的权利、履行应尽的义务，最终实现共赢从而共生的目标。

中国与东盟各国的制度不同，政治、经济等存在着矛盾，这些矛盾必然导致双方的竞争，而"合则双赢，争则俱败"，互相排斥、你死我活的竞争状态最终不会实现各国的利益，只有强调用淡化、缓和、化解甚至搁置矛盾的方法解决问题，用团结、宽容、合作的态度和方法解决和处理双方经贸合作等各方面问题，充分利用各国的资源差异，优化配置，互相融合、互通有无、各取所需，才能最终达到"双赢"甚至是"多赢"，即共赢，而各国共赢，又为中国与东盟国家在南海海域、亚太地区乃至全世界范围内的共生奠定了基础，推动双方形成了利益共享、风险共担、进退共同的命运联合体，这种"共生"形态的形成，不否认差异和竞争，但并不认可也并不鼓励对立的竞争关系，更不是强者压制弱者，而是强调互相利用对方的特性和自己的特性开展竞争，强调各国的竞争是和谐、融合的良性竞争，竞争的结果是强者带动弱者，弱者赶超强者，从而使各国的竞争力得到共同增强、共同进步与共同发展；另外这种"共生"形态也会进一步促进中国与东盟国家之间的合作，克服困难，谋求共识，并形成进一步的共赢，共赢是共生性合作的价值追求、结果，同时也是合作可持续性的保障，于是，合作—共赢—共生—进一步共赢—更和谐的共生……如此循环反复，动态发展，使得共赢、共生成为中国与东盟国家经贸合作的目标，体现了各国经贸合作的良性循环与发展。

（四）模式实现的手段

模式实现的手段是采用各种政策，主要是实现三大子系统互动循环的经贸政策和支持性政策（见图5-1）。

该模式实施的目标是共赢、共生，最终表现为三大子系统的良性循环，这些都是主观的形态，而实现这些主观形态需要凭借一定的手段，即建立有效的指导政策来实现。是否建立有效的指导政策是双方合作成功的关键，政策是双方体现共同利益的载体，也是实现共同利益的工具。中国与东盟国家实施的双边经贸合作政策包含两个层次：第一个层次是三大子系统的经贸合作政策，包含海洋空间性经贸合作政策、时间性经贸合作政策（贸易、投资和经济合作的产业政策）以及功能性经贸合作政策等；第二个层次是为三大子系统经贸合作提供支持作用的一系列政策，主要是为海洋经贸合作提供金融服务的金融支持政策、提供建设基础设施和物流建设的政策、海洋资源（能源）合作政策、提供海洋人才培养的政策以及科技合作政策和海洋文化政策等，并通过实施各种措施而形成一整套具有全局性规划、协调、保障、服务和监督等功能的经贸合作的政策有机结合体。

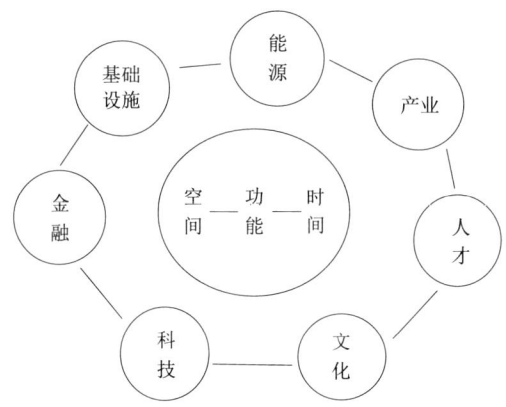

图 5-1　模式实现的政策手段

根据合作的内容，中国与东盟国家要构建以下子系统的经贸合作模式，推动双方经贸合作的发展。

二、空间性经贸合作子模式

长期以来中国与东盟国家现有的海洋经贸合作在空间上呈现碎片化形态，因此，在当前形势下，应该变碎片式的海洋空间经贸合作为系统深入的基于全球价值链资源禀赋和区域分工重构的"多中心组团式的海洋经贸合作圈"模式，实现经贸合作环境的共享系统的构建以及与其他子系统的良好循环。

（一）海洋经贸合作圈

所谓"海洋经贸合作圈"，是指中国南部沿海地区与沿南海东盟国家的经贸合作并扩展到中国其他省份和东盟其他国家及其腹地，基于双方海洋经济发展水平，通过双方的贸易、投资和经济合作而形成的海洋合作区，包括中国的广西、海南、广东和福建，以及香港、澳门和台湾等省份，沿南海的东盟六国：越南、马来西亚、新加坡、印度尼西亚、文莱、菲律宾以及东盟其他国家。

首先，中国与东盟国家的经贸合作由陆地向海洋突破，使得围绕南海开展双方"海洋经贸合作圈"的建设成为必然。

从政治互信看，"海洋经贸合作圈"的形成将有助于经贸合作在陆地合作基础上向海上的拓展与深化，将加强中国与东盟国家在海上的经济联系，促进互利共赢，这使得中国与东盟国家可以通过海洋经贸的共同建设，提高这一海域的内聚力而深化政治上的互信，缓解海洋方面的纠纷，促进地区和平与发展。

从双方合作的经济目标看，"海洋经贸合作圈"内的各国近些年经济增长非常迅速，其中中国GDP从1995年以来年均增长13.49%，东盟整体年增长率为7.00%左右，东盟部分国家的年增长率甚至超过10.00%，如越南为11.20%、缅甸为11.77%。区域内的各国虽然是发展中国家，但是这一区域内经济增长快，贸易规模逐年上涨，又是投资热点地区，在经贸合作上的潜力远未得到充分利用，通过加大海洋经贸合作，扩大共同市场的容量，通过协调合作，必将使双方贸易和投资额等同步上升，共同获得经济收益，共同进步，共同发展。

其次，"海洋经贸合作圈"也具有现实可行性。

"海洋经贸合作圈"内的各国拥有丰富的海陆自然资源，能为各国经济发展提供持续性的动力；海上运输量占全世界海运总量的1/3以上，区域内除了陆路交通建设加快外，海上天然港口大小达到数百个；"海洋经贸合作圈"是全球华侨和华人最集中的地区，如新加坡华人占总人口70%以上，马来西亚、印度尼西亚、越南、泰国等都是华人集中的国家，同宗同源的文化认同可以形成多元联合，把"海洋经贸合作圈"内的各国或各地区的资本、劳动力、技术、信息、市场等联合在一起，促进区域的整合和发展。

（二）组团式

组团式指的是改变目前中国与东盟开展海洋经贸合作的各省份各自分兵作战、竞争的格局，将各临东盟国家的省份组织起来，科学规划其与东盟国家开展合作的区域，合理布置定位互异、功能有差别的功能性经贸合作区，构成促进双边开展经贸合作的主要空间框架,并通过组团后的辐射作用,依托陆地的经济腹地,实现以点连线,即将各区通过运输通道连成,然后以线带面,即点和线推动较大的区域,最后扩展到泛南海区域,最后再以面推线、以线促点,从而推动中国与东盟国家经贸合作的不断发展、壮大。

"海洋经贸合作圈"的各省份的组团式合作,会带来如下积极作用:一是通过组团式合作,避免同构化的竞争。广东等省份的海洋产业同构现象比较严重,在近期的发展战略中也都有明显的体现,如在海洋港口距离较近、功能相同,会产生无序的竞争;各省份都明确海洋交通运输业在海洋经济中的作用并大力发展;滨海旅游业、海洋渔业等都存在类似的同构化现象。通过组团式合作,可以在空间上进行产业的协调发展,实质上是加强了分工和互补,可以实现区域竞争力的提升和区域一体化的实现。二是各省份的组团合作,可以缓解各海洋经济主体缺乏系统的协同与沟通的问题,在"一带一路"倡议下可以更好地共同开发海洋资源、发展海洋经济。三是有利于获得更多的海洋经贸合作的"发展红利"。区域规模的扩大,使得自然、劳动力、资本和技术等生产要素在海洋合作的更高层次上加强了整合的能力,也会使要素的流动加速,推动区域内各方经济的快速增长。

(三)多中心网络状

多中心是城市空间结构与形态的概念,指的是城市群由于自然地理条件等,在城市群中形成多个区域性的主中心,如荷兰的兰斯塔德城市群就是这样的格局,它包含了阿姆斯特丹、鹿特丹、海牙和乌德勒支这四个全国最大的城市成为四个中心城市,各中心各司其职,从而使得兰斯塔德城市群内部资源得到了有效的配置,并防止了交通拥挤、生态环境恶化等各种城市病的出现,促进了本国经济的增长。

"海洋经贸合作圈"的"多中心"的说法借助了这一概念,指的是在泛南海区域,形成广东、广西、海南、福建四省份为"东南西中"四个合作中心,各中心分别承担不同的功能,但彼此之间又不能相互替代,也没有主次之分,各中心与东盟国家的经贸合作围绕着中国与东盟国家的经贸合作总体目标、结合中国与东盟自贸区升级版建设、国家"一带一路"倡议等实施各种政策措施,从而形成较大规模的多中心式的复合型、网络状的海洋经贸合作的空间结构。

三、功能性经贸合作子模式

中国与东盟国家在贸易、投资、其他经济合作等子系统展开合作，改变现有模式，构建符合双方利益的贸易、投资和其他经济合作模式，实现人口、资本等生产要素的优化配置，实现彼此的优势互补，在合作中互利共赢，共同富裕，才能最终改变严重不对称的贸易与投资依赖关系，增进彼此的相互尊重和相互信任，才能最终促进区域内的繁荣和稳定。具体来说，应在贸易与投资方面构建融合海洋因子的双边贸易和投资协同发展模式；在其他经济合作方面，创新各种合作形式，构建多样化点式到梯级尤其以建设海洋经济合作为重点经济合作模式，最终实现商品和要素等资源自由流动以及与其他子系统的良好循环。

（一）区域价值链与融合海洋因子的双边贸易和投资协同发展

全球价值链下应构建融合海洋因子的中国与东盟区域价值链。贸易与投资依赖关系的严重不对称会导致弱势方的信任降低，需要增进不对称双方共赢共生、和谐均衡发展，而对此有着重要影响的贸易与投资两个子系统在"一带一路"建设的新形势下构建中国与东盟的区域价值链中呈现长期非均匀一致，如两个子系统之间不能由失衡到协同、协同到再失衡、再失衡到再协同的高层次和高水平的阶段性升级发展，会对中国与东盟国家的安全问题继续带来挑战；也有长期注重陆地合作，忽略了中国与东盟国家都具有海洋特征，从而忽略了在海洋上的贸易和投资的加强合作的原因，因此，新形势下中国与东盟国家贸易与投资模式应加快构建融合海洋因素的贸易与投资一体化和谐发展的模式，其包含的内容有以下方面。

首先，国际经贸关系中，不对称依赖是常态，但是严重不对称以及不对称的逐年扩大有可能导致双方在政治经济合作关系上的不稳定情况发生。当前国际上贸易与投资日益融合态势下，促进双边贸易和投资一体化的协同发展是中国与东盟国家加深经贸关系、增加互信的重要途径，也是促进双方互利共赢的发展模式。贸易与投资协同是双边贸易与投资互相依赖、互相促进、资源重新配置与利益扩大的动态运行过程，需要增强贸易与投资子系统间的协同能力，提升双边贸易水平，加快资本走出去，形成双边贸易与投资互补共存、融合共生的一体化格局。因此，该模式应在双边贸易和投资取得的成绩基础上，分析中国与东盟国家双边贸易和投资的协同情况，提出促进投资的贸易政策和促进贸易的投资的双向促进政策，特别是在当前新形势下，更应加强双边贸易和投资一体化协同发展，实现合作共赢。

其次，在构建区域价值链和产业链中促进贸易和投资协同发展的过程中，加大重视海洋经济贸易与投资是重要内容，而通过海洋的贸易和投资能扩展和深化中国与东盟国家贸易与投资的内容，并有利于推动双方在海洋上的合作，缓解海洋纠纷。中国与东盟国家均有海洋经济的特点，在海洋经济上各有优势，通过分析双边海洋贸易竞争力，制定促进海洋贸易和投资政策，推动双边贸易和投资的发展，不但可以弥补原有模式过于重视陆地贸易和投资的不足，拓宽和深化双方贸易与投资的内容，为各国的共同发展注入新的动力，同时也推动中国与东盟国家的贸易和投资一体化的协同发展，因此，加大海洋企业在区域价值链与生产链的纳入，促进海陆企业在中国与东盟国家的贸易与投资、建立与完善海陆跨境合作区等，以推动融合海洋因子的中国－东盟区域价值链的构建。

（二）技术创新推动的点式与梯级推动的多样化经济合作模式

除了贸易和投资，其他经济合作也是中国与东盟国家功能性经贸合作的重要内容，应结合中国与东盟国家的特点，在海洋经贸合作圈范围内，以某些节点国家为经济合作重点，以海陆区域为合作的重点区域，在工程承包、劳务合作、科技合作以及发展援助等方面，依托全球价值链的技术变革，创新双方合作的形式，构建点式与梯级的陆地和海洋经济合作模式，其中构建海洋经济合作模式是重点。

第一，模式内涵。点式经济合作指的是以各种陆海项目合作为"点"，点与点之间通过各种渠道连接，构成网络状体系。

在陆地项目合作的基础上，海洋项目合作为多样化形式，可以是先进行一批小项目合作，然后共同开发合作大项目；可以是经济合作内容的大项目，如工程承包的项目合作、劳务合作、资源的合作开发、技术转让、援助项目等，重点是海洋工程承包项目合作的模式等；也可以是以园区为载体的综合性项目，如跨境经济合作区、边境休闲型经济特区、境外经济贸易合作区，重点建设跨境海洋经济合作区，并鼓励创新合作形式。这种模式合作速度快，合作形式多样化，可以短时间内获得增长极的效用。当这种模式合作累积到一定程度，便升级为更高梯级。

各梯级由低到高在技术变革的推动下可以分为基于双方比较优势的合作、基于竞争优势的合作、基于创新性比较优势和竞争优势的合作和基于区域内分工的合作。基于比较优势的经济合作主要关注双方在项目中的比较优势，通过局部点式合作实现双方的收益增加；基于竞争优势的合作模式主要在比较优势的基础上，关注双方动态和综合的优势，在点式项目中增强局部的竞争实力；基于创新比较优势和竞争优势的合作模式，则是除了保持原有的比较优势和竞争优势的合作外，还要培育新的比较优势和竞争优势，在品牌、服务等方面培育更多的核心竞争力，形成新的比较优势和竞争优势的合作；最高梯级则以技术推动基于双方在分工中的合作，实现资源的优化配置。该模式如图 5-2 所示。

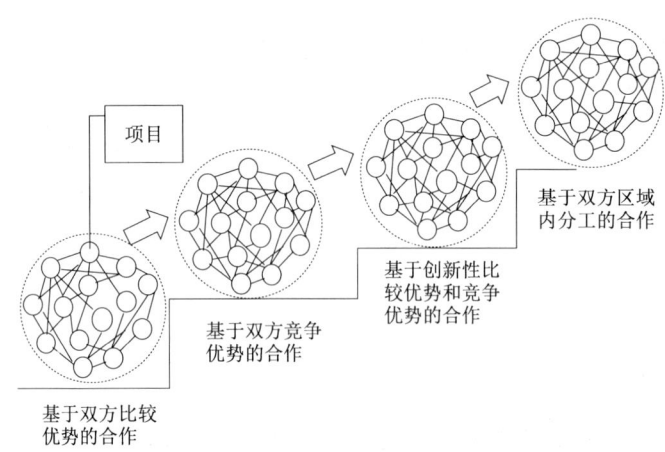

图 5-2　点式与梯级推动的陆海项目经济合作模式

第二，合作的模式内容。中国与东盟国家的经济合作有工程承包、劳务合作等，在长期的合作中实行了不少具体合作模式，在当前形势下，结合海洋开发的趋势，中国与东盟国家应以项目为合作重点，开发陆海经济合作模式，特别是加大海洋经济合作的构成，其合作重点内容和开发模式如下。

（1）加大海洋工程承包中沿海海岸带的工程承包、近海工程承包和远海工程承包等项目合作，包括：

①海洋交通运输领域的工程承包合作，包括沿海地区的港口、码头和跨海通道工程，如跨海大桥、海底隧道等的工程承包合作。港口工程建设一般是通过填海造地形成渔港陆域，通过疏浚水道形成渔港航道及港池，需要疏浚航道、港池，吹填造地形成渔港陆域，建设码头、船闸、围堤等，用海类型为渔业用海，

用海方式包括填海造地用海、透水构筑物用海、港池用海、开放式用海等。这类海洋工程承包还包含了码头工程建设，主要有建造散装货运输码头或者吨级油品码头工程，后者如建设油品泊位，包括码头、港池和引桥，配套建设生产辅助建筑物、给排水及消防、供电照明、自动控制、通信、导助航等设施。此外，还有跨海通道工程，如跨海大桥、海底隧道等。跨海大桥指的是横跨海峡，海湾等海上的桥梁，这类桥梁的跨度一般都比较长，短则几千米，长则数十千米，所以对技术的要求较高，是顶尖桥梁技术的体现。海底隧道是在两个因海峡或海湾相隔的陆地之间通过建造海底通道，解决两地之间的货物与人的交通问题。

②海洋石油化工的工程承包合作。海洋石油化工工程主要包括海上油田的合作开发、油气田的扩改建等工程。一般有井口平台、海底混输管道、注水管道和海底电缆等。

③海上风电等工程承包合作。海上风电全称海上风能发电，其主要包括海上风场、场内海缆工程、海上升压站、海底送出电缆及登陆点铁塔等。

④临港园区工程承包合作。临港产业园区是综合性的工程建设，包括产业园区土建工程如主要建、构筑物的产业园区基础设施建设特征及结构设计、特殊基础工程的设计、产业园区基础设施建设材料等；产业园区基础设施建设项目其他工程，如给排水工程、动力及公用工程、地震设防和生活福利设施等。

（2）构建 PEP-EPC 合作的具体形式。可以采用"中国资金+东盟国家工程"的项目合作形式，由中国提供资金，资金的筹措可以运用亚投行资金、中国－东盟投资合作基金、通过在中国发行东盟开发债券、部分项目股份化等多种方式完成，而项目则由东盟国家提供来开展海洋工程承包合作。具体操作上，可构建陆海工程承包项目合作的 PEP-EPC 具体形式，即在陆海工程承包合作的项目上，采用 PEP（Public-Enterprise-Partnership）由政府和私人组织合作进行项目融资，采用 EPC（Engineering Procurement Construction）由企业总承包建设完成工程项目的综合性合作模式。

PEP 是在 PPP（Public-Private Partnership）基础上的发展，PPP 是指合作的对象是国家政府要建设的公共设施、公共项目，因为投入的资金比较大，建造的时间比较长，因此与私人签订特许经营合同共同建造公共项目。这种合作关系中，政府不再是以往建设的主要负责人，而是作为项目提供方，实行公共项目私有化的方式，由私人承建，政府让渡一定利益的做法，通过政府与私人的合作实现双方风险和收益共同承担的结果。PPP 中的第二个 P，在实务中通常是中央管理企业（简称"央企"）、地方企业等国有企业，结合"一带一路"沿线各国工程承包的情况，如东盟国家资金、技术比较缺乏和落后、投资周期较长、信用不高、盲目投标等情况，借助大岳咨询（2018）提出的 PEP 方式，本书认为此方式与 PPP 相比，更适合"一带一路"倡议下中国与东盟国家的工程承包建设。PEP 方式里，作为社会资本一方的"企业"不但包含国企，还包括了私企等其他企业，指的是全部的企业。PEP 可使得政府、国企和民企在初级阶段便共同参与项目的可行性论证等，缩短工作周期，降低项目费用，也由于多方的参与使得决策失误减少；民企的加入也可以根据市场的变化灵活处理工程承包中的投标问题，也可以加大社会资本的竞争性选择；政府和各级企业共同参与建设与运营可以形成长远的互利目标，项目的长期风险可降低；PEP 方式下的对外工程承包建设使得项目在财政、金融、国资、市场等多重监督管理下规范性加强。

EPC 是业主将工程项目交由总承包商承建，总承包商负责工程项目的全套流程，进行 E-Engineering 的设计工作，即总承包商不但进行具体设计，还对整个承包统筹规划进行设计；负责 P-Procurement 采购工作，即负责采购事项，包括专业设备和一般材料的采购，更重要的是前者；负责 C- Construction 建造工作，即总承包商负责整个工程项目的施工、结构建筑、安全管理甚至人员招聘和培训等。业主对工程项目实施过程控制和事后监督评审的制度，确保项目能保证质量。EPC 有很多种衍生和组合，如 EP+C、E+P+C、EPCm、EPCs、EPCa 等。EPC 方式下，总承包商可以将工程项目分包给其他承包商，分包商对总承包负责，总承包商对业主负责，总之，无论采用哪种衍生方式，总承包商是 EPC 总包项目的第一负责人。目前在海洋工程承包如海上风电工程承包中，EPC 占比不断增加，且呈现持续扩大趋势。

PEP+EPC 模式是政府部门就将建设的政府公共项目进行招标，确定承包商后，与承包商之间签订特许经营 PEP 合同，由政府部门将公共项目交由承包商承建，政府通过在合同中有效控价、过程管理和事后监督等方式进行项目的监督，项目则由承包商实行 EPC 方式，统筹规划项目的设计、采购和建造程序，对项目的质量负责，对业主负责，项目建成后移交政府部门（见图 5-3）。这种模式将政府的公共服务功能与企业的市场经营行为结合在一起，各取所长，在海洋工程承包合作上 PEP+EPC 模式具有较大的应用前景，两国间的海洋工程承包一般资金需求比较庞大，将 PEP 融入 EPC 的前期融资中，可以缓解政府财政拨款的压力以及工程承包项目的资金短缺问题，高效推进各类项目的建设。

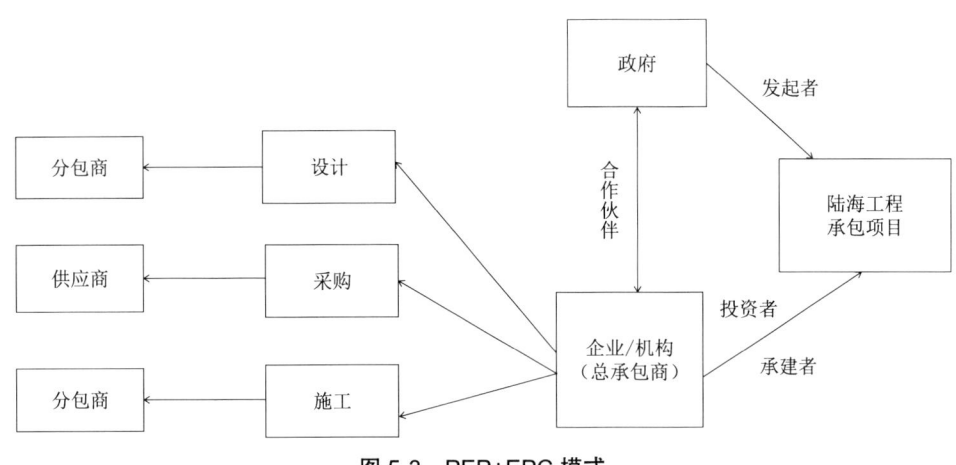

图 5-3　PEP+EPC 模式

四、时间性经贸合作子模式

中国与东盟国家的经贸合作中，各国经济相互依赖但又严重不对称依赖，各国间如何处理和完善双方的经贸关系，单纯靠自身国内市场的自发调节和政策的干预指导远远不够，因而对双边经贸合作进行协调和合作成为中国与东盟国家经贸合作顺利进行的有效方式，有效地协调理顺复杂的关系，提高双方经贸合作事项的效率，无形中缩短了合作的时间，对中国与东盟国家的时间性经贸合作子系统产生影响，在当前维护海洋战略资源安全、"一带一路"建设的宏观背景下，构建合理有效的中国与东盟国家的海洋协调模式成为重点内容。

中国与东盟国家的海洋协调按照协调的特点来说，有相机性协调和规则性协调两种，这两种协调是借用了金融政策协调的概念。在这里，相机性协调指的是根据各国经贸发展的具体情况，在没有既定协调法律法规文件体系的条件下，或并不明文规定实施规则或细则情况下，各国之间针对某类特定的事件和问题，通过某种可以让各国参与谈判协商的方式，确定各国应采取的政策组合和共同的行动措施。相机性协调的优点在于可针对具体情况，就更为广泛的问题进行磋商协商，从而更快地达成共识，及时应对，所以具有灵活性、时效性和针对性较强的优点。规则性协调则是指各国之间制定明确的法律法规条文、条例等各种具体规则，来指导各国的政策措施实施，通过彼此共同遵守的规则实现各国的协调。这种协调的优点表现为通过明确清晰的具体规则条文，有利于各国理解并执行；达成的规则可以在较长的时期内连续而稳定地实施；由于规则是双方共同制定的，因而具有较高的权威性和可信度，解决问题和纠纷更有效率等。

中国与东盟国家的时间性经贸合作协调应是相机性协调和规则性协调的统一，是全球价值链下规则重塑的体现，实行"陆海协调机制＋多平台协调"的模式。陆海协调机制既包括国内区域的也包括国际的陆海协调，当前更需要国际海洋协调机制的构建和完善，属于规则性协调；多平台指的是在原有协调平台基础上，更重视海洋合作的平台建设，实现多层次多样化的海陆协调的目标，属于相机性协调。该模式既强调对国际之间包括海洋贸易与投资等经贸合作在内的所有涉海事务的协调，也注重双方通过多种渠道多种形式多个平台，特别是论坛等非官方形式实现海陆经贸合作的协调，通过相机性协调和规则性协调的统一，实现利益主体协调子系统的构建以及与其他子系统的良好循环。

（一）陆海协调机制与规则性协调

陆海协调机制是规则性协调，在原有陆地协调机制基础上，重点开展海洋协调机制的构建和完善。通过双方在海洋问题上开展沟通、磋商和交流，是彼此都遵守的规则。近年来，中国与东盟国家就海洋问题也做了一些有益的协调工作，并取得了一定成效，如2002年签订的《南海各方行为宣言》、2016年9月双方审议并通过了《中国与东盟国家关于在南海适用〈海上意外相遇规则〉的联合声明》《中国与东盟国家应对海上紧急事态外交高官热线平台指导方针》以及2017年通过的《南海行为准则》框架文件等，构建时间性经贸合作模式应该关注中国与东盟的国际海洋协调机制等问题。中国与东盟之间的经济协调，必须走陆海并举的道路，因为陆地经济协调与海洋经济协调是互为配套、相互支撑的。

（1）海洋产业协调需要陆地配套产业、陆地消费市场、陆地流通政策的对接。目前，中国与东盟国家的贸易额逐年增长，但中国与东盟国家的贸易主要还是建立在陆地自然资源和陆地产业基础之上的，海洋资源和海洋产业范畴下的双边贸易仍属于薄弱环节。海洋产业贸易的提升既需要中国与东盟国家海洋产业的协调与合作，也需要陆地配套产业、陆地消费市场、陆地流通政策的对接。例如，中国与东盟国家的渔业合作，虽然在一定程度上要依赖于中国与东盟国家在渔业资源保护、海上捕捞作业、渔业养殖的协调与合作，但渔业产品养殖、捕捞、加工所需的技术、资金、人力有赖于各国陆地配套产业的支持，渔业资源的消费则终究要依靠各国陆地消费市场的支撑，渔业产品的贸易也倚赖各国陆地流通政策的对接。中国与东盟国家在海洋运输、滨海旅游、临港产业、海洋科研与文化交流等海洋产业的协调亦是同样道理。所以，各国陆地配套产业、陆地消费市场、陆地流通政策的协调和对接是决定中国与东盟国家海洋产业协调效果的关键因素。而各国陆地配套产业、陆地消费市场、陆地流通政策也必须向海洋相关领域延伸，才能获得可持续发展的空间。

（2）海上交通基础设施的互联互通需要内陆腹地交通基础设施的对接。中国与东盟国家的交通基础设施互联互通，应该是陆地和海洋交通基础设施互联互通的并举。由于海洋运输的货物始终要集散于各国的内陆腹地，但如果各国内陆腹地尤其与港口相连的运输通道、集散网络、物流管理等配套能力拓展不足，那么，陆地与海洋交通基础设施的不相匹配将导致港口和整体海洋运输效率低下，中国与东盟国家的交通基础设施互联互通也不能产生促进人员、商品、资源流动便利化的现实意义。东盟国家普遍对陆地交通基础设施建设尤其高速铁路有着强烈需求，如印度尼西亚人口将近2.5亿，国内港口数量达2187个，但铁路通车里程4861千米，陆运与海运交通严重脱节。随着中国—东盟自由贸易区内部贸易、投资、人员交流的增长，东盟国家陆地交通基础设施缺乏且老旧，陆海交通联动缺失成为严重阻碍区域经济协调发展的瓶颈。中国与东盟国家要构建铁路、公路、海运航线深度融合的一体化交通网络，才能实现中国与东盟国家资源、商品、人力的顺畅流通，有利于中国与东盟经贸合作的陆海并举。

（3）海洋政策协调需要陆地政策协调的对接。从中国对东盟的最近外交动态，我们可以看到中国已经将与东盟的海洋协调纳入国家整体外交战略之中。"互联互通"这个词汇，由东盟2010年在《东盟互联互通总体规划》中提出，目的是建设东盟共同体。中国随即表示愿与东盟国家加强互联互通建设，拟研究制定《中国与东盟互联互通总体规划》，并主动提出一系列配套协调政策与战略规划，包括设立中国—东盟海上合作基金、中国—东盟互联互通合作委员会、亚洲基础设施投资银行、丝路基金以及建设"21世纪海上丝绸之路"。中国与东盟国家的互联互通不仅限于基础设施，更注重于制度上的互联互通；既有陆地制度的互联互通，也有海洋制度的互联互通。因此，中国与东盟国家的经济政策协调是陆海并举的，只有陆地或海洋经济政策的协调都是不完整的。将陆地与海洋割裂开来的经贸合作，不会满足中国与东盟国家的共同利益诉求，也不会给区域经济一体化带来实质的发展动力。海洋政策协调与陆地政策协调之间的对接，要求中国主动将与东盟国家的海洋协调纳入国家整体外交战略之中，从国家陆海统筹的战略高度加以谋划。

（二）海洋合作多平台的相机性协调模式

合作平台是相机性协调的一种形式，是由两个或以上的国家共同建设的载体，其目的是保护、开发和利用各种资源，发展经济，并在与各国的贸易、投资、交流学习中具有较强的互动特征，这类的载体称为国家间合作平台。在中国与东盟国家的区域合作中，合作平台对经济发展、政治安全、科技进步、文化交流和环境保护等均发挥着国家间的调节作用，有利于区域一体化高效率开展，使国家间的经贸合作能按进程顺利进行。

在自贸区发展建设的过程中，在陆地方面中国与东盟国家的合作平台建设发挥了较大的作用，随着海洋合作日益发展，中国与东盟国家海洋方面的相机性协调也成为双方开展时间性经贸合作子系统中的重要内容，除了规则性协调机制外，搭建非官方的海洋或陆海合作平台变得日益重要。各国之间构建多层次、多样化、双边与多边相结合的合作平台，尤其是建设海洋合作平台，有助于推动双方海洋合作获得更进一步发展。

第六章
政策与措施

第一节　经贸合作的空间维度政策

一、基本原则

中国与东盟国家空间经贸合作的政策实施应遵循以下基本原则。

（一）遵守联合国宪章的宗旨和原则开展合作

中国与东盟国家的合作是国际合作，作为联合国的成员，应遵守联合国宪章的宗旨和原则，如基于所有会员国主权平等的原则、以和平方法解决国际争端、不得以不符合联合国宗旨的任何方式进行武力威胁或使用武力等，其实这也是中国提出的和平共处五项原则的另一种表述，在中国与东盟国家的合作中应遵循上述基本原则。

（二）互利共赢原则

中国与东盟国家之间具有较密切的经贸依赖关系，彼此利益交融，相互依存，坚持在合作中保证双方贸易与投资、产业整合的成果能实现共享，兼顾各方的利益，寻找利益契合点，扩大合作内容、改善合作环境、提高合作效益和落实合作措施等，推动双方的合作协调、全面、可持续地发展，双方的合作达到互利共赢。

（三）优势互补、合作开放

以空间相对优势作为空间统筹整合的基础，比较优势是中国与东盟国家开展经贸合作的内在动力，没有显著的比较优势，就没有整合的内在动力和互补产生收益的效应，也不利于双方开展区域内分工与合作，无法实现合作 1+1>2 的互补效应。

坚持优势互补的同时必须坚持开放合作。以陆海合作的思维推动中国与东盟国家的经贸合作，重点是学会用海洋思维看待双边经贸合作，海洋思维的特点是开放、勇于迎接挑战，因此在中国与东盟国家的空间经贸合作应坚持开放性思维，促进市场开放，人才、商品和其他生产要素自由流动，善于挖掘双边市场的比较优势，勇于通过国际协调解决面临的合作问题，特别是海洋战略资源的纠纷，加强资源、产业、科技和人才的交流和合作。

二、空间维度合作的划分依据

中国与东盟国家经贸合作的空间维度划分，以空间相互作用理论与核心边缘论作为理论依据。

空间相互作用理论最早是由美国地理学家乌尔曼（E. L. Ullman）1957 年提出的，他在综合了奥林（B. Ohlin）、斯托特（S. Stoutfer）、塔洛尔（P. J. Tarlor）等人的观点后，吸收了物理学、统计力学、经济学的理论及模型的相关知识，提出了该理论。他指出，在自然界及人们生存和生活发展的区域中，除了单个区域内的人地之间发生关系之外，区域之间也会有一种相互作用的关系，也可以说是依赖关系，区域之间人、财、物、技术、信息等互相流通和传输的过程就是空间相互作用。

空间是社会存在与发展的基本条件，是基于人类开展各种工作和生活等活动而形成的场所，当场所扩及国外，则成为国际空间。国际空间会发生相互作用。国际空间相互作用指的是国家间即国际空间系统中商品与生产要素流动和传递的过程。这种流动和传递会促进国家间加强联系，互通有无，并拓展发展的空间，从而获得更多的发展机会。

核心边缘论是约翰·弗里德曼（John Friedmann）于 1966 年在他的学术著作《区域发展政策》中提出的。他在对发展中国家的空间发展规划进行了长期研究的基础上，提出了一整套的空间发展规划的理论体系。1969 年他在《极化发展理论》中更是将这一具有鲜明空间极化发展的思想作了进一步阐述，认为任何空间经济系统都可以分解为不同属性的核心区和外围区。核心区是社会地域组织的一个子系统,能进行大量的革新,边缘区是另外一个社会地域组织的一个子系统,核心区与边缘区相互作用,核心区决定边缘区,处于二者关系中的支配地位,而边缘区受制于核心区,二者共同组成一个完整的空间系统。

中国与东盟国家在空间上的经贸合作,可按照空间相互作用理论的互补性、可达性和干扰机会因素作为空间划分依据,以核心边缘论的思想为指导,遵循国家间区域分工合作基本原理,依托区域划分方式,将中国与东盟国家的区域空间划分为既有圈层、多中心区等若干层次的区域,以促进国家间经济专业化、规模化等,实现国际经贸合作的经济效益最大化,最终实现各国经济的快速发展,周边环境的稳定团结。

(一)要素互补性因素

东盟的大部分国家均分布在南海沿岸,各国经济发展水平不一,海洋经济也各有高低,如印度尼西亚和中国广东省 GDP 高,经济发展水平较高,海洋经济也发展得较好,马来西亚、新加坡和菲律宾等国和中国广西、海南等的海洋经济居于中等。部分国家自然资源丰富,海岸线很长,如印度尼西亚达到 35000 千米。从自然资源上看,中国与东盟国家在资源上互有需求,如中国的煤、茶叶、棉花、肉类等是东盟国家需要的,东盟国家的橡胶、棕榈等初级产品和原材料是中国大量进口的,双方具有较强的资源互补,且是长期和可持续的。从资本上看,也具有互补性,在东盟国家对中国的投资不断增长的同时,中国在努力鼓励企业"走出去"到东盟国家投资设厂,投资领域和投资形式不断拓宽。总体来说,既有新加坡、中国广东等人才素质较高、资本充裕、技术发达的地方,也有马来西亚、越南、菲律宾等和中国广西、海南等资源丰富但技术性要素缺乏的国家和省份,具有极强的互补性,可以进行空间上的优势互补、互惠互利,合理调配资源,共同繁荣进步。

(二)可达性因素

可达性因素是以空间维度进行空间层次划分的依据之一,指的是区域间资本、劳动力、信息等要素传输的可能性,是各国之间开展经济联系的保证。本部分归纳为空间距离因素、产业发展依据、政策依据和文化距离四个因素。

1. 空间距离因素

空间距离因素是影响国家间空间合作的重要划分因素，往往受地理距离和交通运输情况的制约。地理距离指的是合作国家的地理位置和相邻的情况；交通运输情况则是开展经济联系的桥梁和载体，如果被传输客体的可运输性越大，可达性也会越大。

（1）地理距离。从陆地上看，中国的云南省与东盟国家的缅甸、越南边境相邻，大约有4060千米长的国境线，中国的广西与越南相邻，中越边境公路全长约800千米；从海洋上看，大部分东盟国家和中国属于泛南海地区，如东盟的菲律宾、印度尼西亚、文莱、马来西亚、新加坡、越南与中国的广东、广西、海南和福建以及香港、澳门和台湾地区分布在南海四周，彼此隔海相望。从空间距离来看，地理位置上的相邻，使中国与东盟国家之间的空间距离缩短，而毗邻陆地与海洋，尤其是南海，在地理条件上更容易开发和获得海洋资源，在中国与东盟国家的海洋突破的经贸合作模式的构建中，更易在这些相邻的国家和地区间形成各具优势的海洋产业，共同促进彼此的经济发展。

（2）交通运输情况。目前，中国对接东盟的立体交通网络已初步建成，初步形成了航空陆地并举、铁路公路交叉、沿边腹地互补、海洋港口航线开发的立体交通网络。主要是南部沿海省份开展与东盟国家的交通对接，目前开放陆路边境通商口岸21个（广西9个，云南12个），公路方面开通了南宁—友谊关—河内、防城港—东兴—芒街—海防—河内等13条高速公路以及多条二级以上公路通道，铁路方面开通了南宁—崇左—越南河内等6条线路。此外，2015年12月19日中（国）泰（国）铁路项目已经举行启动仪式，计划历时3年建成。2015年11月，连接印度尼西亚首都雅加达至万隆的高速铁路项目正式启动，预计2022年开通运营；水道方面，主要是南北交通走廊水运航道建设，包括了澜沧江—湄公河国际航道、红河国际航道和中缅国际航道的国际航运合作。此外如广西已有东兴、友谊关、水口和龙邦四个口岸开放国际道路运输业务，获批国际道路运输线路共28条。广西北海至越南、防城港至下龙湾两条海上旅游线路也颇受游客欢迎。海运的集装箱航线上，已经有防城港—蛇口—香港—新加坡—海防等35条航线。这些都为中国与东盟国家开展跨境运输提供了便利条件。各国间签订的交通方面的相关协定及合作机制给交通运输提供了保障，如多次召开的中国—东盟交通部长会议及通过的声明,《中国－东盟海运协定》《中国与东盟航空合作框架》《中国－东盟交通合作战略规划》《中国－东盟海运协商机制谅解备忘录》《中国－东盟海事磋商机制谅解备忘录》以及中国与单个东盟国家签订的备忘录、协议等,如中国与泰国签订的《中泰两国关于深化铁路合作的谅解备忘录》,这些在铁路、公路、航空等领域签署的一系列运输合作协议、备忘录等都有助于缩短中国与东盟国家区域间的空间距离,增强了彼此的联系,从而为国家间区域空间层次的划分及经贸合作提供了依据。

2. 产业发展依据

要构建在海洋合作上进行突破的经贸合作新模式,必须考虑海洋产业的发展,海洋产业的发展既离不开海洋资源的基础,也离不开陆地产业的支撑,海洋产业发展过程中不可避免地要与陆地产业和其他海洋产业形成海陆交会的产业链。一般来说,具有技术优势的产业常常处于产业链的顶端,对其他产业的带动和辐射作用很显著。中国与东盟国家的经贸合作,可以根据各国的海洋优势产业,以具有高技术特征的海洋生物制药业、海洋电力、海水利用、海洋交通运输业等海洋产业为带动,规划彼此合作的空间。

3. 政策依据

政策依据是指各国政府为了促进海洋经济或者海陆经济的发展而制定的本国政策,也有与邻国开展海洋合作而制定的一系列协议和政策。目前,中国南海沿岸的广东、广西、海南和福建均有国家级的海洋经济发展规划和具体政策措施,内陆省份虽然也有参与海洋经济的政策,但总体政策仍偏向陆域经济的发展。

广东、广西、海南和福建四个省份还针对东盟国家的海洋合作问题,分别制订了合作计划。广东在发布了《广东海洋经济地图》,建设广东海洋经济综合试验区、颁布《广东省海洋经济发展"十二五"规划》之后,规划建设与东盟国家的海洋经济合作区。广西则凭借北部湾经济区,开展与东盟各国的海陆交通合作。海南打造与东盟国家的港口对接优势,试图成为中国对东盟国家贸易"海上桥头堡"。中国－东盟海洋合作中心则落户福建。

东盟各国也有本国自己的海洋发展战略。例如,印度尼西亚制定并实施海洋综合管理计划、菲律宾建立了国家海上安全协调委员会、越南通过《至2020年海洋战略规划》等,并都有具体的政策措施及实行战略。东盟国家也与中国开展了多方面的海上合作。

4. 文化距离

文化是社会性的精神产品,包括习俗、宗教、艺术等。空间合作会受文化距离远近的影响,具有相同或相似的文化基础会增强国家(地区)之间的信任感和认同感,从而缩短心理距离,也使得文化认同感强的国家(地区)之间开展经贸合作成为现实。中国与东盟国家在地理上毗邻,文化相通,相互之间有着数千年的友好交往史,有着非常深厚的民意基础与历史底蕴,而且中国与东盟各国之间的文化交流活动日益丰富。中国与东盟国家的文化合作源远流长,中国与东盟国家建立了多个合作平台,如中国—东盟文化论坛和文化产业论坛等,中国也在东盟各国举行了多次演出,不仅传播了中国的传统文化,也促进了双方在文化上的交流,这为缩短文化距离,缩短各国的心理距离,增进双方文化认知,增进互信,增进区域的可达性,为提升更高层次的经贸一体化提供了很好的前提条件。

(三)干扰机会

干扰机会指的是国家间发生相互作用可能会受到来自其他区域的干扰。作为一种介入性因素,干扰机会的存在可能改变原有空间相互作用的格局,从而使得即便有互补性的两个国家或区域的合作也不能发生相互作用。中国与东盟国家之间存在着干扰因素,但克制性的力量也同时存在,并发挥着作用。目前在南海问题上,中国与东盟国家之间有着权益的诉求,也有开发收益的需求,还有域外大国的渗透、争夺等利益博弈,但中国一直对外倡导睦邻、安邻、富邻的外交政策,并明确区域内的问题包括海洋问题。各国彼此相互协商,并提出双轨制观点。因此,总体上,在南海问题上,各相关国家既主动降温,也开展对话谋求一致,加上《中国与东盟国家应对海上紧急事态外交高官热线平台指导方针》《中国与东盟国家关于在南海适用〈海上意外相遇规则〉的联合声明》等各国都共同通过,因此,干扰机会并不大,在空间划分上可以实现围绕南海经济资源的开发和利用开展合作,并由核心地区辐射到边缘地区。

三、海洋经济发展的测度

截至 2019 年，世界各国尚无关于海洋经济发展水平的统一标准和数据发布，现有学者在这方面的研究主要是建立测度指标体系。如马来西亚科技大学政策与国际研究中心（Centre for Policy Researcy and International Studies, CenPRIS）构建了海洋经济发展指标（Ocean Index，OI），该指标包括海洋潜力指标（Maritime Potential Index，MPI）、海洋经济指标（Maritime Industries Index，MEI）两项次级指标，随后 CenPRIS 和波兰大学发展研究中心 2010 年共同合作研究完善该指标，任职于这两个机构的学者如 CenPRIS 的海洋经济指标的构建者汉斯·迪特尔·埃弗斯（Hans-Dieter Evers）和波兰大学发展研究中心的 Azhari Karim（阿扎里·卡里姆）在 2011 年合作运用这一指标对东南亚国家的海洋发展潜力做了分析。国内关于这方面的分析有韩增林（2003）构建的树状指标体系，伍业锋（2014）的加法测度法以及在此基础上李锋和徐兆梨（2015）的海洋竞争力指标体系等。本部分参考了汉斯·迪特尔·埃弗斯（2010）的指标构建方法，结合汉斯·迪特尔·埃弗斯和阿扎里·卡里姆（2011）的研究成果，并结合李锋、徐兆梨（2015）所采用的部分指标构建了海洋经济指标，对"海洋经贸合作圈"内各国的海洋经济情况和发展潜力进行测度。

（一）测度指标

本部分采用 OI 包含两个次级指标 MPI 和 MEI。

MPI 是一种衡量海洋资源的指标，主要以海岸线长度、海洋保护区等指标来反映自然资源禀赋。一般来说，拥有较长海岸线的国家意味着拥有较多的如石油等海洋资源，也意味着可以更好地利用海洋资源，当然土地等自然资源也能为一国的经济带来影响。此外，较长的海岸线也使得该国有机会从事渔业、船舶建造、海上运输等海上活动。因此，岛屿国家或者海岸线较长的国家发展海洋经济的潜力高于别的国家。这一指标汉斯·迪特尔·埃弗斯在构建时仅采用了离海岸线的平均距离和海岸线长度指数，本书采用了该指标，但是由于离海岸线的平均距离没有统一的数据，因此只保留了海岸线长度指数（为了计算的统一，在本部分以 MPI_1 表示）。此外，由于海洋保护区占领海面积比、港口等指标对一国发展海洋经济的潜力也有影响，一般海洋保护区占领海面积比越大则海洋经济发展的潜力越大，临海国际港口越多则对海洋经济的影响也越大，因此，在海岸线长度之外，加入海洋保护区占领海面积比（MPI_2）和临海港口（MPI_3）指标。

MEI 主要衡量一个国家的海洋经济发展的成果，包括渔业、航运业、造船、港口和其他经济领域的发展情况，汉斯·迪特尔·埃弗斯（2010）只选取了集装箱周转量和渔业产量，但实际上海洋油气开发和滨海旅游对各国的贡献较大。此外，海洋经济研究还有许多其他领域，目前除了中国的数据较全外，东盟国家的海洋经济数据都比较缺乏，因此本部分在汉斯·迪特尔·埃弗斯（2010）的研究基础上，根据数据收集情况增加了旅游外汇收入、原油产量和人均 GDP 指标，与集装箱吞吐量和渔业产量合计为五个指标。

OI 是 MPI 和 MEI 的综合，反映了该国利用了多少海洋潜力取得了多大的成效，即海洋经济获得了怎样的发展程度（见图 6-1）。

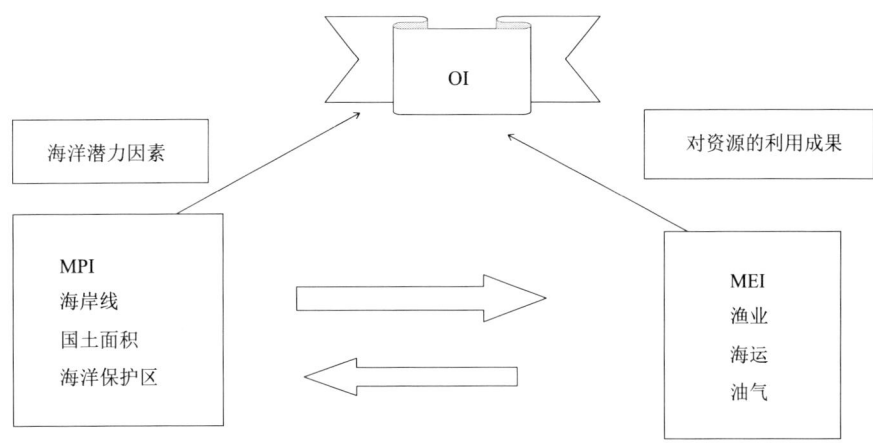

图 6-1　OI 与 MPI、MEI 的关系

因此，测度的具体构成指标如表 6-1 所示。

表 6-1　OI 指数构成表

项目	指标	编号	单位
MPI	海岸线	MPI_1	千米
	海洋保护区占领海面积比例	MPI_2	%
	临海港口	MPI_3	个

续表

项目	指标	编号	单位
MEI	渔业产量	MEI_1	万吨
	集装箱吞吐量	MEI_2	集装箱周转量
	旅游外汇收入	MEI_3	亿美元
	原油产量	MEI_4	百万吨标准油
	人均 GDP	MEI_5	美元/人

资料来源：参考马来西亚科技大学政策与国际研究中心和埃弗斯（2010）的研究修改。

计算公式参考埃弗斯（2010）的，并做了修改，最终公式如下

$$CO = \frac{1}{2} \times (MPI + MEI) \tag{6-1}$$

其中

$$MPI = 100\% \times \sum_{i=1}^{n} a_i MPI_i \tag{6-2}$$

$$MEI = 100\% \times \sum_{j=1}^{n} b_j MEI_j \tag{6-3}$$

其中，a、b 是权重，权重采用熵值法分别计算得到。该指标数值越大，说明海洋经济的发展越好，资源开发利用越多。

（二）测度结果与分析

各项指标数据主要来源于联合国贸易和发展会议数据库、世界银行统计数据库、国际货币基金组织数据库、联合国世界渔业数据库、国泰安数据库、《国际统计年鉴》、《BP 世界能源统计年鉴》、中国各省统计年鉴、《中国海洋统计年鉴》等公开出版的统计年鉴或国际组织的数据库的 2018 年数据，部分数据需要经过整理计算获得，如中国沿南海各省的海洋保护区占领海面积比等。

采用熵权法求出各项指标所占比重。首先，对数据进行归一化处理，归一化指的是由于所有的指标数据单位不一样，在进行数据的比较和计算时需要将其进行标准化处理，归一化公式为

$$X'_{ij} = \frac{X_{ij} - \min X_{ij}}{\max X_{ij} - \min X_{ij}} \tag{6-4}$$

其中，X_{ij} 表示的是 i 国第 j 项数值，$\max X_{ij}$、$\min X_{ij}$ 表示在所有 j 项数值中的最小值和最大值。

其次，计算第 i 国第 j 项数值的比重 Y_{ij}，找出信息熵，信息熵公式为

$$e_j = -k \sum_{i=1}^{m} (y_{ij} \times \ln y_{ij}) \qquad (6\text{-}5)$$

其中，$k = 1/\ln m$，m 为参与测度的国家数。

经过指标值的比重计算、信息熵冗余度的测算后，得出各指标的权重（见表 6-2）。

表 6-2 各指标权重表

项目	编号	权重
MPI	MPI_1	0.167
	MPI_2	0.128
	MPI_3	0.155
MEI	MEI_1	0.086
	MEI_2	0.088
	MEI_3	0.077
	MEI_4	0.174
	MEI_5	0.126

根据公式计算得到中国南海沿海地区闽粤琼桂港澳台和东盟国家的海洋经济情况。

首先，从 MPI 看，中国南海沿海地区各省份和东盟国家的海洋资源和发展潜力中，印度尼西亚 MPI 最高，达到 38.03，拥有 35000 千米最长的海岸线，最多的临海国际港口以及仅次于中国广东省的海洋保护区占领海的面积比，具有较好的海洋经济发展潜力。接下来，是菲律宾 MPI 为 21.08，虽然 2.5% 的海洋保护区占领海的面积比未进入各国和地区的前三，但拥有 18533 千米长的海岸线以及数量第二多的临海国际港。此后，MPI 超过 10.00 的是中国的广东省、东盟的马来西亚、泰国，其余国家和海洋地区 MPI 值都在 10.00 以下（见图 6-2）。

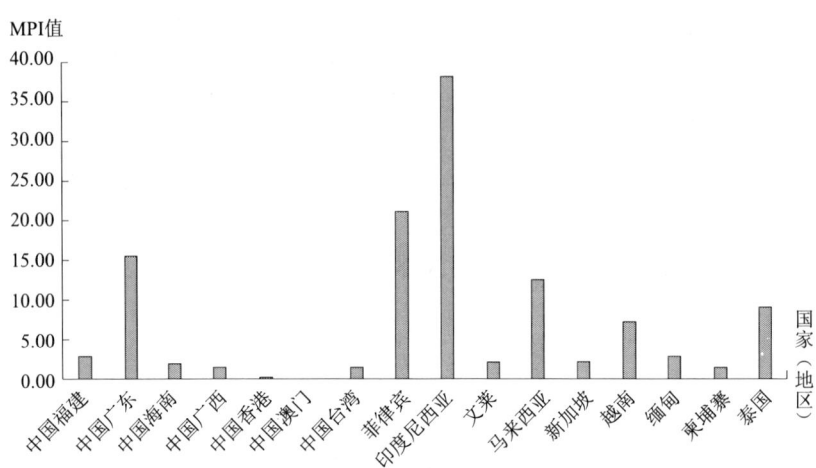

图 6-2 中国南部沿海地区和东盟国家 MPI 值

其次，从 MEI 看，MEI 反映的是各国（地区）对海洋资源的利用和开展海洋经济的业绩。由主要的几个国家海洋产业发展情况看，印度尼西亚既是 MPI 最大也是 MEI 最大的国家，MEI 为 31.22，主要是渔业和油气业在各国和地区中业绩最大，海洋渔业捕捞量为 643.67 万吨，MEI 值为 9.00；原油产量 4120.00 万吨，MEI 为 17.00；集装箱吞吐量 MEI 值为 3.00，在 16 个沿南海各国和地区中位于第 4 位，旅游外汇收入的 MEI 值为 2.00，居第 5 位，均处于中上水平。接下来是马来西亚，MEI 值为 24.90，对其 MEI 影响最大的是集装箱吞吐量和原油产量，均为 16 个国家和地区中的第 2 位，渔业捕捞量是第 5 位和旅游外汇收入的 MEI 值为第 4 位。泰国与新加坡的 MEI 值接近，新加坡稍高，但彼此最发达的海洋经济部分各有不同，泰国旅游外汇收入 MEI 值为 8.00，为 16 个国家和海洋地区最高，油气经济较好，MEI 值为第 2 位，此外渔业和集装箱均位于中等水平。而新加坡则在集装箱吞吐量上名列第一位，MEI 值为 9.00，是泰国 MEI 值的 4.5 倍，旅游外汇收入上新加坡与马来西亚并列第 4 位，但渔业和原油产量为 0，因此新加坡主要是以航运并辅之以滨海旅游发展海洋经济。越南发展较快，MEI 值在东盟国家中为中间水平。中国南部沿海地区的广东省、港澳地区 MEI 接近新加坡和泰国。中国的海南和广西、东盟的柬埔寨 MEI 值最小，MEI 值不到 5.00，集装箱吞吐量、原油产量等方面均在 16 个国家或地区中位居末尾，柬埔寨尤甚，MEI 值为 1.55，与第 1 名的印度尼西亚相差超过 20 倍（见图 6-3）。

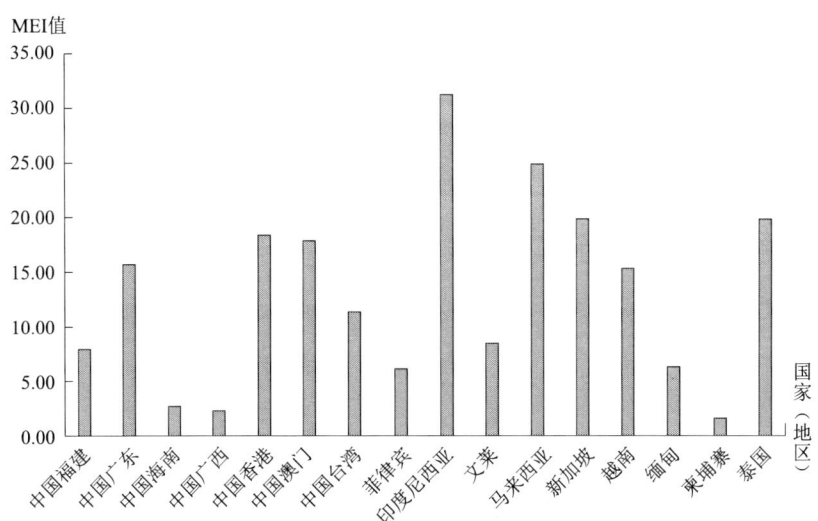

图 6-3 中国南部沿海地区和东盟国家 MEI 值

从各国和地区来看，OI 所显示的海洋经济发展情况最好的是印度尼西亚，该国 MPI 和 MEI 均为各国和地区之首，顺理成章成为海洋经济表现最好的国家，OI 值达到 34.63。而从海洋潜力和业绩的发展来看，印度尼西亚的海洋潜力尚未发挥完全，未来还有较大的经济发展空间；其次是马来西亚，OI 值为 18.63，该国在航运和油气业方面发展较快，充分利用了海洋资源和潜力；第 3 位是广东，OI 值为 15.58（见图 6-4）。

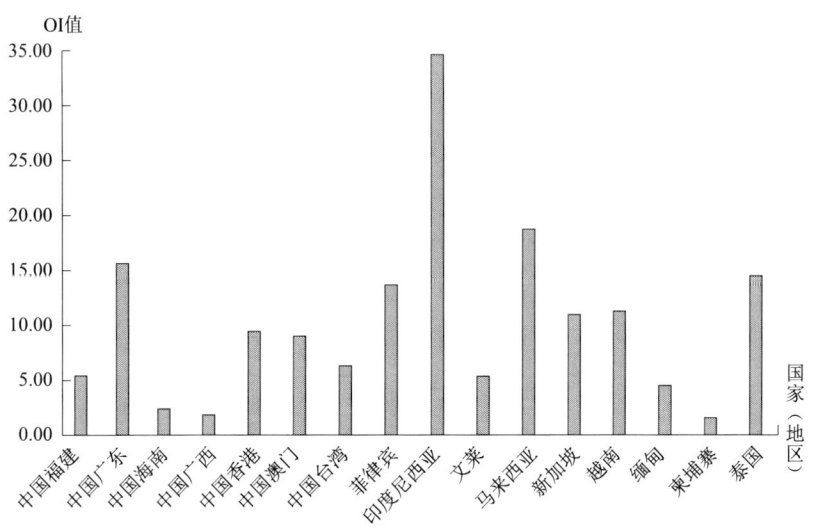

图 6-4 中国南部沿海地区和东盟国家 OI 值

总体上看，根据 OI 值的分布，可以把 16 个国家和地区的海洋经济发展情况分为四个层次。第一层次的 OI 值为 0.00～5.00，有中国的广西、海南两个省份和东盟的柬埔寨、缅甸 2 个国家共 4 个国家和地区，这一层次是海洋经济发展最低的层次，该层次内的国家和地区普遍海洋潜力较小，海洋经济业绩情况与别的层次国家相比较差，MPI 和 MEI 大多数在 5.00 以下；第二层次的 OI 值为 5.00～10.00，包含中国的福建省和中国的香港、澳门、台湾地区，东盟的文莱，中国香港、澳门地区都属于面积小，海洋资源相对较少，但是海洋经济的业绩都较好，如中国的香港和澳门地区的 OI 值接近新加坡等国家；第三层次是 OI 值为 10.00～15.00，包含东盟的新加坡、泰国、菲律宾和越南 4 个国家，这一层次的国家除了新加坡以外，海洋资源都比较丰富，新加坡虽然资源较少，但发展航运业等具有较强的海洋经济实力；第四层次为 OI 值在 15.00 以上的国家和地区，这一层次是海洋经济发展水平最高的层次，包含了中国的广东省和东盟的印度尼西亚、马来西亚两个国家。这一层次的特点是海洋潜力较大，资源较丰富，如海洋潜力分列各国和地区前四位：印度尼西亚是 MPI 最高的国家，广东第 3 位，马来西亚第 4 位。MEI 值很高，海洋经济的业绩很强，如印度尼西亚是 MEI 最高的国家，马来西亚第 2 位，中国广东第 5 位（见表 6-3）。

表 6-3 海洋经济 OI 值层次

层次（由低到高）	OI 值	国家（地区）
第一层次	0.00<OI<5.00	中国海南、中国广西、缅甸、柬埔寨（4）
第二层次	5.00≤OI<10.00	中国福建、中国香港、中国澳门、中国台湾、文莱（5）
第三层次	10.00≤OI<15.00	新加坡、泰国、菲律宾、越南（4）
第四层次	OI≥15.00	中国广东、印度尼西亚、马来西亚（3）

三、"海洋经贸合作圈"的空间布局[*]

长期以来中国与东盟国家在空间上的经贸合作采取陆地思维，忽视了海洋合作，而现有的海洋经济贸易合作在空间上也呈现碎片化形态，因此，在当前新形势下，应该变原有的空间经济贸易合作为系统深入的"海洋经贸合作圈"空间维度合作模式，实现经贸合作环境的共享系统的构建以及与其他子系统的良好

---

[*] 本节部分内容已发表于《国际经济合作》，2019 年第 1 期，第 92-109 页。

循环。

(一)建设"海洋经贸合作圈"的空间维度合作模式

根据空间相互理论与核心边缘论,结合海洋合作的现实基础、划分依据以及海洋经济发展水平,开展中国南海沿海地区(广东、广西、海南和福建四省份以及中国香港、澳门、台湾地区)与东盟国家的经贸合作,构建"多园四区一核一圈"的"海洋经贸合作圈"空间合作布局(见图6-5)。

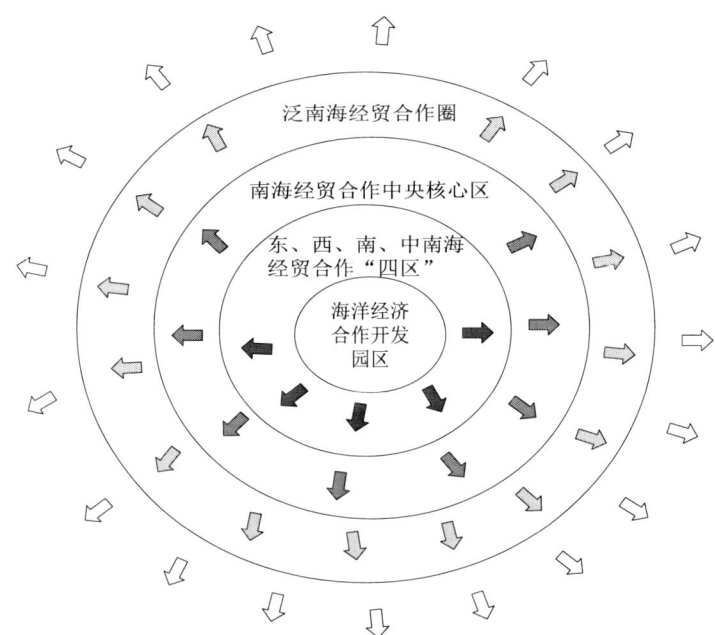

图 6-5　多中心圈层型的中国东盟"海洋经贸合作圈"

"一圈"即"海洋经贸合作圈",将合作的区域由南海主海域向泰国湾等泛南海海域扩展,实现中国与东盟国家的海洋经贸合作与开发。

"一核"指的是南海经贸合作中央核心区(简称"南海中央核心区")是各国(地区)主要依托南海主体海域开展经贸合作。

"四区"。南海中央核心区在空间上又划分为东、西、南、中四个中心区,组团发展,多中心协同,促进合作交流、辐射与集聚,进而形成一个开放性的合作市场,在这个市场内各商品、要素自由流动,各中心极之间相互协同合作,彼此互动与共赢,共同推动区域内的海洋经贸合作,最终形成"海洋经贸合作圈"。

"多园"指的是建设多个海洋经济开发合作园区，在各个中心区中以园区的形式开展海洋经济合作开发，带动中心区内海洋经贸活动的开展。

（二）南海经贸合作四中心区即"四区"的空间布局

根据中国的南海沿海地区与东盟国家的要素互补性、可达性尤其是空间距离因素等划分依据，在"一带一路"倡议指导下，优化海洋空间布局以及创新区域合作体制机制，把南海经贸合作中央核心区分为闽台—菲印的东部中心区、粤港澳—马印文的中部中心区、琼—越柬新马的南部中心区和广西北部湾—越马印柬缅泰新的西部中心区四个中心，形成"多园四区一核一圈"的海洋空间经贸合作中的"四区"。必须强调的是，各个中心区的构建并不限制各省份根据实际情况与中心区外的东盟国家开展经贸合作，只是从要素互补、可达性等因素方面更考虑会优选中心区内各国和地区的合作（见图6-6）。

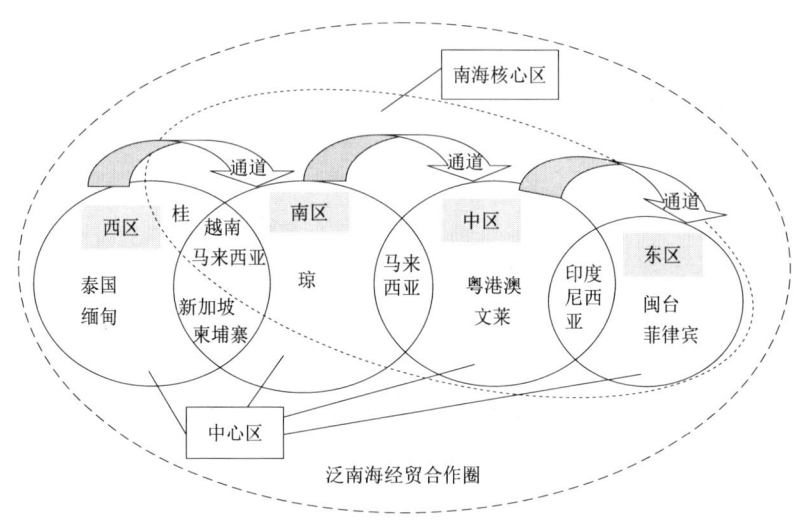

图6-6　"四区一核一圈"的组团式多中心的海洋经贸合作

1.闽台—菲印的东部中心区组团

东部中心区包含中国的福建省、台湾地区和东盟的菲律宾、印度尼西亚东部小部分海域。东部中心区的海洋资源比较丰富，相对来说，菲律宾的海洋资源丰裕度更大，从MPI值来看，菲律宾是中国沿南海省份和东盟各国中第二大丰裕度的国家。东部中心区包括拥有居中国第一位的海岸线曲折率，中国的有东山湾、厦门港、湄洲湾、兴化湾、罗源湾、三沙湾、沙埕湾等天然良港,菲律宾则有马尼拉、八打雁、卡加延德奥罗、宿务等主要港口。中国的台湾海峡拥有相当数量的油气资源;中国福建是全国海盐生产的主要基地,有全国最丰富沿海风能资源,中国福建、台湾地区和菲律宾的火山资源、地热资源、渔业资源都较为丰富。但该区域虽然具有较丰富的海洋资源,但在资源利用的水平上有所欠缺,如水产资源的捕捞设备落后,油气勘探开采技术不强等,因而海洋经济发展水平并不高,尤其是菲律宾。MEI 值显示,菲律宾的 MEI 值为倒数第四位,中国的台湾地区和福建属于中下水平。总体来看,中国台湾地区资源相对较少,但海洋经济能力较强;中国福建资源相对丰富,但开发利用不够;菲律宾则是资源很丰富,但海洋经济能力不高,开发潜力非常大。从该中心区的 OI 值显示的海洋经济的发展水平看,中国福建和台湾地区属于第二层次,菲律宾属于较高的第三层次,主要是海洋资源占了较大的优势。这也意味着,在东部中心区中可以推动双方加大对海洋资源的开发利用,开展垂直型的海洋经济合作。

2. 粤港澳—马文印的中部中心区组团

中部中心区包含中国的广东省、香港地区和澳门地区以及东盟的东马(马来西亚东部)、文莱和印度尼西亚,以广东和印度尼西亚的海洋经贸合作为主,都是海洋资源非常丰富的国家或地区,其中广东省是中国沿南海海岸线最长的省份,印度尼西亚则是世界上最大的群岛国家,海岸线长度为世界第二位、东盟首位。该区域中漫长的海岸线带来了巨大的海洋资源,印度尼西亚是世界上海洋生物最多样化的国家,拥有石油、天然气等资源。该区域还拥有大量优良的港口资源;在中国各省市中,广东省是沿海港口数量最多,并且水路运输最发达的省份之一,丰裕的海洋资源使得广东省的海洋经济发展具有非常大的潜力。在东盟,印度尼西亚是东盟港口最多的国家。

中部中心区还是海洋利用水平最高的区域。中部中心区内各国和地区的海洋收入占本国 GPD 的比例都较大,广东省的海洋生产总值为中国最高,印度尼西亚的海洋收入占本国的 22%。此区域的海洋经济发展基础较好,外向型经济优势非常明显,从 MEI 值看,印度尼西亚为海洋经贸合作圈各国和地区中最高水平,我国的广东省、香港地区、澳门地区 MEI 值为中上。此外,由于马来西亚分为东马和西马,西马是马来西亚的经济中心,东马的经济水平较低,因而东马在该区域中的 MEI 值处于中下水平,但对总体情况影响不大。总体上看,OI 值显示,中国以珠三角为核心的广东省和印度尼西亚是南海沿海国家和地区中海洋经济水平最高的前二位,共同处于最高层次。中部的海洋经贸合作中心区产业体系比较完善,有着资源、技术和资本的优势,中国广东省特别是珠三角地区和印度尼西亚在海洋经济的发展基础、水平、资源支撑条件和潜力上都具有优势,虽然香港地区、澳门地区的 MPI 值最低,资源相对最少,但是香港地区作为国际金融中心和货运中心,在资金、海洋科学技术和海洋港口运输等方面优势更大,澳门地区则是在旅游资源和旅游传统、旅游业等方面优势较大,中心区内各国和地区各有优势,可以强强合作,加强相互之间的协作与配合,实行水平型的海洋经济合作。

3. 琼—越柬新马的南部中心区组团

南部中心区包括中国的海南省和东盟的越南中南部、柬埔寨东部地区、新加坡、马来西亚和印度尼西亚小部分地区。该区域与其他中心区不同之处在于,中国的海南省、新加坡和印度尼西亚均为海岛。海岛经济的发展具有独特的地方,如海岛资源优势,渔业资源、港口、滨海景观突出,但劣势也同样明显,主要表现在淡水资源、常规能源非常短缺、基础设施落后等方面;产业也比较单调,总体经济发展水平较低,大部分的海岛经济都是以资源型经济为主,主要是以海洋资源开发为基础发展起来,由于受各种条件的限制,除少数海岛如新加坡外,大部分海岛都以渔业为主,第二产业、第三产业较落后;海岛普遍面积较小,市场容量有限,独立性较差,有天然外向性特征。海岛要发展经济,需要解决在独立于大陆的情况下,如何既要促进产品外销,同时又要引进各种资源的问题,单独依靠自身的力量难以发展,所以海岛发展经济具有天然的外向性,贸易和投资的依存度比一般的海洋地区更高,对运输基础设施和运输线路的建设需求也更大。

从海洋发展潜力看,南部中心区内,海南省的岸线系数位居全国第二,有丰富的岛、洲、礁、沙和滩资源以及港口资源,岛屿周围的海域油气资源非常丰富,居中国所有海区之首,也有全国最大的盐场之一的莺歌海盐场、全国四大渔场之一的南海近海渔场以及丰富的海岛旅游资源。中心区内的海洋岛国新加坡资源比较匮乏,但是有航道资源。其他国家如越南,渔业资源丰富,生物多样化的程度较高,油气资源比较丰富,海岸线较长,有众多港口可建设成为深水港,旅游资源兼有自然、人文、历史等特点。从 MPI 值看，南部中心区内各国和地区 MPI 均为中等水平，其中除了印度尼西亚外，越南的 MPI 值最高，约在中上水平。

南部中心区内的中国海南省近年来大力发展海洋经济，取得了不少成绩，海洋生产总值占海南省 GDP 的 28% 左右，年平均增长率超过 20%。新加坡虽然资源匮乏，但是依据地理位置和海洋资源利用，已成为世界重要的航运中心、炼油中心、电子工业基地、贸易自由港。越南则是利用丰富的海洋资源，发展了造船业、海运业和滨海旅游业，越南南部相对北部而言经济比较发达。MEI 值显示，中国海南省的 MEI 值很小，处于较差水平，越南为中等，新加坡为中上水平。总体上看，该区域的 OI 值较低，海洋经济发展潜力较大，中国海南省的 OI 值处于最低层次，越南和新加坡处于第二层次，马来西亚、印度尼西亚处于最高层次，因而中心区内各国和地区可以互通有无，实现比较优势互补，实行垂直和水平结合的混合型海洋经济合作。

4. 广西北部湾—越马印柬缅泰新的西部中心区组团

西部中心区包括中国广西北部湾经济区和东盟的越南北部、柬埔寨、缅甸东部、泰国和西马（马来西亚西部）、印度尼西亚部分地区，由于海陆相邻的特点，西部中心区主要开展海洋和陆地并举的经贸合作。

从海洋发展潜力看，西部中心区中，广西是中国唯一与东盟陆海相连的省份，拥有全国第六的海岸线长度，天然优良港口资源丰富，分布有钦州港、铁山港、防城港、北海港等十多个大大小小的港湾和河口，除了海洋空间和海岛资源外，广西还拥有港口、渔业、旅游、油气 4 大资源，广西北部湾是中国 4 大渔场之一，海洋生物资源种类丰富，具有沿海火山岩地质地貌、红树林等丰富的滨海旅游资源。柬埔寨和泰国的渔业资源都十分丰富，油气资源和矿产资源方面越南较缺乏，泰国则较丰富。马来西亚相对来说，岸线资源、渔业资源、生物资源、油气资源和矿产资源、滨海旅游资源等都非常丰富。除了中国广西和柬埔寨 MPI 值较低以外，其他均处于中上水平。

从海洋经济看，广西依托北部湾大力发展海洋经济，增长速度较快，但占广西 GDP 比重不高，近年来大力发展第一产业中的现代海洋渔业、第二产业中的海滨砂矿业以及第三产业中的滨海旅游、海水利用等，推动了以钦州、北海和防城港为中心的北部湾经济区的发展,也促进了广西的经济发展。中心区内的马来西亚的西马地区作为海洋经济发展较好的国家(地区),渔业资源丰富,近海渔业发展较好,但是近海渔业依赖性较大,此外马来西亚还是东盟的第二大产油国,港口和海洋运输发展较快,巴生港和丹戎帕拉帕斯港进入世界集装箱港口100强的前20位,海运业发达;泰国服务业产值增加值占比最大,海洋渔业捕捞量为南海沿海国家和地区第六位,航运业中等发达程度,石油开采情况仅次于印度尼西亚和马来西亚,旅游业最发达;越南北部经济比南部差。由MEI值可知,中国广西和柬埔寨的MEI值最小,而马来西亚和泰国分别为第二和第三,处于较高层次,越南中等水平。OI则显示综合MEI和MPI,泰国和越南的海洋经济发展水平在中上程度,中国广西和柬埔寨为最差。中国广西和柬埔寨属于最低的层次,泰国和越南为第二层次,马来西亚为第三层次,因而,该中心区内中国广西与区域内的东盟大部分国家可以开展垂直型的海洋经济合作,与柬埔寨开展水平型海洋经济合作。

结合各中心区的MPI、MEI和OI值可知,东部、中部、南部和西部中心区的海洋经济水平和合作类型见表6-4。

表6-4 中心区合作类型

中心区	范围	特点	OI层次	合作类型
东部	中国福建省与台湾地区、菲律宾、印度尼西亚的东部小部分地区	资源丰富	2—4	垂直
南部	中国海南—越南中南部、柬埔寨东部、新加坡、印度尼西亚	海岛	1—4	混合
中部	中国广东、香港地区、澳门地区—印度尼西亚、马来西亚的东马、文莱	水平最高	1—1	水平
西部	中国广西—越南、泰国、缅甸、柬埔寨西部、新加坡、马来西亚的西马、印度尼西亚的小部分地区	海陆相邻	1—4	混合

资料来源:根据MPI、MEI和OI的计算结果绘制,OI值1—4表明海洋经济发展水平层次由高到低。

(三)以中国—东盟海洋经济合作开发园区为前沿阵地

协同现有跨境经济合作区,通过建设国际海洋经济合作开发园区,即"多园——四区一核一圈"的海洋空间经济贸易合作中的"多园",以辐射效应带动中国与东盟国家的周边地区发展。

在海洋经济圈、核心区及其四大中心区中,根据各国和地区的经济关系、合作愿望强烈程度等选取合作对象,根据海洋经济外向性的特征、沿海开放的基础和优势，规划建设海洋经济合作开发园区。

中国—东盟国际海洋经济合作开发园区可以是近海合作园区，也可以是远洋合作园区，近海合作园区通常建立在海岸带区域内，特点是海陆联通，可以依托陆地开展海产品的加工、物流等，也是连接远洋和大陆的桥梁，适合海陆并举的合作方式；远洋合作园区在南海海域中，远离海岸带，适合进行远洋捕捞的生产基地建设、深水石油勘探和开采、海岛邮轮旅游等建设，是纯粹的海洋经贸合作方式。

首先，通过在海洋经济合作开发园区内实施特殊的财政税收政策、贸易与投资政策以及相关的其他政策，甚至是特殊的海洋监管政策，在合作园区内对涉海货物贸易、海洋服务贸易以及投资实行便利化，实行联合的海洋商品检验检疫制度等，在合作上创新合作模式，在管理体制和运行机制上创新内容，建设和运营合作区，吸引资本、劳动力、技术等各种生产要素在区内自由流动，实现各中心区内优势互补，带动沿海地区的发展和合作，并通过辐射效应带动周边地区发展。

其次，实力雄厚的企业参与海洋合作园区内的海陆基础设施建设，实现海陆的互联互通，在区内加快海洋经济合作，实现贸易结构和产业结构的升级优化、合作领域和范围的拓展，海洋合作的对象由中心区内的国家或地区拓展至"海洋经贸合作圈"中的各国或地区，甚至辐射到南海区域外的国家或地区。中国与东盟国家的海洋合作方式将从简单的贸易和投资向外拓展，利用辐射效应，开展生产、科研、流通等环节的整合和更高层次的延伸，形成合作园—中心区—核心区—合作圈的宽维度、多层次的经济合作，实现海洋经贸合作水平的提高，推动中国与东盟各国经济关系的高度融合。

设立和建设国际海洋合作开发区面临的风险不少，所幸中国与东盟国家已经建设了陆上的跨境经济合作区、境外合作区等，积累了不少经验，这些经验对设立海洋经济合作开发园区有着重要的借鉴意义。

海洋经济合作开发园区应与陆地经济合作区协同发展，共同促进中国与东盟国家的经贸合作。目前陆地合作方面，中国与东盟国家已经设立了跨境经济合作区、境外合作区、产业园区等次区域合作区，中国云南现有中国磨憨—老挝磨丁、中国红河—越南老街、中国瑞丽—缅甸木姐3个跨境经济合作区；中国广西有广西靖西市龙邦—越南茶岭跨境合作区（中越最大矿产贸易口岸）等7个跨境经济合作区，柬埔寨西哈努克港经济特区等九个境外经贸合作区。中国和新加坡合作有苏州工业园区、天津生态城、中新（重庆）战略性互联互通示范项目三个政府间合作项目。此外，新加坡的腾飞公司在苏州吴江有腾飞临沪工业坊以及广州知识城腾飞园等在中国的其他商务园及综合园区，新加坡的胜科发展公司则有新川创新科技园等科技园或工业园区。跨境合作区、产业园区等的设立和建设，将中国与东盟其他口岸和边民互市贸易点、城市等共同组成一个水平或垂直合作、面向东盟国家开放合作的新体系，中国与东盟国家以海洋经济合作开发园区和陆地各类合作园区协同发展，海陆联动，共同推动双边经贸合作的发展（见表6-5）。

表 6-5 陆地合作区情况

编号	合作区类别	合作区名称	省份或境内实施的代表性企事业单位名称
1	跨境经济合作区	中国磨憨—老挝磨丁	中国水利水电第十四工程局有限公司、老中银行、云南开放大学、法国罗浮宫酒店管理集团等
2		中国瑞丽—缅甸木姐	北汽集团、银翔摩托产业基地等
3		中国红河—越南老街	红河华鑫活性脱硫糖仓储物流项目等
4		中国龙邦—越南茶岭	广西信发铝电有限公司等
5		中国凭祥—越南同登	广西捷递、广西华泰等
6		中国东兴—越南芒街	中冶十七集团、中国中铁、香港利嘉集团
7		中国龙州县水口—驮隆跨境合作区	南华纸业等
8		中国宁明县爱店—峙马跨境合作区	俪都国际有限公司等
9		中越德天—板约瀑布跨境旅游合作区	正在建设
1	境外经贸合作区	柬埔寨西哈努克港经济特区	江苏太湖柬埔寨国际经济合作区投资有限公司
2		泰国泰中罗勇工业园	华立产业集团有限公司
3		越南龙江工业园	前江投资管理有限责任公司
4		越南中国（深圳—海防）经贸合作区	深越联合投资有限公司（由深圳中航技集团、中深国际、海王集团等7家企业合资成立）
5		中国·印度尼西亚经贸合作区	广西农垦集团有限责任公司
6		中国印度尼西亚综合产业园区青山园区	上海鼎信投资（集团）有限公司
7		中国·印度尼西亚聚龙农业产业合作区	天津聚龙集团
8		老挝万象赛色塔综合开发区	云南省海外投资有限公司
9		老挝磨丁经济特区	中国云南海诚实业集团股份有限公司
10		老挝金三角经济特区	金木棉国际（香港）有限公司

续表

编号	合作区类别	合作区名称	省份或境内实施的代表性企事业单位名称
1	其他工业园区、综合园区	苏州工业园区	兆润投资控股集团有限公司等
2		天津生态城	天津陆耐酷车科技有限公司等
3		中新（重庆）战略性互联互通示范项目	誉存科技中新企业、中新ICT企业加速器项目、新加坡莱佛士（重庆）国际综合医院项目等
4		腾飞临沪工业坊以及广州知识城腾飞园、大连软件园腾飞园、腾飞苏州创新园、新加坡杭州科技园、腾飞西安创新中心、腾飞南京创造中心等	新加坡的腾飞公司
5		新川创新科技园、中国无锡新加坡工业园、中新南京生态科技岛等	新加坡的胜科发展

资料来源：商务部及各合作园区官网资料。

（四）以中国－东盟国家重要城市和重要港口为增长极

要以中心城市和港口为增长极，充分发挥其经济增长极的作用。

第一，要加强大城市和大港口的基础设施建设和服务业的发展，优化资源配置以及产业结构的布局，进一步完善中国南部沿海地区的广州、香港、澳门、台北、福州、海口、南宁和东盟国家马尼拉、河内、雅加达、金边、曼谷、新加坡、吉隆坡等中心城市的中心辐射功能，以促进"海洋经贸合作圈"的发展。

第二，考虑基础较好、条件优越、地理位置较好、资源丰富等因素，选择中上规模且对区域内的经济开发合作具有重大的影响力的城市和重要港口进行重点开发建设，与中心城市形成互补产业链，提高区域的经济收益，成为"海洋经贸合作圈"和"海洋中心区"经济增长的第二极。

第三，逐步开发建设中小城市和一般港口，并与大城市或大港口、中上城市或重要港口相互作用，使其成为经济增长的第三极。

第四，在上述中心城市合作布局构建的过程中，中国南部沿海地区和东盟国家各大中心城市之间相互协调，形成城市港口网络，成为增长极的领导者。

第五，应形成如下城市港口的空间布局：

东部中心区应形成以福建的福州、台湾地区的台北、菲律宾的马尼拉为城市中心，包含福建福州、厦门、泉州和漳州，台湾地区的台北、高雄和基隆，菲律宾马尼拉、达沃、伊洛伊洛、三宝颜、宿务等在内的城市和港口合作布局；

中部中心区应形成以广州－香港、印度尼西亚西加里曼丹省坤甸、马来西亚东马沙巴州的哥打基纳巴卢、文莱斯里巴加湾市为城市中心,包含中国广东的广州、深圳、珠海、汕头、湛江、中国香港、中国澳门,文莱的首都斯里巴加湾市、摩拉港,马来西亚沙巴州的哥打基纳巴卢、泗务、古晋,印度尼西亚的坤甸、马辰、巴厘巴板等为中心城市和港口的合作布局。

南部中心区应形成以海南省海口市、越南南部胡志明市、柬埔寨金边、新加坡和印度尼西亚的雅加达为城市中心,包括海南省的海口市、三亚市,越南中南部的胡志明市、顺化、岘港、会安、芽庄、广义、头顿等,柬埔寨东部的金边、西哈努克港,印度尼西亚的雅加达及其丹绒不碌港、泗水的丹戎佩拉港、万隆等在内的城市和港口合作布局。

西部中心区应形成以广西南宁、越南河内、泰国曼谷、柬埔寨的暹粒、缅甸的仰光、西马吉隆坡和印度尼西亚的棉兰为城市中心,包括广西南宁、钦北防北部湾港口群、越南河内、海防、广宁、海阳、泰国的曼谷、林查班、宋卡等,柬埔寨的暹粒,缅甸的仰光、勃生港和毛淡棉,西马吉隆坡、马六甲、槟城、关丹、巴生港、丹戎帕拉帕斯港、印度尼西亚的棉兰、巨港和巴东等在内的城市和港口合作布局。

(五)以国际通道和交通基础设施的建设为主轴开展空间合作

它指的是以"海洋经贸合作圈"内的海洋航道、陆路交通(公路、铁路)为主轴,连接城市和港口网络,通过建设便利的交通设施,使商品和生产要素在区域内高速流动和交换,以推动区域内经济发展。

交通运输是"海洋经贸合作圈"内的城市和港口经济联系的纽带,也是经济得到发展的重要基础,南海沿岸的中国与东盟国家和地区之间的交通运输不仅包括铁路、公路、航空,更要加大力度建设海洋运输,主要包括船队建设、航线、物流基地建设、发展海铁联运等交通运输方式以及港口建设和合作等。

1.优化国际通道的运输结构,形成协同的国际通道运输网络

国际通道包括海上通道和陆上通道,前者主要指的是海上跨国航线,后者指的是跨国铁路和公路。在中国与东盟国家的海洋经贸合作中,海运航线的建设既有利于双边合作的快速发展,也有利于各国的海洋经济建设,因为海上跨国航线是海运业发展的基础,其发展会推动海运业的发展,并成为推动海洋产业的和海

洋经济的动力之一。

(1) 加快海上运输线路建设，形成国际通道运输网络。目前应加快"海洋经贸合作圈"中心区的海上航线建设，加快建设具有较强国际竞争力的集装箱航线，同时开发新的海上航线，也可以开发跨海洋中心区的航线，如钦州－岘港－新加坡－雅加达等，使海上航线尤其是集装箱航线交错密布，与各航线的节点港口和城市一起形成跨国海上航线网络。此外，加快建设陆上通道，加快形成跨国高等级公路网和高等级铁路网，特别是加快推进以铁路、高速公路和高等级的公路为载体的南宁－新加坡经济走廊的建设，为海上航道的建设打好陆地交通基础设施的基础。

(2) 优化通道内运输结构。对国际通道的交通资源进行协调分配，优化通道内海运、铁路、公路等各种运输方式的线路布局，提高物流网络的通达性和可靠性，在当前应大力发展跨国海铁联运、江海联动、水陆并进、空港衔接"四位一体"的运输方式，特别是利用中国南部沿海地区集装箱主枢纽港区群，尤其利用中国香港的航运中心优势，大力发展海或水铁、公海或水集装箱国际多式联运，通过国内和跨国的铁路、公路运输，与国际海上运输相结合，由单独的陆地、海上承接运输辐射到内陆经济腹地以及拓宽合作区域，使得内陆地区的外贸货物可以更快速地到达目的地，从而有效地减少了货物的周转环节，提高双边贸易效率，为中国内地省份提供了高效率和低成本的物流通道。总而言之，就是在"海洋经贸合作圈"内，引导各种运输方式充分发挥比较优势，合理规划交通运输结构，并加快各通道的基础设施建设，为国际通道网络提供基础支撑。

2. 强化重点城市和港口的节点服务功能，加快基础设施建设

(1) 强化重点城市和港口的节点服务功能。以"海洋经贸合作中央区"的海陆国际通道上重要的城市或港口为重要节点，如东部中心区的中国福建福州、台湾台北，菲律宾马尼拉；中部中心区的中国广州、香港，印度尼西亚坤甸，马来西亚哥打基纳巴卢，文莱斯里巴加湾市；南部中心区的中国海南海口、越南胡志明市、柬埔寨金边、新加坡和印度尼西亚雅加达；西部中心区的中国广西南宁、越南河内、泰国曼谷、柬埔寨暹粒、缅甸仰光、西马吉隆坡和印度尼西亚棉兰等城市以及其他重要的港口，如中国福建厦门、泉州，广东深圳、珠海、汕头、湛江、海南三亚，中国台湾地区高雄，菲律宾达沃、宿务，越南顺化、岘港，柬埔赛西哈努克港，印度尼西亚丹绒不碌港、丹戎佩拉港，泰国林查班、马来西亚巴生港等，按照在"海洋经贸合作圈"中国际通道和交通运输中的定位，建设各具特色的航运中心、大型陆路货运枢纽、航空枢纽等，积极开辟国际海运干线班轮，发展国际直达航线。特别在航运中心建设方面，整合中国城市与港口资源，以广西北部湾港口群、海南省海口、福建省福厦泉以及广东省广深汕等各主要港口为载体，建设功能完善和运作高效的、合理分工、合理布局的港口群，构建航运市场、物流设施、航线航班协同发展的多层级网络；此外，建设港口基础设施，实现港口信息化管理，提高港口的管理能力，把港口群建设成为为国际贸易、投资和经济合作服务的国际航运枢纽；同时还要提升航运服务业的水平，特别是对大港口和城市节点，更应该提高高端服务业的水平，如在航运交易、航运信息、航运法规和理赔，包括航运的金融、保险、国际性运价指数的发布等方面提高服务水平。通过节点的布局规划和建设，使得交通运输网络上的经济合作区、通道等的要素能协同发展，优化配置，从而发挥节点的辐射带动作用。

（2）加快节点城市和港口的基础设施建设。依托节点城市和港口，建设具有较强的公共服务属性和区域辐射能力的物流园区、海洋经济合作开发园区等项目，特别是支持建设具备多式联运、干支衔接和口岸服务等功能的项目，实现区内货物流程可控、快速集散的目的。第一，根据各节点的具体情况，加快包括港口航道、防波堤、锚地、码头、泊位、港口交通和配套设施等基础设施的建设。目前中国南部沿海地区的集装箱码头和深水港较少，需要加大建设，如广东的深圳港和广州港主要是远洋集装箱运输，因此要重点发展能够满足停靠远洋干线集装箱船舶的大型专业化集装箱码头，如功能是集装箱运输港则根据运输的需求相应发展等级适宜的专业化或多用途码头。总体上看，需要加强专业化运输码头的建设，特别是结合海洋油气开采利用的发展，对液化天然气、原油等运输码头和设施加快建设；对集装箱装运则需要在装卸、转接效率等方面提高技术水平，建立更便利的通关环境，在条件成熟的时候可以开展集装箱码头自由港建设，不断提高集装箱运输质量和效率，集装箱运输需加大码头专业化、管理信息化、运行智能化、船舶大型化、通关便利化的建设。此外，对重要的港口需要加强出海航道建设，尤其是5万吨级以上的船舶，同时对海上助航的安全配套设施加大建设。第二，在开展国际通道交通运输网络的建设，特别是跨国海铁联运等，应进一步提高运输质量和运输效率，加快推进高等级公路、沿线铁路枢纽站场、机场、光缆输油和输气管道、大型港口尤其是沿海集装箱干线港主体港区和大型物流园区之间的无缝衔接，完善公路、铁路货站、港口码头等的运输设施，加强交通枢纽的集运和分拨站点的配套建设，现阶段重点加强中国与东盟国家之间各种运输方式间、干线支线间货物的高效转换，由于东盟国家如越南在港口基础设施建设上普遍存在着进港铁路或公路的瓶颈，因此加强主要港口（包括内陆港）的疏港铁路或公路和铁路枢纽站场的外联公路、综合物流园区的铁路专用线等建设，解决港口疏港铁路建设长期滞后的突出问题，在中国南部沿海地区与东盟国家的合作中尤为重要。

3. 提升国际通道的现代货运船队的水平

开展海洋运输，需要建设现代海运船队，应提升船队的综合竞争力，除了配备高水平的技术装备外，还要建设大型化与专业化的运输船队，提高对能源等战略性资源的运输水平，使船队的运输规模、增长速度、运输结构都能名列前茅。

建设现代海运船队的大型化是指加快调整船队的结构，加快专业化大型船队如干散货、油轮、集装箱船队的发展，提升海运船队的技术水平，提升交通运输的核心竞争力；专业化指的是对特种专业船舶应大力发展，如半潜船、超重吊船、天然液化气运输船等，尤其是随着中国海上石油开采能力的提高以及加大走出去的步伐，更应发展能运输钻井平台的半潜船。

此外，在内河船队的建设方面，应推进"海洋经贸合作圈"的内河整船标准化工作，促进船舶大型化以提升运输能力，优化运输能力结构，提高船闸的通过能力，提升内河的航运竞争力。

（六）加快建设内陆成为海洋经贸合作核心区的辐射和支撑，推动海陆联动发展的内陆腹地

沿海和内陆地区是相互作用、相辅相成的。

1. 内陆地区支撑沿海地区的发展

在"海洋经贸合作圈"的中国各省份和东盟国家中，内陆地区距离海洋比较远，不具备直接开发和利用海洋资源的条件，各种资源和生产要素更容易在沿海地区产生集聚，但海洋经济的发展不仅仅依赖海洋资源和沿海地区的产业发展，

内陆地区有丰富的资源和更广阔的空间，可以源源不断地向沿海地区输送各种包括矿产品、农产品、陆地生物等陆地资源，以及丰富的劳动力资源，为核心区的经济发展提供支撑和支持作用。

2. 沿海地区会向内陆地区扩散和辐射

主要表现为随着沿海地区经济的发展，一些传统的劳动密集型产业会被沿海地区所淘汰，会转移到内陆地区，并带来资金和技术的扩散，带动了承接的内陆地区的经济发展。"海洋经贸合作圈"内各省、各国和地区既有海岛国，也有海陆省和海陆国，彼此相互联系远比一般的沿海和内陆地区关系密切，加上多年来大力建设交通基础设施，随着中国—东盟自由贸易区的建设和升级，彼此之间的经贸往来更为密切，因此，内陆地区在承接核心区和中心区的边际产业转移更具有优势。

3. 加快泛珠三角内陆地区的建设成为南海经贸合作"四区一核一圈"的内陆腹地

中国南部广东、广西、海南、福建和港澳等沿海省份和地区与江西、湖南、四川、贵州、云南省五个内陆省组成了泛珠三角，其中江西等泛珠三角内陆五省可以考虑作为"海洋经贸合作圈"的第一道内陆腹地。在"海洋经贸合作圈"构建、"一带一路"倡议的实施、南海开发合作的背景下，泛珠三角内陆五省应以开放、包容、进取的姿态参与"海洋经贸合作圈"内中国与东盟国家的海洋开发，除了提升自身海洋经济水平外，还应加强贸易、投资、金融、科研、基础设施、产业、人才等方面的对接，发挥自身比较优势，发展成为"海洋经贸合作圈"重要的支撑基地和辐射基地，实现与核心区和中心区海洋开发的联动发展。

（1）泛珠三角内陆五省虽然不具有天然的区位优势，但是在辐射和支持海洋经济方面有一定的优势。第一，拥有广袤的土地和沿海地区不具备的资源优势，能成为"海洋经贸合作圈"的经济腹地，尤其是资源，泛珠三角内陆五省均是有色金属以及非金属矿产资源大省，如煤矿、锰、天然气等，是泛珠三角重要的能源、原材料生产基地，海洋经济发展所需要的劳动力、土地的价格均比沿海4省便宜，这些都为本区域的海洋经济发展提供了强大的资源支撑和重要保障。第二，具有一定的经济和产业基础。泛珠三角内陆五省经过长期发展也有了一定的经济基础，工业初级产品，如硫酸、平板玻璃、水泥等生产较成熟，以农用化肥等涉农工业、天然气等能源工业为主，具有承接沿海地区的产业转移和产业链纵深发展的基础。第三，国家对于泛珠三角内陆五省有大量的优惠政策扶持其发展，同样也可以吸引国内外的资金和技术的投入，促进当地经济发展，这也为沿海地区海洋经济向泛珠三角内陆扩散和内陆五省为沿海地区提供支持奠定了良好的基础。第四，泛珠三角内陆五省与沿海四省间已经建立起了交通运输网络和物流网络。目前，五纵七横国道主干线在泛珠三角区域内已经全部完工，实现了省际的高速公路联通。五纵指黑龙江同江—三亚、北京—福州、北京—珠海、二连浩特—河口、重庆—湛江；七横分别为绥芬河—满洲里、丹东—拉萨、青海—银川、连云港—霍尔果斯、上海—成都、上海—瑞丽以及衡阳—昆明。区域内武广、福厦铁路全线贯通，"连接南北、横跨东西"的交通网络初步形成。各省间的陆路交通建设也在大力推进当中，如中国广东，已有的高速公路出省通道共15条，其中通福建有长深和沈海高速；通江西粤赣和韶关—赣州高速；通湖南有京港澳、清远至连州高速公路、广乐；通广西有兰海、广昆、云浮至罗定高速公路、二广高速怀集支线；与海南有沈海高速；与香港特别行政区有京港澳高速、广深沿江高速；与澳门特别行政区有广澳高速。

（2）加快泛珠三角内陆五省与沿海省份的合作，形成"海洋经贸合作圈"的内陆腹地。第一，应该完善市场体系。更重视市场机制运作和政府的指导工作，建立公平、公正、公开的市场竞争机制，政府转变工作作风，以服务企业为主；建设自由化、便利化的贸易与投资环境；与沿海地区合作培养海洋技术研究人才，同时也培养产业发展所需要的实用技能型人才等，使得泛珠三角内陆五省与沿海四省之间的货物、服务、资本、人力资源可以自由便捷地流动，并辐射到"海洋经贸合作圈"内，从单一的市场发展升级为区域市场乃至大区域市场的合作。第二，加快泛珠三角区域内沿海与内陆省份间的信息沟通。沿海和内陆省份间存在着诸多不同，需要沟通和交流，也容易出现信息不对称，为了加快信息沟通与交流，构建信息交流平台非常重要，以便形成通畅快捷、协作发展的信息网络。第三，泛珠三角内陆五省的产业承接地配套设施还比较薄弱。例如，部分地区基础设施落后、产业布局不合理等，也有配套服务较滞后的问题，服务意识薄弱、服务功能不够完善。应加快产业承接地的基础设施建设，完善配套服务，如完善产业园区内的通信、热、气、水、电、路、雨污管网等基础设施，健全园区的配套服务体系,在研发、培训、检测、交易、环保、物流等公共服务等方面更完善。第四,培养内陆省会城市或重要城市成为内陆地区的增长极,并与沿海城市开展合作。一些内陆一线或二线城市,如内陆省会城市有后发优势,政策上也有许多优惠措施加上资源丰富,因而也具有相对比较优势,可以培养南昌、长沙、成都、贵阳、昆明五个省会城市为经济增长极,并与沿海城市开展合作,与沿海城市形成相呼应的格局,如发展陆路物流业,成为铁路或公路枢纽城市,与海洋运输结合发展海铁或海路多式联运等。第五,结合国务院出台的《关于深化泛珠三角区域合作的指导意见》(2016),加快建设泛珠三角区域的现代化综合交通运输体系。泛珠三角内陆五省应积极参与,与泛珠三角沿海地区构建安全、低碳和便捷的综合交通运输体系,从而增强对区域发展的支撑能力。铁路方面,贯通海口经南宁、经贵阳至兰州的铁路,打造南北新通道等铁路项目;公路方面,加快国家高速公路和国省干线公路建设及升级改造等;水运方面,推进珠江主要干支流高等级航道建设等;民航方面,统筹泛珠三角区域空域资源的管理使用,明确区域内各机场分工定位,实现机场群健康有序发展。

第二节　功能性经贸合作政策

中国与东盟国家双边经贸增长非常迅速,但相对于贸易,投资要少很多。近年来中国对东盟国家的投资占东盟各国的比重越来越大,东盟国家对中国投资的依赖度也越来越高。因此,进一步分析投资政策与贸易政策对中国对东盟国家的投资和进出口贸易的效应,以对贸易与投资的协同发展的政策措施提出建议,共同促进经济增长。

一、政策效应

以 1995—2017 年的中国对东盟国家进出口额、中国对东盟国家直接投资额(用直接投资流量衡量,记为 OFDI)为研究对象,对进出口贸易与直接投资、直接投资对进口、出口的回归进行效应分析,利用 ADF 检验、Johansen 协整检验、协整分析、误差修正模型研究进口、出口对 OFDI 的长期均衡关系和 OFDI 对进口、出口的长期均衡关系。

（一）关于样本数据的选取和模型的构建

为了研究中国与东盟经济一体化发展进程，本书以中国对东盟的进口、出口总额，中国对东盟直接投资总额 3 个指标为变量，进一步分析中国与东盟贸易与投资一体化进程对中国与东盟经济发展的作用。进出口额包括中国从东盟国家的进口和中国向东盟国家的出口，进口和出口数据来源于世界银行数据库。1995—2002 年中国对东盟直接投资数据来源于 2005 年《东盟统计年鉴》；2003—2017 年中国对东盟直接投资数据来源于《中国对外直接投资统计公报》。

影响直接投资的因素众多，主要考虑中国对东盟国家进口和出口对投资的长期影响，以出口（ex）和进口（im）为自变量，以中国对东盟国家直接投资（OFDI）为因变量进行协整检验。另外，分别检验中国对东盟国家投资对进口和出口的长期影响，以出口（ex）和进口（im）为因变量，以中国对东盟国家直接投资（OFDI）为自变量进行协整检验。为了便于分析，对原时间序列进行对数化处理。取对数后将更容易得到平稳数据，且不会改变原序列的性质和相互关系，还能消除时间序列中的异方差。所用软件是 stata。回归模型为

$$\ln OFDI = \alpha_0 + \beta_1 \ln im + \beta_2 \ln ex + u_1 \tag{6-6}$$

$$其中，\ln ex = \alpha_1 + \beta_3 \ln OFDI + u_2 \tag{6-7}$$

$$\ln im = \alpha_2 + \beta_4 \ln OFDI + u_3 \tag{6-8}$$

对变量做回归分析，发现在 5% 的显著性水平下，F 检验结果说明自变量与因变量存在明显的关系，即回归分析是显著的，可以写出回归方程为

$$\ln OFDI = -5.7418 - 2.3719 \ln im + 3.6277 \ln ex \tag{6-9}$$

$$\ln ex = 5.1199 + 0.5595 \ln OFDI \tag{6-10}$$

$$\ln im = 5.3179 + 0.5360 \ln OFDI \tag{6-11}$$

由上可以看出，中国－东盟贸易合作加速了中国对东盟国家直接投资，中国对东盟国家直接投资也推进了中国贸易合作加速。出口贸易的系数为正，与直接投资成正相关关系，即直接投资与出口贸易间是一种互补关系。进口贸易的系数为负，与直接投资呈负相关关系，即直接投资与进口贸易是一种替代关系。由上

述方程可以看出，中国对东盟国家的直接投资表现为出口和进口都是创造型的，系数越大，贸易创造效应越强。

（二）检验

1. 单位根检验

为防止产生伪回归问题，本部分采用 ADF 检验法对各序列的平稳性进行检验。检验的原假设为：存在单位根。结果显示，在1%、5%、10%的显著水平下，lnim、lnex、lnOFDI 都接受原假设，存在一个单位根，所以变量的原序列是非平稳的，则需要进一步检验其一阶差分序列是否平稳。经过一阶差分后 lnim、lnex、lnOFDI 拒绝原假设，通过平稳性检验，均为平稳序列，说明 lnim、lnex、lnOFDI 均为一阶单整，可以对变量进行协整分析。

2. 协整分析

按照施瓦兹准则 SC（schwarz criterion）最小的原则结合 F 统计的显著性或残差确定最优的滞后期为2，进行 Johansen 协整检验。根据协整理论，如果两个序列满足单整阶数相同且之间存在协整关系，则这两个非平稳序列之间就存在长期稳定的关系，从而可有效地避免伪回归问题。因此，由前面的 ADF 检验可知 lnim、lnex、lnOFDI 均为一阶单整，可以对其进行协整关系检验，分析它们之间的协整关系。本部分采用 Johansen 协整检验方法来分析各变量之间的长期关系。

（1）中国对东盟整体的进出口与直接投资的协整关系的检验。在5%的显著水平下，协整检验结果显示中国对东盟的进口、出口和对外直接投资有协整关系，存在一个协整方程。估计的协整方程为

$$\ln OFDI = 0.500 - 3.715\, \ln im + 2.397\, \ln ex \quad (6\text{-}12)$$

从统计量来看，在5%的检验水平下统计显著，说明模型的整体拟合效果很好，检验出残差序列是平稳的，进一步验证了中国对东盟的出口、进口与直接投资之间协整关系的正确性。中国对东盟的出口每增加1.000单位，投资将增加2.397单位；中国对东盟的进口每增加1.000单位，投资将减少3.715单位，即中国对东盟的直接投资与出口呈正相关关系、与进口是负相关关系，这与实际情况基本吻合。

（2）中国对东盟整体的出口与直接投资的协整检验。在 5% 的显著水平下，协整检验结果显示中国对东盟整体的出口额与直接投资有协整关系，存在一个协整方程。估计的协整方程为

$$\ln ex = 4.835 + 0.589 \ln OFDI \qquad (6\text{-}13)$$

从统计量来看，在 5% 的检验水平下统计显著，说明模型的整体拟合效果很好。检验出残差序列是平稳的，进一步验证了中国对东盟整体的出口与直接投资之间长期稳定关系的正确性，中国对东盟整体的投资每增加 1.000 单位，出口将增加 0.589 单位，即中国对东盟整体的出口与直接投资之间呈正相关关系。

（3）对中国对东盟国家整体的进口和直接投资的协整关系检验。在 5% 的显著水平下，协整检验结果显示中国对东盟直接投资与进口不具有长期稳定关系，不存在协整方程。

3. Granger 因果关系检验

中国对东盟的进口、出口与中国对东盟直接投资之间的长期均衡关系是否构成因果关系，可以应用 Granger 因果检验来确定变量间的相互关系，检验结果见表 6-6。

表 6-6 Granger 因果关系检验

原假设	样本数	滞后阶数	F 统计量	P 值
lnex 不是 lnim 的 Granger 原因	22	1	4.76	0.0418
lnim 不是 lnex 的 Granger 原因	22	1	19.50	0.0003
lnim 不是 lnOFDI 的 Granger 原因	22	1	7.19	0.0171
lnex 不是 lnOFDI 的 Granger 原因	22	1	13.40	0.0023
lnOFDI 不是 lnim 的 Granger 原因	22	1	1.32	0.2678
lnOFDI 不是 lnex 的 Granger 原因	22	1	3.04	0.1018

从表 6-6 可知，在 5% 的显著水平上：①进口是出口的 Granger 原因，出口也是进口的 Granger 原因，二者存在互补性。②出口是对外直接投资的 Granger 原因，并且进口也是对外直接投资的 Granger 原因。所以，中国对东盟的进出口贸易对直接投资有促进作用。③OFDI 不是进口的 Granger 原因，并且 OFDI 也

不是出口的 Granger 原因。说明中国对东盟整体的直接投资对中国进出口之间关系不明显，具体的短期和长期影响我们在下面的误差修正模型中进行详细的介绍。

（三）出口、进口与对外直接投资的回归方程的误差修正模型

由协整检验结果知，出口与对直接投资和进口与对直接投资间均有协整关系，可分别建立误差修正模型，对应的误差修正模型假设方程为

$$D.y\_t = alpha \times (c_0 + y_t-1 + beta \times x\_t-1) + SUM_{j=1}^{p}(D.y_t-j + D.x\_t-j) \quad (6-14)$$

出口、进口与对外直接投资的回归方程的误差修正模型在 5% 的检验水平下统计显著，说明模型的整体拟合效果很好，残差序列检验平稳，可知，直接投资可以促进出口的增长，对进口的影响不稳定。出口与对外直接投资的回归方程的误差修正模型在 5% 的检验水平下统计显著，说明模型的整体拟合效果很好，残差序列平稳，可以看出直接投资可以促进出口的增长。

（四）实证结果分析

中国对东盟整体的直接投资与进出口存在长期稳定的关系。进出口是直接投资的 Granger 原因，但是对外直接投资不是进出口的 Granger 原因。另外，中国对东盟的直接投资与出口是正向关系，存在贸易创造效应；中国对东盟的直接投资与中国从东盟的进口之间不存在协整关系，也就是说中国对东盟的直接投资对中国从东盟的进口没有长期影响关系，部分原因是因为中国对东盟的进口受多方面的影响，而不仅仅是由直接投资产生。所以我国在发展与东盟国家的双边贸易的同时应加强贸易与投资的协同作用。

二、政策建议

（一）促进中国—东盟贸易和投资协同发展

中国对东盟国家的贸易和投资往来发展迅速，但投资规模较小，与贸易之间的关系不对称，要推动中国—东盟自贸区的深化和升级，需要贸易和投资协同发展，以对外贸易的发展促进投资的增长，反过来又带动贸易的发展，在这一过程

中，贸易政策和投资政策需要协调一致，才能发挥二者的合力，从而实现贸易与投资的协同发展。

1. 加快制定对外投资法律法规

我国已经颁布了《中华人民共和国对外贸易法》，相关的法律法规也先后制定和修改，但对外直接投资的立法工作却显著落后。2014年商务部制定和颁布了《境外投资管理办法》，各个管理部门也分别出台了相关的规定和文件，如国家发展和改革委员会的《境外投资项目核准和备案管理办法》、国资委的《中央企业境外投资监督管理暂行办法》、国际外汇管理局的《境内机构对外直接投资外汇管理规定》等，但对外直接投资法仍未拟定和颁布。中国经过几十年的引资，现在已经开始大规模对外进行直接投资，对东盟国家也是以吸引新加坡等国的资本到近几年的对东盟国家的投资，但对外直接投资立法工作严重滞后，各部门自己制定各种规定的做法，容易使企业陷入多头管理，导致对直接投资者的市场准入、企业行为规范、公平竞争、税收和责任等均无具体的法律规定，因此，制定一部统一调整对外直接投资关系的符合国际规范的法律文本，通过该法的监督管理，对中国对外直接投资中涉及审批程序、投资主体、管理部门及职能监管、融资税收政策、投资形式、争端解决等做出科学合理合法的规定，才能确保中国对外直接投资有序进行，中国对东盟国家的直接投资才会有法可依。

2. 加大对东盟国家的投资

未来应实施如产业选择、鼓励中小企业开拓东盟国家市场、通过跨境经济合作区实现投资带动贸易等各种政策措施以促进中国对东盟国家的投资。

（1）注重直接投资的产业选择，加快服务业的投资。中国－东盟自由贸易区的建设，促进了货物贸易规模迅速增长，增加了对金融、物流、交通基础设施、通信等服务业的需求，因此，中国应加大对东盟国家的服务业投资，除了对传统服务业如旅游业、交通运输业的投资外，还应重视新兴服务业如金融、咨询业的投资等。随着海洋经济的发展，应实施鼓励资本投向海洋产业的政策措施，尤其是对海洋资源开发、加工的投资，通过投资带动海洋货物贸易的增长。

（2）鼓励中小企业开拓东盟国家市场。中国目前在东盟国家开展直接投资的企业中有相当部分是国有大企业，如中石化和中石油等，与国有大中型公司比较，广大的中小企业投资自主性较强，市场敏锐度较高，在成本管理方面有独到的经验，市场化程度较高。通过制定政策引导中小企业对东盟国家的投资，应鼓励选择经济发展程度与中小企业所在地形成梯度差的东盟国家或地区进行投资，又因为发展中国家市场发展不成熟，需求有限，价格弹性较大，而这些恰好是中小企业比大型企业更适合解决的问题，因此也应引导对东盟发展中国家的投资，实施投资补贴、提供投资信贷等政策措施，对中小企业的投资给予扶持。

（3）通过跨境经济合作区实现投资带动贸易。鼓励企业与东盟企业设立境外合作区，通过在合作区内投资设厂等方式，推动国内原料、零部件、机械设备、技术和人才等的出口。

3. 实行国别差异的贸易和投资政策

东盟各国的经济发展水平不一致，应根据各国的情况，实行国别差异政策。

（1）对新加坡、柬埔寨、泰国、缅甸等国实施加强贸易往来的贸易政策和鼓励加强双向投资的政策。新加坡、柬埔寨、泰国、缅甸等国与中国没有海洋纠纷，因此可以：①实施加强贸易往来的贸易政策。首先，加大对中国具有比较优势的产品进口。例如，新加坡的资本与知识技术密集型产业发达，中国可以加大这类产业的产品进口，一方面，可以提高贸易往来；另一方面有助于中国产业转型升级。其次，根据需求合理扩大产品贸易进口范围。例如，橡胶及其制品是泰国对中国出口的重要产品，加大进口将促使双方贸易依赖关系更密切。最后，对发展层次比较低的国家，可以采取补偿贸易的方式来发展双边贸易。例如，柬埔寨、缅甸主要是以农业为主，缺乏先进的生产设备和技术，因此，可以出口设备和技术与对方的农产品进行交换。②投资方面协同发展，应实施鼓励加强双向投资的政策。首先，对拥有高新技术的国家，如新加坡的投资给予一定的优惠政策，一方面，可以对中国当前产业转型具有促进作用；另一方面，可以使两国经贸联系更紧密，同时向其他国家传递合作才能共赢的信息。其次，对以农业为主的柬埔寨、缅甸等国，实施鼓励在这些国家投资设厂生产能够提高农业生产率的农业机械工具，此外，由于这些国家有劳动丰富的且成本低的特点，也可以鼓励在制造业上加大投资建厂力度。

（2）对印度尼西亚、马来西亚、文莱等国实施加大贸易依赖的贸易政策和鼓励合资的投资政策。印度尼西亚、马来西亚、文莱等国与中国海洋问题低敏感，可以实施：①贸易政策上，加大中国与这些国家的贸易相互依赖关系，如对这些国家不具有竞争优势的商品进行贸易扶持。例如，印度尼西亚矿产资源丰富，资源型商品品质优越，此类产品的竞争力很强，而机电产品、纺织产品等没有竞争优势，这类没有优势的产品应该是中国的贸易政策关注点。②投资政策协同上，实施鼓励选择合资方式的投资政策，亦可选择海洋资源衍生品的投资，如在劳动力密集且成本低的并且以能源为主要经济拉动力的文莱，可以合资建厂生产海洋资源类衍生产品。

（3）菲律宾和越南等与中国海洋问题高敏感的国家实施国际协调政策。菲律宾和越南曾经是南海纠纷中高敏感国家，特别是菲律宾，还是所谓"南海仲裁案"的发起人，但在东盟国家和中国彼此都互相克制的情况下，南海问题暂时平复，此后中国与菲律宾间加大了投资力度。因此，此类国家除了在贸易和投资上加大合作外，从长期来看，应实施国际协调政策，在贸易和投资上权衡与这类国家的贸易和投资风险，寻找双方互补性强的产业开展贸易和投资，增强经贸关系。

4. 海陆贸易和投资便利化政策协同实施

（1）加快贸易和投资便利化的谈判。中国－东盟自由贸易区的贸易自由化和投资自由化在经过多年建设后，水平已经大为提高，如关税的减免使得双边贸易额逐年增长，自从签订投资协议后投资领域也在市场准入和国民待遇方面提高了开放度，今后自贸区的升级发展以及中国与东盟国家在贸易和投资合作上所面临的问题就是贸易和投资便利化水平的提高，因此应实施加快双边贸易和投资便利化的谈判政策措施，这对中国与东盟国家乃至中国－东盟自由贸易区贸易与投资的发展具有重要的作用。

（2）提高行政效率，降低贸易和投资成本。贸易与投资行政手续的烦琐、政府管制过于严格等都会影响贸易和投资的便利性，其中关于海关的效率是首要问题。海关作为货物经过机构，海关通关的效率的高低直接影响贸易规模的大小，海关通关手续繁琐、提交的文件数量过多、海关工作人员工作效率低下甚至刁难办事人员等，这些都会导致海关效率低下，因此实施简化通关程序、转变海关人员工作态度、提高海关办事透明度、增强海关国际合作以推动贸易便利化的政策显得极为重要。此外，海关的腐败问题、基础设施的建设等都需要实施相关政策进行规范和完善。投资方面也与此类似，投资项目审批部门的效率、审批程序繁琐等会直接影响投资的便利化。政策上来看,应构建一套中国对外(如对东盟国家)贸易和投资协同便利化的体系,实行无纸化通关,提高通关的效率,实施考虑贸易和投资协同发展的便利化政策和措施。

5. 大力发展电子商务,构建电子商务平台

科技发展使得电子商务在贸易和投资中的促进作用越来越大,但中国与东盟国家之间关于电子商务硬件设施配备的不平衡、自贸区内的统一电子支付网络尚未形成的现状极大地制约了中国与东盟国家的贸易与投资协同发展水平的提高。首先,应鼓励中国与东盟国家间搭建起电子商务平台,设立专门机构进行管理,组织和协调日常的工作;其次,加强电子支付平台的建设,保障资金安全,打击网络犯罪活动,对信息进行监督和管理,确保网络环境安全可靠,为双方的贸易和投资协同发展提供安全有效的环境;最后,加强通信基础设施建设,为贸易和投资的协同发展构筑完整、统一和高效的通信体系。

(二)中国—东盟海洋货物贸易政策建议*

1. 以"21世纪海上丝绸之路"为新助力开展中国与东盟各国的海洋货物贸易

中国与东盟国家临海而居,特别是南部沿海地区,与东盟各国更是海洋的邻居和伙伴。为促进海洋经济的发展,中国与东盟国家都先后实施了发展海洋的战略。随着自贸区建设的升级,中国与东盟国家间经贸合作的深化,更应重视海洋经济合作,实现海陆统筹和海陆联动发展中国与东盟国家的经贸合作关系。

中国虽然与东盟国家在水产品、海砂等其他资源型产品;石油及其制品;船舶等海洋商品开展了双边贸易,但双方的海洋贸易关系普遍不紧密。其中,南部沿海地区是与东盟国家开展海洋合作的中心地区,也是"海洋经贸合作圈"的主体区域,但南部沿海地区四个省份中,除了海南与东盟国家的海洋贸易强度大于1,超出世界平均水平外,其余省份和东盟国家的海洋贸易强度都很小,海洋贸易关系比较松散。鉴于此,在中国与东盟国家已经开展的海洋贸易的基础上,把建设"21世纪海上丝绸之路"作为新的推动力,从思想上树立加大双方海洋贸易关系的观念。海上丝绸之路突出了要发展蓝色海洋经济,倡议经贸双方的和平、

---

* 本节部分内容已发表于《福建论坛》(人文社会科学版),2019年第5期,第173-188页。

合作与互惠的丝绸之路精神，实现丝绸之路上各节点的国家间经济发展、资源利用和海洋环境保护的和谐发展，也是中国通过建设海上丝绸之路，扩大中国与沿线上各国的海洋经济合作和海洋关系，推动中国扩大对外开放，实现优化结构与深度拓展合作领域，最终能够实现提高彼此经济效益的共赢目标。东盟国家是"一带一路"上的重要国家，特别是"海洋经贸合作圈"内的印度尼西亚、马来西亚等国更是中国建设海上丝绸之路的节点国家和合作伙伴，因此要重视在"21世纪海上丝绸之路"的背景下，结合"21世纪海上丝绸之路"的建设内容，与东盟国家发展海洋贸易关系，在经贸合作中加大海洋货物贸易的自由流动，深化海洋贸易关系，注重海洋产业的对接和发展，将双方的比较优势相结合，最终推动海洋经贸关系的增长。

2. 南部沿海各省份应根据竞争优势与劣势，发展与东盟国家的海洋贸易关系

南部沿海地区作为中国与东盟国家开展海洋经贸合作的前沿区域以及核心区域，首先自身要具有海洋经济实力，才能为扩大双方货物贸易提供高水平高质量的海洋产品。目前，南部沿海地区中仅有广东省是海洋强省，具有很强的海洋经济实力，福建、广西和海南是海洋资源丰富但资源利用和开发能力较弱的省份，在海洋经济建设上具有很大的潜力，各省份应实施促进海洋经济发展的政策措施，如实施以产业互动为目标的海陆统筹，实现海洋和陆地资源的相互补充，培育海洋新能源、海洋环保等战略性新兴产业，对岸线进行充分利用，发展临港产业和海洋运输等，提高海洋经济水平，为与顺利开展东盟国家的海洋贸易创造良好的经济条件，为海洋产业提供各种资金支持，建设具有战略性意义的海洋产业，使其成为海洋经济的亮点和合作的着眼点。

鼓励沿海省份特别是南部沿海地区更多地参与到海洋货物贸易，以及对海洋产业的投资。南部沿海地区在中国与东盟国家的海洋贸易中发挥了重要的作用，提供了70%的水产品和40%的石油及其制品等商品，应鼓励各省份根据本地区的海洋资源和海洋产业的比较优势，在"海洋经贸合作圈"中，与合作国家优势互补，共同发展海洋经贸关系。由中国南部沿海地区对东盟国家的四类海洋产品的竞争优势分析看，海南、广东、福建、广西四个省份都具有竞争优势，但对每个国家的优势不同，应制定海洋货物贸易的国别政策。例如，海南省对新加坡最大的优势主要在石油及其制品的出口上，尤其在成品油的出口上优势最大；对马来西亚是在水产品和石油及其制品上的进出口更有竞争优势。例如,在水产品生产和出口上,海南省的竞争优势表现为在水产养殖方面持续增长,金鲳鱼生产情况良好,对虾、石斑鱼养殖生产情况良好;海洋捕捞方面,淘汰了旧的小渔船建造大中型渔船,大型钢质渔船赴三沙生产等。在石油及其制品出口上,海南省不但在成品油的出口上有优势。在原油开发生产和石油气等的开采上也比马来西亚有优势。海南省对泰国则是在石油及其制品进出口方面存在着竞争劣势。为了提高油气生产水平,加快与东盟国家的海洋贸易,中国应在油气业方面制定增加石油及其制品设备、加大石油开发、提高产品炼化技术、发展高端油气深加工产品等政策措施。例如,100%升级改造现有装置,保持海上油气产量的稳产,加快升级炼油领域的工艺与装备,发展高端油气深加工产品,在调整原料和产品结构等方面加大实施的力度等。在水产品贸易上,切实转变水产养殖生产方式,提高养殖效益,推进养殖池塘标准化改造和深水网箱养殖工程,推广工厂化循环水养殖等模式,加大现代水产养殖业投入力度。另外,在国内养殖水产品市场竞争激烈、海捕产品日趋枯萎、水产品出口形势越来越严峻的情况下,为了稳定水产品出口国际市场份额,有必要实施鼓励开展深加工,提高产品的附加值,发展水产品来料加工等方式提高出口额等贸易政策。

3. 进一步优化升级海洋货物贸易结构

中国海洋货物的贸易结构仍然比较低级化,如船舶,出口的技术含量较低,而且以加工贸易方式为主,造船模式落后,生产效率较低,而自主研发能力较弱,导致抗风险能力较差,当国际市场变动时容易受冲击。此外,东盟各国现在也在大力发展造船业,在一定程度上与中国形成了竞争。又如中国水产品的出口规模和比重逐渐上升,但水产品的出口较多集中在鱼类上,其中鲜、冷、冻鱼片及其他鱼肉和冻鱼类商品的比重超过80%,意味着水产品的出口结构很单一,而且属于初级加工,水产品的深加工程度比较低,因此,需要进一步优化贸易结构。

(1)优化海洋货物贸易方式。出口结构中,如船舶等商品多采用加工贸易方式,这种方式存在着增值率较低、加工链条较短和获得的利益较少的问题,因此,要进行转型升级,增大研发营销方面的投入,实现在全球产业链中的价值增值,从而促使加工贸易方式向更高级转化;又如水产品,应发展深加工,实现水产品的多元化，提高贝类、藻类加工品的出口，对冻整鱼和鱼片等提升加工能力，提高产品的附加值，以及加强塑造品牌的意识，提高水产品的企业知名度等。

（2）扩大海洋服务产品的进出口，优化海洋贸易结构。有步骤有重点地推进新型海洋服务业的发展，提高海洋服务质量，规范和引导传统海洋服务业的发展，在海洋金融产品、滨海旅游产品、海洋信息咨询等方面开展贸易，强调扩大高附加值服务产品的出口，对传统海洋服务业要巩固原有的成果、大力发展新兴海洋服务业，加快海洋服务贸易成为经济转型升级的推动力；借鉴国外先进的管理经验，通过优惠政策和措施鼓励海洋服务业选择国际化经营的模式等。

（3）对东盟国家的出口市场结构应进一步优化，开拓多元化的市场。目前对东盟国家出口市场比较单一，主要集中在新加坡，单一的市场会造成贸易风险的集中，也容易使商品招致贸易报复，如反倾销等。因此，一方面，应寻找新市场，应在开展贸易往来的原有基础上，深化开拓市场，进一步提高在该国的市场占有率；另一方面，对东盟国家的新成员国，开拓海洋资源密集型产品的市场，特别是越南近几年经济发展迅速，具有较大的贸易潜力，可以开拓市场，增加与越南的贸易份额。

（4）海洋货物贸易结构与海洋产业结构密不可分。目前中国海洋产业结构的调整发生了积极的变化，海洋经济三次产业结构中海洋服务业由 47.1% 提高到 49.5%，进一步优化了三次产业结构。各产业发展都有亮点，如海洋渔业结构进一步优化，养殖比重超过捕捞；在海洋油气勘探开发方面实现了深海勘探，现已取得了水深 3000 米的成绩，比过去提高了 10 倍深度；海洋船舶工业在高科技产品方面的订单增加，如增加了特种船舶和高端船舶的新订单；进一步加快了海水利用产业化的进程，提高了全国海水淡化日处理能力；海洋服务业增长加快了新型旅游业态的出现和发展，如大力推广邮轮游艇旅游等；发展扶持海洋经济发展的金融业，创新了金融服务模式。虽然海洋产业结构调整有所提高，但尚未实现从中低端向中高端的转型，以至于随着世界经济的下滑，海洋产业的增速也出现了下滑，如船舶制造业，中国在船舶接单上是世界第一，但是利润并不高，在船舶制造的产业链中只处于中低端的水平。因此，在海洋产业结构的调整和优化上，应大力发展新兴海洋产业，海水淡化、海水健康养殖、海洋医药、海洋能源等产业，有发展潜力，应大力扶持。在海洋能源方面，海洋风电和潮汐发电的开发技术已经比较成熟，能大规模进行商业化开发，海洋新能源如海洋风能、波浪能、潮汐能等的应用技术有所提升，但技术水平尚不适合大规模开发，因此可以以实施海洋能源应用示范工程项目来带动海洋新能源的广泛应用。在海水淡化方面，可以利用海水淡化和海水综合利用的技术，形成产业链。对于海洋工程装备和深海油气开发等传统海洋产业，需要加快技术革新，对海洋工程设备未来政策重点是发展海洋平台与海工船舶，以推动海洋工程设备的调整和优化。

4. 提高海洋货物贸易的技术水平和技术含量

虽然中国南部粤桂琼闽四个省份与东盟国家海洋货物贸易的竞争优势实现了由劣势向优势的发展，但优势水平低于世界平均水平，尚无真正具有竞争优势的商品，就连优势最大的代表技术含量的船舶产品竞争优势指数值也很小，更别提水产品和其他资源型产品了。船舶的进出口方面，南部沿海地区除了广东外几乎全部落后于其他沿海省份，而且福建、广西和海南省进出口的比重相对其他沿海省份都较小。

未来政策实施上应注重提高中国出口海洋商品的科技含量，提高产品附加值，提高商品的质量。例如，在船舶方面，应实施加快科技创新和创新驱动的政策，在船舶和海洋工程装备方面开展关键技术的攻关，提升科技创新的能力；加强海洋企业的管理和行业服务；引导海洋企业树立开放和创新的观念，对管理加强创新等；实施鼓励老旧远洋、沿海运输船舶提前报废并建造符合国际新标准的绿色环保型船舶、支持行政执法、公务船舶建造和渔船更新改造、鼓励开展船舶买方信贷业务等。提高海洋商品的技术水平，应开展科技创新平台的建设，提高自主创新能力；加快转化海洋科技创新成果，创立海洋科技成果的转化机制，如打造一批海洋新兴产业的研发孵化和产业化基地，尽快将海洋科技的优势转化为市场竞争的优势，同时加大政府财政的投入力度以及对科技的扶持，为海洋高科技企业创造良性发展的政策环境，以促进海洋科技企业提升自主创新的能力。此外，深化海洋的科技创新与成果的转化，创立更多的国家级创新平台，构建完备的海洋科技创新平台体系。加大对海洋高端人才的引进和培育，加快建设海外留学人员的创业园区、科技孵化园区和引智示范区等人才创新基地，积极推进海洋信息化建设，推进"数字海洋"的建设等。

5. 发展海洋产业内贸易

中国南部粤桂琼闽四个省份与东盟国家间几乎是产业间贸易。此外，对不同的海洋商品中国与东盟国家间的产业内贸易情况不同。水产品方面，福建省与印度尼西亚、广东省与泰国、广西与越南是产业内贸易；在石油及其制品方面，则是广东省与印度尼西亚是产业内贸易；船舶方面，中国南部沿海四个省份与东盟各国均是产业间贸易；在海洋资源型产品上，中国对部分国家为产业内贸易；在海洋制成品上，是完全的产业间贸易，因此应根据不同国家的情况合理选择贸易模式。

总体上看，南部沿海地区与东盟国家的产业内贸易水平比较低，可以实施以下政策推进产业内贸易的进一步发展。

（1）在中国－东盟自由贸易区框架下，加大海洋产品的贸易自由化。中国－东盟自由贸易区正在进行升级建设，大量商品已实现零关税，但非关税壁垒仍然存在，消除海洋产品的非关税壁垒势在必行。例如，水产品方面，自贸区内关于技术性贸易壁垒（Technical Barriers to Trade，TBT）等措施对进出口的影响很大，会致使进出口通关时间更长、经营商的生产成本增加，将削弱贸易与投资总额的增长潜力，使贸易规模低于应有水准，因此，中国应提高水产品质量安全标准体系的构建和完善，做好质量检验工作，提高水产品出口质量，在水产品生产方面严控养殖、捕捞、加工等各个环节的安全质量检查，使生产由粗放型向技术含量高集约型的转变。在自贸区框架下构建统一的进出口的检验检疫标准，关于TBT、SBS等非关税措施的实施与东盟国家进行协商谈判，积极沟通，防止各种非关税措施的滥用，实现海洋产品的自由化。

（2）加强对东盟国家海洋市场的调研，加快建设国际营销体系。产业内贸易从需求偏好来看，是因为贸易双方具有相似的需求偏好，可以是因为运输距离的原因使同质产品错开空间实现对需求偏好相似的国家的进出口，也可以是某些功能属性不一致但本质相同的异质产品进出口满足所在国家的相似偏好，因此，对东盟国家的市场需求进行调研成为必要，深入了解消费者需求，关注东盟国家市场对海洋产品的评价和期望，构建和利用信息平台的及时反馈尽快调整，在调研基础上，加快建设国际营销体系，建设营销渠道等，采取如在境外建设展示中心、批发市场和零售网点、设立海洋产品商务代表处等方式加大营销。

(3)实施产品差异化政策。产业内贸易的出现原因有很多,其中产品差异化是最重要的原因之一。中国与东盟国家间要提高产业内贸易水平,应该在海洋产品的差异化上实施必要的政策措施。例如,水产品,在生产环节增加技术的应用,支持对产品进行深加工,实现水产品的产品种类多样化、质量梯度化,在产品本身实现差异化;在流通环节可以提高冷链物流等的技术应用,在鱼类或软壳类动物的冷藏运输技术上体现差异化等。实现产品差异化,最关键的是发展高新技术,提高产品的技术含量,通过技术的应用实现产品差异化,这既要对企业的传统技术进行改造,又要提高技术水平,增加高技术的海洋产品加工设备、海洋工程设备、海洋运输物流设备等,提升中国与东盟国家的产业内贸易水平。

6. 支持各种外贸新业态的发展,提高涉海服务业水平

推动海洋经济合作开发园区、保税港港区、综合保税区等载体的建设,利用各种开发区的功能招商引资,实现人财物资源的集聚。加快海洋人才的培养和引进,支持涉海企业的建设,给予优惠的财税政策激活海洋产业的发展,设立"海洋产品跨境电商区"等,加快推进跨境电子商务以推动海洋产品与东盟国家市场的贸易往来。此外,海洋货物贸易规模的扩大和增长离不开海洋服务贸易发展的扶持和帮助,如海洋交通的建设至关重要,建设海上经济交通走廊,以重要的海上丝绸之路节点港口为依托,打造为货物贸易服务的重要的航运枢纽港、服务基地等,以及发展与海洋货物贸易相关的海洋金融、海洋保险、海洋工程承包设计等,有助于海洋产业内贸易水平的进一步提高。

第三节 时间维度的协调政策[*]

一、政策效应

国际海洋协调是指国家与国家之间所有涉海事务的协调,包括协调各国因海洋主权划分、海洋资源开发而引发的纠纷,包括在海洋经济、海洋文化、海上救

---

[*] 本节部分内容已发表于《广西社会科学》,2016年第9期,第38-43页。

援、海洋气候、海上航线、海上犯罪治理、海军舰防碰撞、海洋科技研究、海洋环境保护等领域的协调和交流。各国应积极开展所有涉海事务的协调，这不仅是为了维护海洋经济安全稳定和促进海洋经济合作的发展，更是为了把海洋塑造成紧密联系各国的蓝色纽带。

海洋合作已被列为中国与东盟国家建设命运共同体的重要内容之一，而中国与东盟国家的海洋协调是开展双方海洋合作的基石。从区域发展大局出发，推动中国与东盟国家的海洋协调，不仅符合中国与东盟国家开展海洋合作的共同利益诉求，有助于构建中国与东盟国家海洋伙伴关系和实现"21世纪海上丝绸之路"倡议设想，更是利于维护地区的和平与稳定。

经过20多年的发展，中国与东盟国家之间的海洋协调层次已从初级协调转向高级战略性协调，海洋协调领域从分散转向集中，海洋协调方式在双边和多边平台机制中并存。

（一）东盟地区论坛及其系列会议

中国与东盟国家海洋协调的尝试始于20世纪90年代，东盟地区论坛是中国与东盟国家利用于开展海洋协调的最早平台。东盟地区论坛成立于1994年7月，目前有27个参与成员。它的功能不局限于在东盟成员国内部实现政治与安全的互动和协调，也成为东盟与外部国家对话和协调的多边机制平台。

自1994年参加东盟地区论坛首次会议以来，中国在ARF中发挥了重要的建设性作用。除参加每年5月的东盟地区论坛（ASEAN Regional Forum，ARF）高官会议、7月的ARF部长级（外长）会议外，中国还广泛参与并积极承办ARF"第一轨道"（官方）和"第二轨道"（非官方或半官方）的活动，其中的议题不乏涉海事务。例如，在"第一轨道"层面，1997年3月，中国与菲律宾共同举办ARF"建立信任措施"会议，为日后召开ARF海事安全合作会议和多个海上事务专题研讨会奠定基础。1998年11月，中国提议建立ARF海洋信息资料中心（网站）并顺利实施，实现海洋信息标准化收集和处理，促进中国与东盟海洋信息和数据的共享与交流。在"第二轨道"层面，2000年11月，中国在北京主办海上安全合作第九次会议；2004年12月在昆明主办亚太地区海上安全合作能力建设首次会议；2011年5月在青岛主办亚太地区海军军备强化研究组第三次会议；2014年和2015年，又相继举办了ARF海上航道安全研讨会和ARF海上风险管控与安全合作研讨会。中国通过积极参与东盟地区论坛，与东盟国家探讨了在海洋气候、海上搜救、海上反恐反海盗、海上航道安全、海洋环境保护、海军舰防碰撞、海洋科学研究等领域加强协调和增进互信的基本做法和措施。

（二）东盟海事论坛扩大会议

2010 年 7 月，东盟在印度尼西亚成立了第一届东盟海事论坛（ASEAN Maritime Forum，AMF）。2011 年 8 月，在泰国芭提雅召开的第二届 AMF 上，主办方泰国表示希望与对话伙伴国增强海事合作。于是，日本在 2011 年 10 月提议将东盟海事论坛扩大化。2012 年，首届东盟海事论坛扩大会议（Expanded ASEAN Maritime Forum，EAMF）召开，美国随即提议将东盟海事论坛扩大会议机制化。美国、日本的积极回应，体现了美日重视与东盟的海事合作以巩固与东盟国家的海上防务合作关系，更希望借此构造制度化的地区海事合作框架乃至地区海洋行为规范，对中国产生影响。东盟海事论坛扩大会议从属于东亚峰会，故 EAMF 的参与国与东亚峰会相同，共有 18 个参与国。EAMF 为东盟与美国、日本和中国等对话伙伴国开展海事安全领域的协调提供了重要的多边机制平台。

2010 年 7 月，在印度尼西亚的泗水举行的首届 AMF 确立了"不以安全议题为中心，更多关注海洋事务的其他议题"的中心思想。因此，历届 AMF 的议题重点关注如何在东盟内部开展海洋事务的功能性合作，例如通过海事合作促进东盟海洋经济发展和支持东盟海上互联互通。2012 年 10 月 3 日，第三届 AMF 和第一届 EAMF 在菲律宾马尼拉召开。相比 AMF 的议题集中于海洋事务的功能性合作领域，EAMF 则将海事安全议题置于中心位置。第三届 AMF 议题涉及东盟海事安全与合作、确保航行自由与反海盗、海洋环境保护、海洋生态旅游及渔业管理等。而同期举行的第一届 EAMF 则举办了三场圆桌会议，议题分别为："当今背景下的联合国海洋法公约""海上互联互通与能力建设：基础设施、装备升级与海员培训""保护海洋环境与促进东亚地区的生态旅游及渔业管理：确定最佳合作实践"。与会国家耗费了较多精力讨论《联合国海洋法公约》、东海和南海地区海洋争端及如何制定"南海各方行为准则"。此后，每届 EAMF 都将地区海洋安全形势和地区航行自由安全作为中心议题，也广泛讨论海上人道救助、海洋自然灾害防范、海洋生态保护、水产资源管理合作、海洋国际法的执行机制等议题。由此可见，海洋安全议题在 EAMF 中有着突出的地位。

EAMF 虽然强调以东盟为中心，但是鉴于东盟整体实力有限，在海洋非传统安全领域合作方面依然必须借助大国的支持。因此，海上人道救助、海洋自然灾害防范、海上反恐反海盗等非传统安全领域合作主要是东盟与大国之间的合作，东盟国家内部合作依然较少。

近几年，中国与东盟的海事协调与合作取得了许多务实成果。例如，成立中国—印度尼西亚海洋与气候联合研究中心、中泰气候与海洋生态系统联合实验室、中马联合海洋研究中心、东亚海洋合作平台等合作平台，设立中国政府海洋奖学金计划以资助发展中国家学生在华攻读涉海专业研究生，开展东南亚海洋环境预报公益服务。中国倡导的海洋务实合作与 EAMF 的功能性合作是相符的。但是，EAMF 也对地区海洋安全局势产生了一定的负面影响——推动了南海安全问题的国际化。中国参与 EAMF，应继续引导 EAMF 向功能性合作发展，宣示中国"亲、诚、惠、容"的海洋合作理念，实现中国与东盟国家共同发展的诚挚愿望，避免 EAMF 成为某些别有用心的国家谋求非法利益的工具。

（三）中国－东盟领导人会议及其系列会议

1997 年 12 月，首次中国－东盟领导人非正式会议在马来西亚举行，2000 年该会议升级为中国－东盟领导人正式会议。中国－东盟领导人会议由东盟轮值主席国主办，与东盟峰会同期举行，并逐步发展成为包括中国－东盟领导人会议、部长会议、高官会和工作层会议在内的系列会议机制。

2002 年，第六次东盟－中国领导人会议期间，中国与东盟签署了《南海各方行为宣言》，文件规定"各方愿通过各方同意的模式，就有关问题继续进行磋商和对话"。这标志着中国与东盟国家海洋协调进入了新的时代。加之，双方同时签署了《中国与东盟全面经济合作框架协议》，决定到 2010 年建成中国－东盟自由贸易区。这为双方海洋协调从易驾驭的非传统安全议题向经济议题转移提供了契机。在此时期，交通领域成为双方海洋协调的重点。通过设立中国 东盟交通高官会和中国－东盟交通部长会议，将海洋运输纳入政府协调和管理的机制。2003 年 10 月，在缅甸仰光举行的第二次中国－东盟交通部长会议上，双方确立了中国－东盟海事磋商机制，以进一步加强中国与东盟在涉海事务领域的共同协商和相互支持。2004 年双方在第八次中国－东盟领导人会议上，签署了《中国－东盟交通合作谅解备忘录》，明确在沿海和内河港口的交通基础设施、运输便利化、海上安全和保安、海上环境保护、海事人力资源开发领域开展合作。在此基础上，2007年，双方在中国－东盟港口发展与合作论坛上发表了《中国－东盟港口发展与合作联合声明（南宁共识）》，通过双方在改善投资环境、培训人力资源、交流信息技术、拓展融资渠道及安全保护方面的协调与对接，实现中国与东盟国家在港口建设、规划和管理领域的合作开发。随着中国与东盟国家双边贸易的增长，国际海洋运输承载着90%以上货运量，因此国际海洋运输的协调与合作对各国间的经贸往来有着重大意义。2007年，在第六次中国－东盟交通部长会议上，双方签署了《中国－东盟海运协定》。作为《中国与东盟全面经济合作框架协议争端解决机制协议》的重要一环，《中国－东盟海运协定》是为解决中国－东盟自由贸易区内可能发生的海运争端而做准备的，重点是促进双方海运便利化和提供争端解决机制。

中国与东盟海上互联互通成为2010年后双方海洋协调的关键。为了建设东盟共同体，2010年东盟提出《东盟互联互通总体规划》。与之相呼应，2011年第十四次中国－东盟领导人会议上，中方提出设立中国－东盟海上合作基金和中国－东盟互联互通合作委员会，以推动双方在海洋科学研究、海洋环境保护、海上互联互通、海上航行安全、海上搜救和海上反恐反海盗等领域的协调与合作达到新的高度。为了拓展双方海上合作的领域，2013年习近平主席在印度尼西亚国会上演讲时提出"发展好海洋合作伙伴关系，共同建设21世纪海上丝绸之路"，以此为契机加强中国与东盟海上互联互通建设。同年，第十六次中国－东盟领导人会议发表《纪念中国－东盟建立战略伙伴关系10周年联合声明》，表示支持发展"中国－东盟海洋合作伙伴关系"。2014年，中国发起设立丝路基金和亚洲基础设施投资银行，为中国与东盟国家的海洋合作和海上互联互通提供融资支持。2014年第十七次中国－东盟领导人会议上，李克强总理提议要以中国与东盟互联互通为前提，打造中国－东盟自由贸易区升级版，并提出"营造海上合作新亮点"，建议将2015年列为"中国－东盟海洋合作年"。2015年3月的博鳌论坛正式启动中国－东盟海洋合作年的系列合作项目，包括筹备中国－东盟海洋合作中心、建设中国－东盟海上紧急救助热线、筹建中国－东盟海洋学院、举办中国－东盟海洋合作论坛、加强中国－东盟海上执法机构对话合作机制。

借助中国－东盟领导人会议及其系列会议，中国与东盟将海洋协调的进程和层次迅速提升。首先，双方的海洋协调是在深化政治互信的基础上开展的。双方领导人会晤机制化，促使中国与东盟双边关系从"面向21世纪的睦邻互信伙伴关系"提升为"面向和平与繁荣的战略伙伴关系"。随着双边政治互信的深化，海洋协调已成为中国与东盟政府高层会晤的重要议题，而海洋协调又会进一步加深双边政治互信。其次，双方的海洋协调在中国－东盟自由贸易区的助力下拓展至经济领域。中国－东盟自由贸易区的建设，使中国与东盟意识到海洋协调，尤其是海洋运输、港口方面的基础设施、运输便利化、安全保护、人力资源协调的重要性。唯有在这些方面进行有效协调，才能为依赖海运的国际贸易提供高质而低廉的服务。最后，双方的海洋协调向国家战略高度发展。东盟提出《东盟互联互通总体规划》后，与之呼应，中方倡议建设"21世纪海上丝绸之路"和中国－东盟海洋合作伙伴关系。中国与东盟海上互联互通的层次已经从交通部门层次的协调提升到国家战略高度的协调，中国与东盟海上互联互通的内容已经从交通设施的联通拓展到政策、资金、产业、贸易、人员的联通。中国与东盟海上互联互通是今后双方海洋协调的关键。这无疑是符合中国与东盟的共同利益的。

（四）东盟防长扩大会议

东盟防长会议扩大会议（ASEAN defense ministers' meeting-plus，ADMM-plus）是在东盟防长会议（ASEAN defense ministers' meeting，ADMM）倡议下建立的，其目的是增强东盟与对话伙伴国在地区安全领域的协调与合作。东盟防长扩大会议的参与国除了东盟10国以外，涵盖了美国、澳大利亚、新西兰、日本、印度、俄罗斯、中国、韩国8个对话伙伴国。

2010年10月，第一届ADMM-Plus在越南河内举行。该次会议确定了以后每3年召开一次ADMM-Plus，并确定了反恐、灾害管理、维和行动、海上安全及军事医学为重点合作领域。主办国越南评价此次会议标志着东盟与对话伙伴国的防务合作进入了崭新阶段。2013年8月，第二届ADMM-Plus在文莱斯里巴加湾举行。此次会议将多边军事演习纳入ADMM-Plus机制下，举行了人道主义援助救灾和军事医学联合演练、海上安全实兵演习、反恐演练等多边军事演习，中方均派兵参加。由此来看，ADMM-Plus注重军事安全的务实合作，为参与国的国防军事部门在反恐、救灾、海上安全等领域开展对话、建立联系、增强协调、分享信息提供了一个新平台。因此，ADMM-Plus与ARF的侧重点有所不同。ARF是各国外交人员基于国家政治层面进行对话和协调的平台，而ADMM-Plus

是各国军事人员基于国防军事层面进行对话和协调的平台。

2015年11月,第三届ADMM-Plus在马来西亚吉隆坡举行。由于美日在会议议题中加入南海问题作为主题,而东盟国家对此意见不一,导致此次会议没能发表联合宣言。这在ADMM-Plus历史上尚属首次。虽然ADMM-Plus的议题多专注于非传统安全领域,但是南海问题一直备受ADMM-Plus关注。东盟个别国家联合域外大国借用ADMM-Plus渲染南海问题,企图对中国构筑包围圈。中国既要参与ADMM-Plus机制下的各项议题讨论和多边军事演练,维持地区负责任和开放大国的形象;又要借助ADMM-Plus的多边平台宣示中方的南海主张,维护中国在南海的正当权益。对于中国来说,这是一个长期的国家战略。

(五)香格里拉对话

香格里拉对话(Shangri-La Dialogue,SLD)的正式名称是亚洲安全峰会,是亚太地区规模最大、层次最高的多边防务外交平台。这种多边对话机制起源于欧洲的防务外交理念与实务——慕尼黑安全会议。在英国国际战略研究所和新加坡国防部的支持下,于2002年在新加坡的香格里拉饭店举行首次亚洲安全峰会,故称为香格里拉对话。虽然SLD的发起者是非官方研究机构,但参与者以政府官员(国防部长、军队领导)为主,非政府人员(防务专家、学者)也积极参加,因此SLD具有独特的外交特色。

中国参与SLD的过程可以归纳为三个阶段:简单参与、开展军事外交和自信参与。2002—2005年是中方简单参与的阶段。虽然SLD的正式名称是亚洲安全峰会,举办地在亚洲的新加坡,议题亦围绕亚洲安全事务,但是由于会议由美国及其盟国主导,所以中国在早期只派出外交官员、专家和学者参会。此时的SLD具有较浓厚的学术论坛气氛。2005年,时任美国国防部部长拉姆斯菲尔德的出席促使SLD转向官方防务协商机制,会议议题也随之发生转变。炮制新一轮的"中国威胁论"是美国及其盟国的主要议题。面对美国及其盟国指责中国军费开支庞大及不透明的言论,中方采取了常规回应;对美日联合声明涉及台湾问题,中方则公开表明不欢迎别国干涉内政的立场。2006—2010年是中方开展军事外交的阶段。自2005年,拉姆斯菲尔德首次参加SLD后,历任美国国防部部长从未缺席。为了应对美方在SLD上日益强硬的姿态,中方自2007年后均派解放军副总参谋长级别率团参会,并将陆海空三军高官纳入代表团成员。这意味着,中国正式在 SLD 机制下积极开展军事外交，利用 SLD 平台开展防务对话。在这一阶段，美国对台军售和在南海的活动成为会议议题的焦点。尽管会议火药味渐浓，但中国参与 SLD 的力度也渐强。2011 年至今是中方自信参与的阶段。2011 年的 SLD，是中国第一次也是唯一一次派时任国防部部长梁光烈参加，而此届会议基调也难得地对中国友好。时任美国国防部部长盖茨发言称："在任期间，致力于建立美国与中国的军事关系，美中军事关系得到了改善。"此后，美国的"亚太再平衡"战略和南海问题主导了每届 SLD。在朝鲜半岛危机、东海和南海争议持续的背景下，美国联合其政治、军事上的盟国意图孤立中国。但是，中国参会代表团已经探索出应对这样复杂局面的办法——充分准备、积极应对。这标志着中国以更加自信、务实的对话姿态站在 SLD 平台上。

每届 SLD 的议题和提问大多与中国有关，大有"围攻中国"之势。因此，SLD 在一定程度上成了个别国家牵制中国和散布"中国威胁论"的工具。中国参会或许会成为"靶子"，但是不参会就会连表达自己立场和态度的机会都没有。即使 SLD 不是东盟主导的多边安全对话机制，但是鉴于每届 SLD 都是亚太局势的投射，牵动所有亚太国家的神经，中国谨慎参与 SLD 体现了应有的大国姿态，表明了中国在南海问题上的一贯立场，展现了中国愿与亚太国家进行防务安全协调与合作的意愿。这对东盟国家，特别是南海争端诸国，尤其意义重大。

二、政策建议

（一）完善国际海洋协调的法律体系

中国与东盟都重视国际涉海事务的协调与管理，只有为国际涉海事务建立完善的法律体系，才能实现中国与东盟海洋协调的高效率。今后，中国与东盟应在港口监管、避免海上碰撞、防止倾倒废物或船舶污染海洋、渔业捕捞行为、海底勘探和开采等领域形成系统的涉海事务协调法规。通过完善的涉海事务协调法规，规范和管理中国与东盟的涉海活动。完善国际海洋协调的法律体系，中国与东盟可以从低敏感海洋协调领域开始，并逐步延伸至敏感性海洋协调领域；可以从双边协议或规则开始，并逐步拓展到多边协议或规则。例如，海洋气候预报、海洋科技研究、海洋环境保护、海洋灾害监测、海上渔业捕捞等低敏感领域，中国已经与部分东盟国家达成双边合作协议或谅解备忘录。中国可以在此基础上拓展成与其他东盟国家的多边协议，乃至与东盟组织达成协议，并逐步延伸至敏感性海洋协调领域。

（二）设立国际海洋协调的负责机构

为了推进中国与东盟的海洋协调，中国与东盟应设立国际海洋协调的负责机构。中国与东盟可以考虑在现有海洋协调机制下，设立对应的负责机构。中国－东盟海事磋商机制设立于2003年，但直到2005年才召开第一次中国－东盟海事磋商机制会议，此后每年在中国举办一次中国－东盟海事磋商机制会议。中国－东盟海事磋商机制分别由中国交通运输部下设的海事局、东盟各成员国海事机构、东盟秘书处承担相应的职能，因此机制职能分散于各国不同的海事机构，并无专门机构来承担。虽然在各国海事机构的努力下，围绕海上航行安全、港口监管、海洋环境保护、海上事故调查、人力资源培训、海上搜救、防止船舶污染、海事劳工规则等方面进行了广泛沟通与协商，但是若要达成深入有效的合作协商关系，未来应设立专门的负责机构来承担海事磋商职能。该机构可由各国海事机构选派官员和专家组成，对国际海事事务的热点、难点和各方关注的问题及时组织相关人员进行探讨和协商，形成相应的规则并监督实施。

（三）拓展国际海洋协调的服务项目

中国与东盟已经在海洋环境保护、海洋气候监测、海上救援、港口航线管理等领域设立了许多服务性合作项目。例如，中国—印度尼西亚海洋与气候联合研究中心、中泰气候与海洋生态系统联合实验室、中马联合海洋研究中心、中国－东盟港口物流信息中心、中国－东盟水上训练基地、中国－东盟海洋合作中心、中国－东盟海上紧急援助热线、中国－东盟航线及航运服务项目、中国－东盟海洋合作学院。今后，中国与东盟要继续拓展现有合作项目的服务功能，增加东南亚海洋环境气候预报、东南亚海洋减灾防灾研究、东南亚海洋濒危物种研究、海岛环境管理等公益性服务项目。通过拓展和新增服务项目，将中国与东盟海洋协调的共同需求结合起来，实现各方的共同利益。优质的海洋公共服务项目，可以加深中国与东盟的涉海事务协调，进而促进各国海洋经济的发展。

（四）发布国际海洋协调的年度报告

2019年，为了全面系统地介绍中国与东盟海洋协调的实施进展情况，中国与东盟可联合发布国际海洋协调的年度报告。年度报告的内容可涵盖国际海洋协调法规及协定的执行情况、国际海洋协调机构的工作及运作情况、海洋资源和环境状况、海洋生物多样性状况、海洋科学研究成果、海事安全保障现状、海洋合作项目建设情况、海运争端解决机制状况等方面。通过真实、详尽地记录中国与东盟海洋协调的发展进程,形成国际海洋协调的动态权威性年度报告,可以实现与世界其他国家的海洋协调信息交流,也可以为中国与东盟国家的海洋科研机构、政府主管部门进行研究和决策提供具有参考价值的重要文献资料。

(五)评估国际海洋协调的工作机制

由中国与东盟选派的海洋专家和学者联合组成检查组,首先设计海洋协调工作的评价体系,包括统一规范的评价标准和评价方法,然后针对海洋协调工作机制的各方面进行评估,形成评估报告并提出加强协调机制的建议和对策。海洋协调机制的政府负责机构则要根据评估报告对照检查工作的成果与不足,落实评估报告提出的改进建议。评估检查组和政府负责机构的相互配合才能使评估的效用最大化。评估的结果要能为中国与东盟海洋协调的未来决策和管理提供充分的政策咨询,为未来的海洋协调机制设计、决策和执行工作提供有益的借鉴,构建评估结论与协调决策的有效联系,从而实现评估工作的实际应用意义。

第四节 支持性政策

一、金融扶持政策

(一)中国与东盟海洋合作金融政策效应

1. 金融对经贸合作的支持

从海洋金融领域合作的层面看,区域金融合作向多元化发展,中央银行层面的合作和协调有所加强,自贸区框架下的金融合作蓬勃发展,推动了区域内各国海洋经济的合作与发展。

(1) 国开行海洋整体规划。中国和东盟国家的经贸往来也推动了双方银行的合作。早在 2014 年，国家开发银行与国家海洋局联合印发了《关于开展开发性金融促进海洋经济发展试点工作的实施意见》，以海洋产业企业和重点项目为引领，重点支持海洋传统产业改造升级、绿色海洋经济、涉海重大基础设施建设等领域。以开发性金融促进海洋经济发展的试点在 2015 年开始，海洋企业共计获得了约 200 亿的中长期贷款额，各金融机构在海洋企业贷款方面都给予了优惠的政策，支持的资金规模也逐渐增加。

(2) 亚洲基础设施投资银行。亚洲地区在近年来区域经济发展速度快，对全球经济增长的贡献率高，未来发展前景广阔。但是由于地区整体经济水平仍较弱，基础设施等建设严重落后于经济发展水平，制约了区域经济的发展。为满足基础设施建设中的资金需求，中国提倡并于 2014 年 10 月在北京成立亚洲基础设施投资银行。该银行作为一个区域性政府间的多边金融机构，将为亚洲发展中国家之间的互联互通建设提供新的融资机构，并为该区域大规模的基础设施项目建设提供支持。东盟国家如老挝、缅甸、柬埔寨等国内基础设施建设落后，通信设备普及率低，交通运输网络不发达，通电率低，这些都严重影响了其发展。为了更好地促进中国与东盟海洋经贸合作，亚洲基础设施投资银行将为东盟国家海陆基础设施的建设设置海上基础设施建设的项目资金，促进其基础设施完善程度，助力中国与东盟海洋合作。

(3) 丝路基金。2014 年 12 月 29 日，中国为了推动"一带一路"的建设，出资 400 亿美元成立丝路基金，对"一带一路"沿线国家的能源、基础设施、产业和金融合作进行投资。推动各国在战略上和政策上与"一带一路"的对接，规划各种可能的合作方式和合作内容，促使中国与沿线国家的关系更密切。中国与东盟国家的海洋经济合作作为未来中国—东盟合作的重点之一，受到该项基金服务的大力支持。

(4) 中国—东盟海上合作基金。2011 年 11 月 18 日，温家宝总理在第十四次中国—东盟领导人峰会上，宣布投入 30 亿美元设立中国—东盟海上合作基金，并促进落实了中国—东盟海上合作基金。2013 年 10 月，李克强总理公布第一批项目申请入围名单，涉及多个海洋领域，包括中国—东盟渔业产业合作及渔产品交易平台、中越北部湾海洋与海岛环境管理、东南亚海洋环境预报与灾害预警系统建设、落实《南海各方行为宣言》框架下的务实合作、中国—东盟港口城市合作网络等17个项目。2015年"21世纪海上丝绸之路"倡议提出后，该合作基金致力于中国—东盟海洋伙伴关系的建设，合作项目的申报倾斜于"东盟元素"。此外，中国—东盟海洋合作年的实施成果展示也有该基金的身影。

除了以上提到的一些基金设置，中国与东盟国家的海洋经贸合作还可以利用各种投融资平台，如中国—东盟投资合作基金、亚洲区域合作专项资金、亚投行、中国—欧亚经济合作基金等，得到这些基金的金融扶持，以保障海洋共同合作项目的顺利推进。

2. 存在的问题

虽然现阶段中国—东盟海洋经贸合作有国家政策扶助，以及各投融资合作基金的支持，但其金融合作仍处于初级阶段。

第一，缺少专业化的海洋金融机构。由于中国—东盟海洋经贸合作还处于较初级的阶段，区域内尚未建立诸如海洋合作开发银行这样的综合金融机构提供综合型专业化的金融服务。银行和合作基金项目在支持过程中，还无法充分整合各种资源和渠道。目前的金融支持主要集中于前期的政策性基金直接投资扶助环节，而企业自身的投融资行为主动性低、渠道窄，后续资本市场操作和风险保障等金融服务的业务平台少，并不能充分发挥保险业的保障功能，难以为企业开展更广泛的涉海业务。此外，由于海洋金融合作是新型合作领域，相关金融机构的经验比较少，尚未研发出更多符合海洋产业需求的投融资产品，因而目前较难满足海洋产业发展的要求。

第二，金融支持的覆盖面不够广泛，远远落后于中国与东盟合作发展的速度和规模。由于目前仍是以陆地经济为核心，海洋产业面临的潜在风险较大，以银行为首的金融机构应对海洋产业风险的经验不足，偏好性弱。依靠传统融资模式，海洋产业的有效资产抵押品少，各国规定差异性大，缺乏能适应现代海洋产业的新型融资工具和风险管理工具。这使得民营经济进入海洋合作市场更加困难，海洋金融合作被市场理性回避。

海洋经济的特点决定了其需要规避海洋灾害频发的损失、涉海企业对外贸易和投资的汇率风险等，因而金融机构为企业提供投融资的时候，如果风险保障机制尚未建立，会面临巨大的投资风险。一般情况下，银行采取担保和质押的方式规避投融资风险，但由于海洋经济与陆域经济的区别，海洋资源的使用和收益等受会到的约束比陆域经济更多、更复杂,因此包括银行在内的金融机构在涉海产业的投融资业务上涉猎不多。

第三,区域内未形成统一的金融支持海洋开发整体战略,缺乏系统性、完善性和综合性的政策思路或指导文件。这导致金融投融资的模式较为粗放,海洋产业发展规模效益弱,产业化经营少,缺乏科学指导和统筹布局,资源开发效益不高,金融合作回报低。

第四,区域间金融市场的开放还未达到应有水平。由于区域内主权国家海洋权益争端多,金融产业发展可能面临因主权争端导致的地缘政治风险。区域内外国家的离心行为造成地区局势紧张,不确定性大,各国在资本自由合理有序流动的领域都采取谨慎保守的做法,货币互换机制尚不完善,也给海洋金融合作带来了一些阻碍。

第五,区域内国家还没有建立海洋基本法律保障体系,涉及海洋物权如海域使用、捕捞等方面的规定不一致,各国法律法规的差异化,导致海洋执法困难,社会整体海洋意识不强,海洋产业争端的处理和解决能力弱。

(二)金融支持对中国与东盟海洋经贸合作影响的模型分析

本章节使用 DEA-Malmquist 模型论证金融支持对中国与东盟区域经贸合作的效率,从而论证中国-东盟金融合作对海洋区域经贸合作发展的重大意义。

1. 基于 DEA 方法的 Malmquist 指数模型

数据包络分析(Data envelopment analysis,DEA)方法是根据不同决策单元的投入产出指标,进行指标有效性和效率判断的非参数方法。结合 DEA 方法,本书采用马奎斯特(Malmquist)指数模型来分析 2011—2016 年中国和东盟国家金融支持对双方经贸合作发展的效率变化情况,该模型能测度动态效率以及效率变化的影响因素,便于找出决策单元的低效率环节,实现效率配置最优。

根据 1994 年法勒(Fare)等学者基于 DEA 理论给出的 Malmquist 指数模型非参数线性规划算法,该模型可表示如下

$$m_0(y_{t+1}, x_{t+1}, y_t, x_t) = \left[\frac{d_0^t(x_{t+1}, y_{t+1})}{d_0^t(x_t, y_t)} \times \frac{d_0^{t+1}(x_{t+1}, y_{t+1})}{d_0^{t+1}(x_t, y_t)} \right]^{1/2} \quad (6-15)$$

其中的 x_t、y_t、x_t+1、y_t+1 分别表示 t 期和 $t+1$ 期的投入产出指标,m_0(y_t+1,

x_t+1,y_t,x_t)表示从 t 时期到 $t+1$ 时期全要素生产的变化状况。如果 Malmquist 指数大于 1，则表明从 t 期到 $t+1$ 期发生了全要素生产率的增长。本书运用 Malmquist 指数衡量决策单元的动态效率，在最终的运算结果中，全要素生产率变动被区分为技术效率变动、技术变动、纯技术效率变动、规模效率变动。通过计算生产率变化指数，可以对中国与东盟国家多年来不同的金融支持进行效率分析，从而了解到不同金融支持对双方经贸合作的影响效率，并且得出针对中国—东盟区域内金融合作的最优方式、政策。

2. 金融支持对中国与东盟经贸合作影响的实证分析

目前，中国与东盟国家间的金融合作的方式主要是货币自由流动和对外直接投资，尽管中国与各国都有金融合作，但是由于侧重点和实践效率的影响，合作的效果也有明显的差异。因此，为了充分发挥东盟各国的优势，达到与中国金融合作共赢的发展目标，深入研究不同金融政策的效率有着极为重要的现实意义，这也将为我国与东盟未来海洋合作领域的金融支持提供理论依据。本部分将利用 Malmquist 模型，重点分析中国与东盟 6 个国家在 2011—2016 年金融合作的效率情况，并分析不同金融合作方式对双方经贸合作的影响程度，从而找出最适合双方海洋经贸合作的金融政策。

（1）变量的选取。中国与东盟国家金融合作的方式有很多，基于对现状的分析，将其归为三大部分：第一，建立金融合作平台；第二，直接对外投资；第三，拟进行区域货币一体化。由于数据资料的有限，找寻符合面板模型要求的数据较难，本书即选择较具有代表性的、数据较为完整而又符合模型标准的金融指标。基于中国与东盟国家开展的合作内容，选定指标对外直接投资净额和外汇储备；基于蒙代尔的最优货币区理论，即货币区域一体化的标准，选定指标，人均 GDP、货币汇率年平均价、存贷款利率差、通货膨胀率差，指标定义如表 6-7 所示。

表 6-7　指标的选取与定义

指标类型	指标名称	指标选取原因
投入指标	人均国内生产总值（X_1）	中国和东盟各国经济水平有明显差异，人均 GDP 能反映区域合作各国的经济发展与个人收入水平，从而反映双方经贸合作时的出口供给能力与进口需求能力

续表

指标类型	指标名称	指标选取原因
投入指标	货币汇率年平均价（X_2）	在中国与东盟区域合作中，由于各国普遍采用盯住美元汇率的制度，在大宗货物贸易合作及大额直接投资时多采用美元为计价结算货币，但随着美元在外汇市场波动频繁，中国与东盟合作汇兑风险较大，此可作为度量经贸合作风险的指标
	存贷款利率差（X_3）	中国和东盟多国的金融市场主要是以银行业为主导，因此存贷款利率即为在该国借贷资本的价格。而利率政策也是各国中央银行调整货币供求以干预国际收支的重要手段，预计该指标会对中国与东盟的金融合作和区域合作产生显著影响
	通货膨胀（X_4）	通货膨胀率可以衡量一国的国内物价水平，蒙代尔的最优货币区理论指出只有具备相似的通货膨胀水平才利于形成最优货币区，实现货币区域一体化。因此，以此作为度量中国—东盟金融货币合作的指标
	直接投资净额（X_5）	对外直接投资净额能反映出中国与东盟之间的金融合作水平
	外汇储备（X_6）	外汇储备是一国货币当局持有的对外流动资产，主要以国外银行存款与外国政府债券为主
产出指标	对外贸易总额（Y）	对外贸易总额是两国间进出口货物总额，反映双方经贸合作水平

（2）数据来源。实证数据的研究时间为2011—2016年，研究对象为中国和东盟六个主要国家，包括文莱、泰国、印度尼西亚、菲律宾、新加坡、马来西亚（越南缺失2013—2016年对中国直接投资净额，缅甸缺失2011—2016年人均国内生产总值，柬埔寨和老挝缺失2011—2016年存贷款利率）。为了保证实证数据的可靠性与权威性，中国2011—2016年的数据来源于2012—2017年《中国统计年鉴》；各国存贷款利率差的数据来源于国际基金合作组织的线上数据库，通过整理存款利率和贷款利率，再进行处理得出；人均GDP、汇率价格来源于国家数据库中的外国统计数据经整理得到；通货膨胀率的数据来源于世界银行数据库；外汇储备的数据来源于亚洲开发银行数据库；对外贸易总额来源于东南亚国家联盟官方网站公布的进出口额。

（3）结果及规律。本节采用DEAP2.1软件进行计算，得出中国和东盟各国2011—2016年金融支持区域经贸合作发展的效率情况，七国平均水平，如表6-8所示。

表6-8 金融支持区域经贸合作的绩效分析结果

年份	综合技术效率变动	技术变动	纯技术效率变动	规模效率变动	Malmquist指数
2011—2012	0.984	1.054	1.000	0.984	1.037

续表

年份	综合技术效率变动	技术变动	纯技术效率变动	规模效率变动	Malmquist 指数
2012—2013	0.989	0.980	1.000	0.989	0.968
2013—2014	0.990	1.165	1.000	0.990	1.153
2014—2015	0.953	0.907	1.000	0.953	0.865
2015—2016	0.912	0.985	1.000	0.912	0.898
均值	0.965	1.015	1.000	0.965	0.979

表 6-8 中的均值为 2011—2016 年年度变化的几何平均值。而 Malmquist 指数是用于评估金融支持的动态效率变化，该指标是由综合技术效率变动和技术变动决定的。综合技术效率是对决策单元资源配置能力和使用效率等多方面能力综合评价的指标，综合技术效率 = 纯技术效率 × 规模效率。在本书中的经济含义为金融体系中的资源配置情况，当规模效率为 1.000 时，即代表该决策单位是技术有效的。技术变动的经济含义为金融产品或服务的创新水平变化情况。纯技术效率是在未考虑在要素实际利用过程中带来的效率变化，此分析结果中均为 1.000，是因为本书假定在目前技术水平上，对金融资源的投入是有效的，即对应最优生产规模。规模效率是指在一定的金融制度和管理政策水平下，现拥有规模与最优规模间的差异，这是由于各个国家的金融支持规模不同造成的。

首先，2011—2016 年金融支持区域经贸合作发展的综合技术效率都小于 1.000，说明各国金融支持区域经贸合作普遍没有达到最优，资源尤其是资本的配置效率还有提升和优化的空间。此外，从综合技术效率的变动趋势来看，效率出现先上升后下降的状态，这种波动是样本期间区域内各国经济尤其是金融政策变化造成的。其中 2014—2015 年是一个拐点，原因是全球经济发展呈低迷状态，东盟经济发展较发达的文莱、马来西亚等国的人均 GDP 略下降，以马来西亚为代表的部分国家汇率变动也较明显，多种经贸合作风险使得投资者的跨国境经济行为偏向谨慎，中国与东盟双方的进出口水平无明显提高，区域经贸合作实际上进入僵持状态。当然，金融支持未能实现最优配置主要是因为规模效率不高引起的，因为当下中国和东盟的金融合作尚未实现规模化发展，整个样本期间，区域经济合作表现为规模报酬递减，这说明金融资源投入增加的比率高于双方贸易进出口发展的产出增加比例，因此，提升金融资源配置效率迫在眉睫。如何提高金融资源配置效率，将在下文的实证分析中，分银行信贷市场、证券市场和外汇市场来做具体说明。

其次，2011—2016年Malmquist指数的平均值为0.979，指数值小于1，说明在观测期间，金融支持区域经贸合作的总体效率趋势是下降的，也就是说金融体系通过技术创新、资源配置、规模效率等途径促进区域经济合作的发展效果差强人意，有较大的改善和提升的空间。具体来看2014—2016年连续2年Malmquist指数小于1，此原因在上文已提过，各国宏观经济政策总体走向稳健和保守，对金融支持的效率都是有明显影响的。可以明显看出，技术变动是在2012—2013年和2014—2016年，小于1.00，这说明技术水平有待提高，而规模效率均小于1.00，这两者都会导致总体效率的低下。因此，中国－东盟在未来金融合作时，要着重提高技术和规模，即加强对先进技术装备的应用，加强产品服务业务能力的创新，考虑形成区域内合适的金融合作发展规模。

最后，中国和东盟各国的金融合作，从整体上看，可以拓展区域间的投资渠道，提高双方贸易、投资福利水平；也可以提高资金的流动性和使用效率，推动区域经济的一体化。这些都有助于中国与东盟的经贸发展，但这也可能放大某些国家内部货币与金融体系的缺点，加剧金融失衡风险，引发金融危机。为此，中国和东盟应就保持区域内货币与金融稳定达成广泛共识，综合运用货币、财政和金融手段加强金融周期管理，避免货币与金融市场急剧震荡，加强区域内的金融合作，包括共同应对各国货币与金融市场面临的风险、外溢效应和反馈问题，促进全球经济有序发展。

（三）政策建议

在中国－东盟经贸合作步入深度转型升级的时期，要进一步加强金融支持在双方海洋经贸合作中的作用，通过搭建专门服务于海洋经贸合作的金融平台，提升金融支持海洋经济的效应，海陆结合发展，在建立中国与东盟国家金融机构互动机制、推动资金自由流动和人民币区域化、树立海洋经贸产业金融服务理念等多个方面综合管理，优化金融环境，切实投入社会资金支持中国－东盟海洋经济合作的发展。

1. 搭建专门服务于海洋经贸合作的金融平台

海洋经济具有高投入和高风险的特点，在中国与东盟国家海洋经济合作水平不断提高的大背景下,中国需要开展海洋金融合作,搭建专门的金融平台以支撑海洋经济的健康发展。当前,中国－东盟海洋合作都是通过利用一系列区域合作银行或政府合作基金的项目立项扶助资金来解决前期的投融资缺口问题,金融资源调配主要是通过银行体系来实现,渠道较为单一。因此,建议进一步深化金融体系改革,加快多层次金融市场体系建设,发挥股票市场和保险市场的经济作用,鼓励创新金融工具,提高在海洋产业上的投融资比重。

2. 提升支持海洋经济的金融效应

目前以中国－东盟投资合作基金、丝路基金等在内的金融扶持资金资源有限,仍难以满足未来中国－东盟海洋经济合作的全部需要。因此,在前期开发阶段,有选择地选取高回报的海洋产业或涉海产业,强化有限投融资资源的利用效应,显得十分重要。

第一,要强化金融市场机制。金融市场机制是区域内资金流动机制,融合了各方市场参与者、各种金融资产、各类交易方式以及政府金融的监管,为了保证金融支持的有效性,应做到结合中国－东盟自贸区金融服务贸易自由化的建设,在自贸区框架下放宽金融投入涉海企业的市场准入,同时加强金融领域的便利化;此外,可以借鉴南欧国际金融市场体制改革的要点,建立与国际接轨的规范化市场金融,支持与中国－东盟相匹配和协调发展的市场金融支持环境的构建。

第二,由于海洋经济的高风险性,应建立海洋金融资本投向的预警制度,长期跟踪涉海金融资本的投向领域并检测资金流量,分析涉海企业运行的状况,对于企业金融要素缺失状态,要给予及时警示,并提供定期投融资风险讲评培训活动等,提高涉海企业风险预警前瞻性,有效防范信贷风险。

第三,加大金融产品创新,推动融资类产品在港航物流金融、船舶融资、海域使用权抵押贷款等方面的创新,鼓励在各种涉海保险产品上进行创新,在巨灾风险补偿上建立有效的机制,在金融机构的帮助下增强涉海企业对涉海风险的防范、分担能力。同时要完善并建立多元化的金融配套支持体系,专业性的涉海中介服务机构应加快培育,建立和完善海洋金融合作、政府引导和企业积极参加的长效沟通协调机制,促进银企的有效对接。

3. 建设海陆结合发展互动机制

在当下陆地经济和陆上合作占据核心经济主导地位的情况下，发展海洋经济离不开陆上经济的带动和扶持。应该推动资金流入链接海陆交通基础设施建设，投入为海洋产业服务的高新技术陆上开发企业，推动进行海洋作业人群的素质培训，积极地借鉴陆上经验，开展中国－东盟海上金融合作。具体而言，要依靠金融支持促进海陆产业间科技研发的交流和合作，尤其是陆地产业技术和人才资源要有意识地向海洋产业进行扩散，加大科技创新的有效性，最终提高海洋产业的科技含量，提高生产效率，进而使得海陆产业在更高投入产出回报比的水平上相互促进，协同发展。

4. 推动资金自由流动和人民币区域化

积极推进人民币区域化。例如，在海洋金融合作中，使用人民币作为项目投融资的计价货币，开展跨境贸易人民币结算，推动人民币逐步成为区域内的结算货币，各商业银行要努力消除使用人民币进行跨境结算的限制，并且根据2009年中国人民银行制定的跨境人民币交易的政策框架进一步完善人民币的金融服务水平，极大地推动区域经济发展。跨境人民币交易的发展既可以在对海洋经贸合作中提供支持的时候规避汇率波动的风险，也可以进一步推进人民币的区域化乃至国际化的步伐，使人民币获得更大的金融影响力。

进一步开放区域内的金融市场和资本市场，为区域内的资本合作提供条件，逐步放宽对金融资本准入的限制，改善金融结构和服务，降低金融机构门槛，加强资本和债券市场的合作，实现资本的自由流动，在互相开放市场实现自由化的基础上形成便利化机制，最终实现自由贸易区内的金融市场一体化。通过中国－东盟金融合作与发展领袖论坛等在内的金融合作平台，为区域间货币自由流动奠定基础。

5. 树立海洋经贸产业金融服务理念，优化金融环境

从国家层面上，目前区域内没有系统的支持海洋产业的发展政策，一些海洋经济发达的地方，如浙江、福建也只是在区域规划（《厦门市海洋经济发展"十三五"专项规划》提出促使金融机构加强对海洋经济和海洋产业的信贷支持）

中提到"鼓励海洋经济利用资本市场"的提法,但没有落实在具体的政策层面。在提倡加强金融支持,即加强银行的信贷支持的同时,没有树立海洋金融总体服务体系的意识。为此,必须制定统一的海洋开发整体战略,推出系统性的政策思路和指导纲领,科学地指导海洋经济开发,并且在各金融机构和涉海企业进行理念培训,加强其对金融支持作用的认识,形成海洋经贸产业必须通过金融合作完成的意识,从而提高社会公众对优化金融环境的主动性和积极性。

二、海洋产业合作政策[*]

海洋产业指的是开发、利用和保护海洋的各类产业活动,以及与之相关联活动的总和,包括海洋渔业、海洋油气业、海洋矿业、海洋盐业、海洋化工业、海洋生物医药业、海洋电力业、海水利用业、海洋船舶工业、海洋工程建筑业、海洋交通运输业、滨海旅游等主要海洋产业,以及海洋科研教育管理服务业等。

(一)政策效应

1.海洋渔业合作

中国与东盟国家在渔业方面的合作由来已久,双方的合作体现在水产品贸易、渔业双边投资、海洋渔业合作园区的建设等上。

(1)中国与东盟国家水产品贸易。虽然海洋渔业捕捞双边贸易没有专门的数据,但是由于中国和东盟国家是全球水产品市场的主要供给地区,东盟10国里有9个国家是海洋国,水产品贸易中相当部分是远洋捕捞产品,因次可以对中国与东盟各国的水产品贸易进行分析,大致了解彼此海洋渔业在贸易方面的合作情况。

中国与东盟国家水产品贸易可以划分为两个阶段。第一阶段为2005—2007年。该阶段双方水产品贸易额较少,处于平稳增长阶段,中国处于贸易逆差地位。总的来说,这一阶段,中国与东盟国家的双边水产品贸易总额较少,增长幅度较小,有较大的发展空间。第二阶段为2008年至今。中国与东盟国家水产品贸易总额从2008年起开始突飞猛进地增长,2009年之后,中国扭转了贸易逆差

---

[*] 本节部分内容已发表于《亚太经济》,2018年第2期,第19-27页。

的处境。总体上看,水产品的贸易总额具有逐年增长的趋势,贸易总额年均增长率为137%,贸易潜力无可限量。中国对东盟国家水产品的贸易呈现顺差的趋势,而且在不断扩大。

(2)中国对东盟国家渔业合作的投资增加。第一,表现在中国对东盟国家渔业基础设施上的投资上。2009年由中国国务院批准成立、总规模达100亿美元的中国-东盟投资合作基金(简称"东盟基金"),由中国进出口银行、中国投资有限公司、中国银行、国际金融公司、中国交通建设集团出资,主要投资于东盟地区的基础设施、能源和自然资源等领域,用于帮助项目所在国经济建设,以及促进中国与东盟国家产业融合。

第二,中国与东盟国家在海洋合作的投资资金助力。为了进一步落实2002年《南海各方行为宣言》,以及维护地区和平与稳定,海上合作基金2011年由中国提出并宣布设立,随着"21世纪海上丝绸之路"倡议的提出,该基金也被赋予了新的历史使命,这将会对"中国-东盟海洋伙伴关系"的建设起到重要的作用。该基金适用的项目广泛,其中涉及海洋渔业的有渔业基地建设、海洋生态环保、海产品生产交易以及海上运输便利化等项目。从中国-东盟海上合作基金开始设立,就有中国国内或者是东盟各国对基金项目的申报具有浓厚的兴趣。下面是第一批入围中国-东盟海上合作基金项目的部分名单(见表6-9)。

表6-9 第一批入围中国-东盟海上合作基金项目的部分名单

项目名称	报送单位
中国-东盟海水养殖技术联合研究与推广中心	科技部
中国-东盟渔业产业合作及渔产品交易平台	福建省
印度尼西亚金马安渔业综合基地更新改造项目	福建省

资料来源:中国外交部。

以上三个项目主要涉及中国与东盟国家海洋渔业合作的内容,包括养殖技术、渔产品贸易和养殖基地方面的交流和合作。这些项目的推出以及往后的建设和完善,都将对中国与东盟各国良好海洋合作伙伴关系的建立,以及双方海洋渔业的合作产生深厚的影响,而中国-东盟海上合作基金为此提供了强大的资金保障,使得双方的海洋渔业合作得以顺利进行。

第三,企业对东盟国家渔业的直接投资的项目和金额增加。"一带一路"倡议的提出，政府对海洋渔业的支持在政策、资金上都有所倾斜，这对中国海洋渔业企业来说，是一个很大的机遇，尤其是中国沿海省份的企业，都加大了和东盟国家进行渔业合作的投资。例如，福建省在缅甸、印度尼西亚等国投资兴建9个集渔船停泊、维修、制冰、加工等设施于一身的境外远洋渔业基地，数量和规模均居全国第一。这些企业带着成熟的技术和管理经验，到东盟沿海国家开拓水产养殖空间，取得了实质性的进展。又如广西已有数家企业在越南进行养殖业的投资，一些企业实施的海洋渔业项目范围包括鱿鱼捕钓、渔业合作等。

第四，海洋渔业合作园区的建设。以中国－东盟海产品交易所为代表开展园区的建设，主要涉及基地建设和现代化冷链物流园等，泰国、越南、印度尼西亚3国分中心的海产品交易所已着手筹建。

（3）中国与东盟各国渔业协议签订情况。自中国海洋渔业发展以来，随着国际渔业资源的竞争日益剧烈，这30多年来，中国渐渐与世界各国签订了各种渔业合作协定，以维持稳定、持续的共同合作开发关系，其中与东盟国家签订的协议有：2004年，中国与菲律宾签署了《农业部渔业合作谅解备忘录》；2005年3月，中菲双方在渔业合作委员会的第一次会议中，对双方在渔业捕捞、水产养殖、水产品加工、渔业科技交流及利用中国贷款建设菲律宾渔业设施等方面的合作进行了磋商，并达成了一些原则性共识。2001年4月，中国与印度尼西亚签署了部级《关于渔业合作的谅解备忘录》，该文件规范和明确了双方在渔业合作方面的具体事项，如培训、船舶、渔港、捕捞、产品加工和销售等项目，并约定以友好协商的方式解决两国的渔业纠纷，同年12月，为了促进备忘录的有效实施，双方签订了《中华人民共和国农业部和印度尼西亚海洋事务与渔业部就利用印度尼西亚专属经济区部分总可捕量的双边安排》。2000年12月，中国与越南签订了《中越北部湾渔业合作协定》，该协定明确中越双方在北部湾领海、专属经济区和大陆架的分界线，这对中越双方友好协商解决渔业纠纷，合理分配和养护北部湾渔业资源有重大的意义。2004年，中国与菲律宾签署了《渔业合作谅解备忘录》。

中国与东盟国家签订双边渔业合作协定，对营造一个和平、稳定、可持续发展的海洋渔业合作环境起了重要作用。海洋渔业是一个国际化程度较高的资源性产业，因此中国与东盟国家签订双边或多边渔业合作协定，加深与其在水产养殖、资源养护、渔业管理、科技交流等方面的渔业国际交流和合作，就显得尤为重要，也促进了中国与东盟国家的渔业合作，在海洋生物资源开发与养护、水产技术交流、渔业捕捞以及水产品贸易等方面的合作不断增强。

（4）中国与东盟国家海洋渔业合作取得重要进展。2015年中国－东盟海产品交易所"远洋业产品交易中心"建成，为大宗纯天然海洋渔业产品的现货交易提供平台，是中国－东盟海产品交易所的一部分，海交所于2014年11月2日正式在马尾上线，是首家以"海产品"为主题的交易所，是加快推进"21世纪海上丝绸之路"建设的重要项目，也是促进中国－东盟国家海洋渔业合作便利化的重要举措。中国－东盟海产品交易所的成立，使海洋渔业从传统贸易商模式向互联网络贸易商模式转型升级，实现海产品"线上交易、线下交收、人民币结算"，拓展了中国与东盟区域海洋实体经济的发展与互联互通，推动中国与东盟各国逐步建立和完善海产品生产、供给和销售安全可追溯的体系和大数据库，促进了双方贸易便利化的进程。

在"一带一路"倡议的新形势下中国与东盟国家海洋渔业的合作又取得了新的突破。2016年，中国和东盟国家的水产业者正式结盟，计划共同投资20亿马币，在马来西亚建设"中国－东盟海产品产业合作基地"，基地面积达6.24万亩*。

远洋业产品交易中心的建成和"中国－东盟海产品产业合作基地"的建设，表明中国与东盟国家的海洋渔业合作取得了重要进展。

2. 海洋交通运输业合作

2001年起中国与东盟国家便已经实施了加强在交通运输产业合作的政策，作为中国与东盟国家海洋产业合作的先行产业，交通运输产业的合作反映了政策实施的效应。

（1）政府间海洋交通运输合作机制形成。2004年11月，《中国—东盟交通合作备忘录》签署和发布，备忘录的签署代表了双方在包含海洋交通运输业在内的交通运输领域的合作取得重大突破，同时在备忘录中，双方也对交通领域合作的中长期目标进行了确定，该备忘录成为中国与东盟国家开展海洋交通运输业合作的基础。为了加强中国与东盟国家在海事合作领域的协调与沟通，2005年，中国与东盟各国建立了中国－东盟海事磋商机制。2007年的中国—东盟港口发展与合作论坛上中国与东盟就双方港口的发展与合作做了磋商。同年11月，中国与东盟正式签署了《东

---

* 1亩约等于666.67平方米。

盟—中国海上运输协议》，这是中国与东盟在海洋交通运输业上关于港口和海运政府间合作的新突破。2012年，为了加强与东盟交通运输部门的交流，中国设立了互联互通委员会，为互联互通建设提供了便利。2013年，签署了《港口城市合作网络论坛宣言》，以钦州为基地，建立中国与东盟港口城市的合作网络，该合作网络覆盖了东盟国家共计47个重要港口城市，港口城市合作网络的建设有利于加强中国与东盟国家在沿海港口之间开展进一步合作，成为中国与东盟开展海上合作的重要场合。目前，该合作网络的第一期7个项目建设进展顺利，而且已有部分项目直接服务于中国和东盟国家的港口和航运中。其具体成果有：中国－东盟港口物流信息中心已经基本完成一期工程，首先实现了信息的互联互通；已完成对中国－东盟国家港口航线及航运服务的建设，开通了钦州港至越南，途径仁川、平泽、雅加达和林查班城市的4条外贸集装箱班轮航线；为中国－东盟国家航运服务的配套项目建设进展良好，已开始筹备中国－东盟海事法庭等。

2013年，中国交通运输部派出"海巡01"轮出访缅甸、印度尼西亚、马来西亚等国，"海巡01"轮是中国大型多功能海事船，这次出访既与东盟3国分享了海事管理经验，也服务了中国和平发展、睦邻友好的外交政策。2015年，为了落实《中华人民共和国和马来西亚建立外交40周年联合公报》的成果，"海巡31"轮赴马来西亚参加东盟地区论坛第四次救灾演习海上搜救演习，中国－东盟进行了海上人命救助合作机制检验，提高了共同应对海上突发事件的应急处置能力。

（2）为中国与东盟的海上互联互通合作打造铁路、公路等交通网络条件。中国高铁产业"走出去"到东盟的步伐进一步加速。2015年，中国和印度尼西亚签署了组建合资公司的协议，该合资公司将负责印度尼西亚雅万高铁项目（全称"雅加达至万隆高速铁路项目"）的建设和运营，这是中国高速铁路产业在实施"走出去"战略上取得历史性突破的阶段性标志。另外中老铁路、中泰铁路的交通合作正在进行，这些铁路的建成，将使得印度尼西亚、泰国、老挝等国家的铁路形成网络布局，有助于实现泛亚大铁路网络的形成，为海洋航道、港口建设打造了海铁联运的条件，也为中国与东盟国家开展海上交通打造了良好便利的基础设施和服务等条件，促进了双方贸易与投资的发展，有助于促成中国与东盟国家产业链，也为建设"海洋经贸合作圈"奠定了基础。

（3）促进了港口合作。港口作为海上贸易的关键节点和重要枢纽，维持港口的顺畅流通对国际贸易显得尤为重要。为了推进中国－东盟港口城市合作网络的建设,中国推出了3个项目,即开通钦州港至马来西亚关丹港的集装箱班轮航线、建立中国－东盟港口物流信息中心、建设中国－东盟港口城市合作网络机制。此外,2014年中国广西钦州港与柬埔寨最大的海港——西哈努克港缔结了国际姐妹港,有利于港口深化合作。

3. 海洋油气产业合作

(1) 海洋油气贸易。早在20世纪90年代双方的石油贸易便在中国的对外油气贸易中占有重要的地位,占中国石油进口的10%左右。2005年进出口总额为107.58亿美元,2010年增长为190.55亿美元,2015年达到162.27亿美元。中国对东盟国家的天然气需求更大,比对石油的依赖程度更高,而东盟国家是中国重要的天然气来源地之一,因此中国加大了和东盟国家开展油气合作的步伐,2006年中国海洋石油总公司与马来西亚国家石油公司签订了一项天然气供应协议,这是中国自2002年以来签订的第一个液化天然气(liquefied natural gas,LNG)供应协议。根据这份协议,中国将在海岸沿线建造一连串液化天然气码头,数量至少有10座,并要达到在10年内将液化天然气在国内能源中的份额由0提升至8%到10%的目标。上海码头是这一系列码头中的第3座,计划于2008年投入运营。中国在东盟市场进口管道气主要是从缅甸进口,2017年上半年进口量为6.60亿立方米,进口价格为454.0美元/吨,液化天然气的进口则主要是从马来西亚和印度尼西亚,2017年上半年从马来西亚进口LNG30.86亿立方米,进口量占比13.84%,进口均价为336.1美元/吨,同比增速74.20%,从印度尼西亚进口15.67亿立方米,进口量占比7.00%,进口均价为367.8美元/吨。而在中国与东盟国家这些年的油气贸易过程中,尽管在南海海域起了关于油气资源的纠纷,但未减少双方的油气贸易额,可见双方在石油等能源产业的关系非常密切。

(2) 中国与东盟国家在油气产业上的合作。中国三大石油公司在东盟国家都实现了合作,合作形式多样,包括:①合作开发油气资源。如中国石化集团公司2005年与缅甸关于海陆油气资源开发上的合作。②建立合资公司投资开发油田和建设天然气管道。例如,2001年中石化集团公司与缅甸成立合资公司开发油田、2014年中海油与文莱成立的文莱中海油服合资有限公司等。③通过购买股份获得股权的方式开展合作。例如,2004年、2010年中海油公司购买印度尼西亚天然气项目的股份。④实行总包合同方式对石油开采的基础设施进行建设。例如,中海油与泰国于 2014 年签订的总承包工程合同，包括油气资源的基础设施的设计、采购、建造和安装。⑤签订生产与贸易协议，开展综合性的油气合作。例如，中石化集团公司与越南签订的一系列协议，包括油气开采和石油贸易、炼油厂的改造等内容。关于成品油合作方面，如中海油集团公司与新加坡于 2015 年签订了润滑油技术合作与生产的合同。

此外，双方政府部门或企业之间还合作开展了对油气资源勘探等研究。例如，中国国家海洋局与缅甸能源部于 2012 年开展的合作研究。中海油集团公司与菲律宾企业于 2004 年、2005 年进行的海洋地震联合探测。

（3）能源通道的共同维护和建设。马六甲海峡在中国与东盟国家的海洋油气产业贸易中非常重要。马六甲海峡是 80% 中国进口石油的海上运输线，被喻为海上生命线，也是东盟国家对外开展油气贸易重要的航道，因此中国与东盟国家之间就马六甲海峡航运问题有过多次合作，新加坡牵头与印度尼西亚、马来西亚建立了马六甲和新加坡海峡航行安全与环境保护合作机制后，中国也加入了该机制，并向机制下的助航基金捐款 86 万美元，双方就反海盗和武装劫船方面在国际海事组织（International Maritime Organization，IMO）机制下都进行了卓有成效的合作，目前马六甲海峡的海盗劫船案件数已经大为减少。为了缓解"马六甲困局"，降低中国从海上进口原油的风险，中国与缅甸共同修建了中缅石油管道，2015 年 1 月该管道全线贯通，随着中缅原油管道项目正常供油，缓解了中国能源贸易的问题，对保障能源安全发挥了一定的作用。

（4）中国与东盟各国政府间的油气开发合作。中国与东盟之间建立油气开发合作机制，最早是在 APEC 下开展的能源对话机制。1990 年，在 APEC 框架下召开了 APEC 能源工作组与能源部长会议，开展中国与东盟的能源对话，1996 年召开 APEC 能源部长会议，会上同是成员国的中国与东盟各国开展了能源对话，2002 年召开中印（尼）能源论坛，与印度尼西亚建立能源对话机制，2003 年召开东盟"10+3"（中日韩）能源部长会议，加强中国与东盟的能源对话与协作，2014 年建立了中菲越南海油气资源联合调查组，加快建设中国－东盟自由贸易区，为中国与东盟的能源贸易、投资和争端解决提供制度框架；建立亚洲地区的反海盗及武装劫船合作，与东盟国家分享打击海盗、武装劫船活动的信息，以便维护能源通道安全；实行非传统安全合作，该机制几乎包括完能源领域的所有方面；东盟地区论坛的召开，为中国－东盟能源安全合作在政治、军事等领域提供了对话平台。

4. 滨海旅游业合作

（1）中国与东盟国家的旅游往来。20世纪80年代泰国旅游市场向中国开放，期间东盟各国陆续开放，至2005年东盟10国已经全面向中国开放旅游市场。目前中国已成为东盟第一大客源国，2017年，中国是越南、柬埔寨最大的客源市场，是新加坡和泰国的第二大客源市场，是马来西亚的第三大客源市场。

（2）中国与东盟各国政府旅游合作进程加快。作为最早也是卓有成效的产业之一，旅游产业方面已建立起产业合作的多层次固定渠道与体系。①"10+3"框架下的旅游合作："10+3"旅游部长会议是东盟10国和中国、日本、韩国3国参加的旅游部长会议，该会议是在"10+3"的"东盟对话"框架下定期举办。为发展2016—2020年间中国和东盟的睦邻友好以及战略伙伴关系，实现互利合作，2016年中国发布《落实中国－东盟面向和平和繁荣的战略伙伴关系联合宣言的行动计划（2016—2020）》，旨在落实于2003年10月8日在印度尼西亚巴厘岛签署的《中国－东盟面向和平与繁荣的战略伙伴关系联合宣言》，《东盟与中日韩2013—2017旅游合作工作计划》和《东盟成员国政府与中日韩政府关于加强旅游合作的备忘录》等也是重要的合作内容。

②"10+1"框架下合作与各种层次的次区域合作中旅游产业合作，中国－东盟自贸区《服务贸易协议》（2007年）奠定了中国－东盟"10+1"服务合作框架，也是中国与东盟旅游产业合作深化的重要协议，次区域的合作机制也在深化，中国与东盟接壤的边境省份云南、广西与东盟相邻国家之间建立了旅游合作机制，其中大湄公河次区域旅游部长会议是其中重要的机制之一。

③与东盟国家的旅游产业合作成绩斐然。中柬于2017年5月联合在北京举办了商务旅游高峰论坛，还签署了双边旅游合作谅解备忘录，同年"中国－东盟旅游合作年"召开，中国参加在缅甸举办的中缅旅游合作论坛，柬埔寨发布《为中国而准备》旅游行业白皮书，制订了《吸引中国游客的营销策略2016—2020》方案。同时，中国将帮助柬埔寨培训中文旅游人才，制定《暹粒省旅游综合开发规划》，并帮助其实施。2017年6月，继新加坡旅游办事处成立后，中国与东盟国家的旅游合作取得了重要的成果——中国驻曼谷旅游办事处成立。自2016年中国和泰国签署了《中泰关于加强旅游市场监管合作的谅解备忘录》后，2017年

6月，召开第二次中泰旅游市场监管合作协调小组会议，就规范合作中泰两国旅游市场进行协调。中国与越南签署《中华人民共和国旅游局与越南社会主义共和国文化体育旅游部2017—2019旅游合作计划》，希望在此框架下推动两国在文明旅游、人才培养、宣传推广和市场秩序等方面合作。2016年，中国－东盟博览会旅游展再度举行，并第一次召开"中国－东盟旅游部门工作组会议"。

（二）中国与东盟国家海洋产业综合实力测评

本部分建立评价测度指标体系进一步了解，东盟各国的海洋产业的总体实力。

1. 研究区域

本部分涉及中国和东盟沿海各国（不包括老挝，因其为内陆国家），共10个国家，包括东盟9个海洋国（缅甸、泰国、柬埔寨、越南、菲律宾、印度尼西亚、马来西亚、新加坡、文莱）和中国。

2. 评价测度指标体系的建立

海洋产业评价指标体系的构建一直以来还没有一个统一的标准，本部分主要参考李锋（2014）的指标评价体系，并且考虑到数据的可得性、客观性和代表性，需要选取既能反映一国当下的海洋产业实力，又要能反映出一国未来海洋产业发展潜力的指标。据此，本部分测度海洋产业综合实力 A，从发展条件、经济环境和产业成果3个分维度、具体22个三级指标对中国与东盟国家的海洋产业总体实力进行测度研究（见表6-10）。

表6-10 海洋产业综合实力评价指标体系

一级指标	二级指标	三级指标
海洋产业综合实力 A	发展条件 B_1	原油探明储量（十亿吨）C_1
		天然气储存量（万亿立方米）C_2
		海岸线长度（千米）C_3
		海洋保护区的面积占领海面积（%）C_4
		全球创新指数 GII C_5
		居民专利申请数量 C_6

续表

一级指标	二级指标	三级指标
海洋产业综合实力 A	经济环境 B_2	人均GDP（2010不变美元）C_7
		GDP（亿美元）C_8
		信息化发展指数 IDI C_9
		港口基础设施的质量 WEF 指数 C_{10}
		海关手续负担 WEF 指数 C_{11}
		服务业占 GDP 比例（%）C_{12}
		外商直接投资（亿美元）C_{13}
	产业成果 B_3	鱼类捕捞量（吨）C_{14}
		鱼类出口额（亿美元）C_{15}
		原油产量（百万吨标准油）C_{16}
		天然气产量（亿立方米）C_{17}
		接待入境游客人次（万人次）C_{18}
		货柜码头吞吐量（单位 TEU）C_{19}
		船舶出口额（十万美元）C_{20}
		主要国际沿海港口数（个）C_{21}
		班轮运输相关指数 C_{22}

注：港口基础设施的质量 WEF 指数，从 1 到 7，表示从十分欠发达至十分发达。

（1）发展条件 B_1，含三级指标 6 个。一国发展海洋产业的基础条件应包括国内的海洋自然资源禀赋、生态保护意识和科技应用能力，只有将此三项结合起来方能挖掘并利用好国内海洋原生资源的价值，将其转变为具有高度经济效应的海洋产业。一国若有丰富的资源禀赋但却没有先进的技术辅助开发或没有正确的策略来配置资源，则该国也仅可能停留在低附加值且不可持续的海洋产业初低级阶段。因此，在"发展条件"这一评价维度中选用重要能源油气储量及海岸线长度说明该国海洋资源禀赋，用海洋保护区面积占一国领海面积的比例说明该国的海洋生态保护意识，并用居民专利申请数量来表现一国的海洋科技应用能力。

（2）经济环境 B_2，含三级指标 7 个。其中，港口基础设施的质量指数以及海关手续负担世界经济论坛（world economic forum，WEF）指数，得分均为从 1 到 7，分数越高表示越发达或越高效。经济部门之间的影响与关联是相互作用的，因此一国海洋产业的可持续发展还需要营造一个良好的国内整体经济环境。人均

GDP、GDP、信息化发展指数、服务业在 GDP 中占比和外商直接投资额，这些指标能够较好、较完整地反映一国的经济实力，且能够对一国海洋产业的投融资能力进行侧面说明。同时良好的基础设施和高效的海关行政管理能够为一国海洋产业发展带来诸多便利性，港口是海洋贸易的重要一环，其基础设施质量与海关效率能够反映一国在全球经济市场中的参与度，并且会对该国海洋交通运输业的发展产生重要影响。

（3）二级指标产业成果 B_3，含三级指标 9 个。产业成果维度体现了各国将海洋资源转化为与海洋相关的产品和服务的能力。基于数据可得性，本部分以油气产量来反映一国油气业的开采能力及竞争力，以入境游客人数来表现该国滨海旅游业的发展程度，以货柜码头吞吐量、主要国际沿海港口数量、班轮运输相关指数说明其海洋运输业的情况，并且以鱼类捕捞量、鱼类产品出口额来说明海洋渔业的发展水平，用船舶出口额来说明一国船舶工业的实力。

3. 各国海洋产业综合实力评价指标原始数据及数据来源

考虑到数据的可得性，本部分采用各国 2017 年的年度数据，数据出自联合国粮食及农业组织（Food and Agriculture Organization of the United Nations，FAO）、FAO 渔业和水产养殖数据库、《BP 世界能源统计年鉴》《国际统计年鉴》、世界银行统计库、《中国海洋经济统计公报》《中国统计年鉴》《中国—东盟统计年鉴》、中国海洋经济信息网、联合国商品贸易统计数据库、东盟秘书处数据库、《衡量信息社会报告》以及东盟各国政府部门统计网站等。

（三）实证分析

采用因子分析法进行实证研究，应用 SPSS 软件，对中国和东盟各沿海国家的海洋产业的实力进行评价和分析。在计算得分时，使用标准化处理公式 $Z_{ij} = (X_{ij} - \overline{X})/S_j$ 对原数据进行标准化处理，其中 Z_{ij} 表示标准化后的变量值，$\overline{X}$ 表示第 j 个指标的平均值，S_j 表示第 j 个指标的标准值。标准化处理后使用最大方差法，得到旋转解，根据旋转成分矩阵，得出所提取出来的 3 个公因子的累计贡献率达到了 89.69%，大于 85%，且三个公因子的特征值均大于 1，因此选前 3 个公因子已足够替代原来的变量，是 22 个三级指标的综合，并根据旋转成分矩阵将 22 个指标归类到所属因子内。

第一公共因子 F_1 的贡献率达到了 60.207%，是贡献率最大的公因子，也即能够解释全部指标信息的 60.207%，主要包括原油产量、天然气产量、主要国际沿海港口数、班轮运输相关指数、外国直接投资净流入、鱼类捕捞量、鱼类产品出口额、接待入境游客人次、货柜码头吞吐量、船舶出口额、原油探明储量、天然气储存量、海洋保护区的面积占领海面积、居民专利申请量、GDP 共 15 个指标，根据这些指标的共性，中国可以将 F_1 定义为海洋产业业绩对海洋产业实力的贡献综合因子。

第二公共因子 F_2 对全部指标的解释力为 24.284%，包含人均 GDP、信息化发展指数、海关手续负担、港口基础设施质量、全球创新指数、服务业占 GDP 比例 6 个和营商环境相关的指标，该公因子主要描述一国的科技创新能力、行政效率、基础设施完善程度、经济发展水平等，营商环境是一国海洋产业长远发展的重要影响因素，因此 F_2 亦是一国海洋产业实力的重要参考指标。

第三公共因子 F_3 的贡献率是 5.198%，仅包含海岸线长度此项海洋生态自然环境因素，这显示海洋产业虽然可以依托科技实现对自然资源禀赋的依赖度降低，但是要实现可持续发展则必须重视海洋生态环境。

根据得分系数矩阵最后获得得分模型

$$F = 60.207\% \times F_1 + 24.284\% \times F_2 + 5.198\% \times F_3 \qquad (6-16)$$

即可得到中国和东盟沿海国家的海洋产业实力的综合得分，各国得分和排序结果见表 6-11。

表 6-11 中国和东盟各沿海国家的海洋产业实力得分和排名

国家	F_1 产业业绩		F_2 营商环境		F_3 自然环境		综合 F	
	得分	排名	得分	排名	得分	排名	得分	排名
中国	2.79377	1	0.14903	3	-0.24961	5	1.71	1
新加坡	-0.55762	9	2.34934	1	-0.30671	6	0.22	2
马来西亚	-0.13547	4	0.73397	2	0.14703	3	0.10	3
印度尼西亚	-0.05598	2	-0.22661	6	2.30769	1	0.03	4
泰国	-0.23948	5	0.05772	4	-0.21608	4	-0.14	5
越南	-0.07918	3	-0.35676	7	-0.41495	7	-0.16	6
菲律宾	-0.45028	7	-0.42053	8	1.12016	2	-0.31	7
文莱	-0.56359	10	-0.07702	5	-1.03552	10	-0.41	8
缅甸	-0.24460	6	-1.34412	10	-0.54060	8	-0.50	9
柬埔寨	-0.46757	8	-0.86502	9	-0.81142	9	-0.53	10

第六章
政策与措施

根据所得到的各国得分和排名，从总体和分维度两种角度可知中国与东盟各海洋国的海洋产业实力：首先，从表现总体情况的综合 F 得分看，中国排名第 1 位，表明中国在与东盟各沿海国家的比较中，海洋产业总体实力最强，新加坡和马来西亚分别在该区域排名的第 2 位、第 3 位，且分数与中国有一定差距，文莱、缅甸和柬埔寨 3 国的排名最末。这说明近年中国在打造"海洋强国"战略的推动下，海洋产业取得了丰硕成果，在从低级到高级的各海洋产业均取得了发展。中国从 2013 年起成为世界第一贸易大国，贸易量持续多年的增加也为中国海洋产业发展奠定了坚实的基础。无论是现状还是未来发展潜力，中国的海洋产业实力都值得肯定。新加坡虽然自然资源禀赋匮乏，但是其地处交通要道，位于世界的十字路口且其国内所发展的海洋产业多为附加值较高的行业，如较少进行海洋捕捞普通鱼类，但是较多出口观赏鱼；较少制造简易船舶，但是较多经营船舶修理服务，或制造先进的海洋工程装备；利用本国高效的运作体系，先进的基础设施，适宜的地理位置吸引全球几大石油公司在其国内投资设厂，如今新加坡已成为全球第三大炼油加工中心和石油交易中心。作为新兴经济体之一的马来西亚则凭借其丰富的石油等自然资源以及吸引到的众多外商直接投资发展本国海洋产业，经过多年在工业能力以及科技创新能力方面的积累，马来西亚在海洋产业上已占据一席之位。总分落后国家其实并不缺乏海洋资源，但是缺少开发利用技术，这为中国与其双方间的合作带来了契机。

其次，从三个分维度的得分来看，中国在 F_1 海洋产业业绩排名第 1 位，在 F_2 营商环境方面得分也较高，位于第 3 位，但在 F_3 自然环境方面位居第 5 位，因此还需继续加强对海洋生态环境的保护，做到合理开发利用海洋资源。新加坡在 F_2 营商环境上具有绝对优势，但在其他方面排名较靠后，本国海洋自然资源的缺乏以及地域狭小，在一定程度上限制了其在 F_1 海洋产业业绩因子和 F_3 海洋自然环境因子的得分。马来西亚在 F_1 产业业绩中排名第 4 位，在 F_2 营商环境因子中排名第 2 位，在 F_3 海洋自然环境排名第 3 位。印度尼西亚在 F_1 海洋产业业绩和 F_3 海洋自然环境维度的得分均较高，但在 F_2 营商环境上具有相对劣势，位列第 6 位。泰国在 F_1 产业业绩中排名第 5 位，在 F_2 营商环境和 F_3 海洋自然环境方面均排名第 4 位，各项得分均位于中等水平。越南在产业业绩方面排名较好，位列第 3 位，而在 F_2 营商环境及 F_3 海洋自然环境则排名靠后，均位列第 7 位。菲律宾海洋产业的优势在于 F_3 海洋自然环境，排名第 2 位，但在 F_1 产业业绩及

F_2 营商环境方面则分别位列第 7 位和第 8 位。文莱在 F_2 营商环境排名中等，位列第 5 位，而在 F_1 产业业绩和 F_3 海洋自然环境方面均排名第 10 位。缅甸在 F_1 产业业绩上排名中后，位列第 6 位，在 F_2 营商环境及 F_3 自然环境方面的排名分别为第 10 位及第 8 位。柬埔寨在各维度上均显示落后，需引入先进技术和管理制度帮助其开发海洋资源。

（四）中国与东盟国家海洋产业领域的合作政策建议

中国近年来海洋产业体系逐渐得到完善，海洋经济高速发展，但与此同时还存在着诸如海洋产业结构不合理、产业同构、科技含量不高、资源利用效率低、缺乏整体的统筹规划以及环境污染较严重等问题，这些都严重阻碍了中国海洋产业的转型升级。东盟各国的海洋经济体在全球产业链上具有重要的位置，它们在海洋产业方面的总体实力与中国相比较弱，但是在不同实力分维度或者单个海洋产业上它们却拥有比较优势。可是除了新加坡和马来西亚外，大多数东盟国家因缺乏开发的技术或资金支持，其海洋产业结构偏重于附加值低的初级产品上。此外，中国－东盟海洋产业合作中面临一些挑战，如因为一些历史遗留问题或是区外大国有目的性的介入干预导致双方互信不足出现"单向"推动，合作单一，产业转型升级存在限制，虽然中方不断推出相关的优惠政策，欲推动双方海洋产业合作的多层次深入和升级，突破以往合作领域的局限性。但是由于中国和东盟国家间存在产业机制不对接，并且缺乏科技创新能力，产业结构有一定相似性，生产的多为劳动密集型的产品，所以存在部分竞争性，这使得双方一些合作项目在实践过程中推进缓慢，而且缺乏统筹安排，难以形成有效的规模和协调发展。因此，需要进一步促进中国与东盟各国的海洋产业合作，实现在打破国界限制的更大区域内的海洋资源有效配置，促进海洋产业结构升级、海洋生态环境的可持续发展、海洋资源开发利用效率提高、海洋产业相关劳动力的工作层次转变和海洋产业相关的支撑体系更加完善。

（五）政策建议

1. 遵循经贸合作的双向性特点，双方应积极开展对话交流

（1）积极参与平台对话，消除误解，解释合作内涵。信任的建立需要双方或多方一同交流和谈判，了解彼此真实的需求以及想法，防止发生公开的冲突。海洋产业合作作为"一带一路"中的重要组成部分，中国要善于利用各种国际对话平台，加大中国与东盟国家的产业合作，落实相关协议，在各类平台上充分阐释中国所倡导的海洋产业合作的内涵和外延，消除或减少国际社会和东盟国家对中国所倡导的海洋产业合作建设的误解，加强各个国家间的对话，形成一种合作的共识，用命运共同体和发展共同体的理念来促进共商共建大局，在对话后制定征得一致认同的协议并且双方严格按照协议开展合作。近年来，中国综合国力的迅速增强在世界各国中都属罕见，应当换位思考，理解东盟国家的担忧，必要时可以列明负面清单，以示规范合作行为的决心，减少东盟国家的顾虑，在相关各方间营造一种信任的氛围，特别是在"一带一路"倡议提出后，中国与东盟国家要加强产业对接，积极参与对话，推进倡议的顺利实施，消除误解，以便获得更深的合作成效。

（2）构建包括海洋产业园区在内的多层次产业合作平台综合体系。在原有产业园区的基础上，借鉴现有经验，设立国际海洋产业园区、海产品商贸交易中心、实行优惠的招商引资政策和园区的产业升级配套设施等政策，建立各种模式、各种层次的产业合作平台综合体系。

①设立国际海洋产业园区。在综合产业园区的基础上，设立港口城市国际海洋产业园区，除了依靠优良的深水港口和航道资源优势为海洋交通运输业打造基础外，园区内吸引中国与东盟各国的涉海产业入园生产，创新产业园区模式，产业园区的合作内容应结合海陆联动的特点，开展海洋生物制药、海洋化工、海洋电力等合作内容，鼓励海洋服务企业入园，并提供各种涉海服务。参考国外先进的海洋产业园区，如法国不列塔尼海洋园区（以海洋环境、海洋微生物技术和环境、海洋通信系统等为优）、美国大西洋海洋生物圈（重点在海洋生物研究科技与转化）、美国佳瑞特海湾海洋产业园（以海运设备制造、供应为主）、澳大利亚弗雷泽海岸海洋产业园（以海洋船舶如游艇和轻型船只、专业海洋服务、成立海洋贸易培训学院为主）、加拿大斯波特海洋产业园（主要有海运修理、航运等）、澳大利亚布里斯班海洋产业园（以海洋仓储为主）、加拿大温哥华海洋科技园区（主要以信息技术、生物技术、动力技术或能源和各种海洋高科技成果转化为主）、美国夏威夷自然能源实验室（以海洋热能转换、海洋矿产资源、海洋生物、海洋环境保护等领域的技术产品的开发为主）等的建设经验，结合中国与东盟海洋产业的发展实力，对国际海洋产业园实施积极的产业园区规划政策，发展海洋

产业合作。

第一，临港装备制造产业，重点发展如海洋平台甲板机械、舱室内装件、轮机设备、电力设备等海工设备、大型港口机械和工程机械等临港先进的装备制造等产业；

第二，发展绿色石化装备产业，重点发展如石油化工成套生产装置、自动化仪表与控制系统、石油化工单元设备、石油化工流体机械、仓储物料加工输送技术与装备，以及高浓度难降解化工废水处理装备、废油再生基础油成套装备等石油化工污染物处理装备制造等产业；

第三，船舶配件制造产业。重点发展如大型甲板机械、舱室设备、推进装备、自动化控制系统、通信导航、船用电子产品等高端船舶配件制造等产业；

第四，海洋电子信息等新兴产业。重点发展如船舶电子、海洋探测、海洋电子元器件、海洋软件和信息服务等产业，加快构建电子产品制造—软件开发—信息资讯与服务为一体的海洋电子信息产业链；

第五，海洋新能源、新材料产业。重点发展如LNG冷能应用、LNG发电、太阳能光伏产业、海水淡化设备制造、海上风能、潮汐能等海洋能发电技术研发和设备制造、海洋防腐涂料、新型建筑材料、新能源材料、高强高性能结构材料、聚酰亚胺材料和新一代功能纳米等；

第六，海洋生物医药产业。重点发展如新型海洋药物、海洋生物及其他生物医药制品、新型海洋保健品、化妆品、食品的开发与生产、海洋生物综合加工与利用技术的研发与应用；

第七，海洋产业研发。加快海洋产业的研发工作，设立中国－东盟海洋科技孵化园，重点引进科技型初创企业、科研机构、公共实验平台和科研人才，推进承接技术转移、项目培育、企业孵化、企业加速和产业推进五个阶段的服务，建立产、学、研密切结合的创新平台，促进科研成果产业化。

②设立海产品商贸交易中心。可以与保税区相结合，建立海产品商贸交易中心。除了物流园区引进大型物流平台管理商及运营商，建设综合物流信息平台及物流网络之外，可以设立海产品商贸交易中心，中心内用于分设海产品交易市场、海洋资源交易市场、捕捞器具专业市场、海洋高端产品交易市场、船舶及船用设备交易市场，以及国际海洋会议和展示中心等，重点引进贸易商、合作商。

（3）实行优惠的招商引资政策和园区的产业升级配套设施。对园区基础设施的建设要达到标准,"九通一平"❶的建设要到位,还要有综合功能配套小区等项目,确保入区项目的配套需求。同时在招商引资上实施优惠政策,如设立园区的海洋产业扶持专项资金;在项目供地方面推行工业用地弹性出让,如工业用地实行"先租后让、租让结合"的供地方式及"弹性土地出让年限"的供地政策;降低企业用地成本;施行城市建设配套费和土地使用税先缴后奖;投资达效奖励;在企业所得税和增值税上划分不同产业类型,如将企业分成海洋商贸、现代服务及其他企业、陆海物流及交通运输类企业、融资租赁、基金、股权投资和投资管理类企业、海洋产品专业市场交易类企业等实行优惠政策,以鼓励入驻标准厂房等。

通过实施国际海洋产业园区政策,加强中国与东盟国家在海洋信息、海洋新能源、海洋生物制药等新兴产业领域及各自优势领域的交流合作,努力实现中国与东盟国家间从科技研发到成果产业化到市场营销等环节的海洋产业合作链,使各海洋产业园区成为中国与东盟国家开展海洋产业合作,进行全方位对接与融合的载体。

(4) 建立健全完善的海洋产业合作信息发布平台。提高互信还必须提高信息的透明度,不仅要涵盖中国和东盟国家的海洋产业的合作项目,还要涉及海洋产业合作的相关法律法规以及其解读,以及各国政府的政策公文及海洋资源和产业的基本信息、统计数据、年度报告,并且发布相关海上合作项目基金的申请流程。为不断改善平台,还应开通一个接收建议或提问的反馈渠道。例如,与东盟国家共同构建旅游信息平台。第一,平台上涵盖所有国家在内的旅游信息,当中国与东盟各国发布重要的旅游相关政策、条例和规定后及时在网站上挂出信息,利用网站宣传和推介中国与东盟国家合作推出的旅游线路等;第二,可以在网站上通过先进的通信工具,观看仿真的中国与东盟国家的景区景色,查询人流规模,以及订景区票、订酒店等;第三,网站应成为区域内旅游企业合作业务的平台等。

(5) 要积极发挥和充分利用各种行业商会、产业协会等组织机构的作用。行业商会等机构属于民间合作组织和平台,在产业合作方面具有与政府合作不能比拟的灵活性,对推动产业的合作具有重要的价值。因此,与各行业商会等应加强

---

❶ 九通一平指的是基础设施的道路、供电、供水、供气、供热、排污、雨水、通信、有线电视畅通和土地平整。

产业信息分享、鼓励中国与东盟国家企业开展经验交流，特别是在"21世纪海上丝绸之路"背景下在海洋教育、海洋管理、滨海旅游等产业方面的交流合作，通过交流合作增进对彼此的了解，这对于中国与东盟国家间增强双方的政治互信，打造中国与东盟国家开展产业合作的社会基础有着不可忽视的作用。例如，渔业合作方面，各国远洋渔业协会或组织可以在人才培养、培训和引进方面对合作起到促进合作的作用。渔业组织可以在双方海洋渔业发展较好的城市建立远洋渔业设备、技术的研发中心，聘用专业人才，并进行定期培训，增强技术人员的专业能力，以推进双方远洋渔业的专业技术和设备在国际上的地位；各国渔业协会可以进行人才的相互引进，使劳动力资源得到有效配置。也可以定期举行远洋渔业展览会、组织关于远洋渔业发展的专题报告会等，相互交流和传播各国渔业政策的发展意向以及先进的远洋渔业技术和研发成果，有助于各国及时了解国际远洋渔业的发展动态，相互学习和合作。

2. 结合各国不同的经济技术水平，寻求产业合作领域

在海洋渔业方面，中国和东盟国家是世界渔业的主要出口区域，中国的海洋渔业捕捞量连续数年位居世界第一，其次是印度尼西亚，也是渔业大国，2017年，印度尼西亚海洋捕捞量为1112.42万吨，新加坡的海洋捕捞量则非常小，但其是世界上著名的观赏鱼出口国之一。在海洋油气业方面，文莱、马来西亚、印度尼西亚等油气出口大国在海洋油气资源勘探开发上取得了较大成果，技术水平在中国与东盟国家中较高。滨海旅游业方面，中国和东盟各国都有各具特色的滨海旅游资源，吸引了全球众多游客，但基于各种原因，如旅游资源开发和保护开发水平的差距等，各国旅游收入有一定的差距，如缅甸旅游业创汇历年来不超过20亿美元，但是面积相近的泰国旅游创汇是其20多倍。船舶工业方面，中国是世界前列的造船业大国，近年来东盟国家，如菲律宾的造船企业在日本等国的投资也取得了较大发展。海洋交通运输业方面，中国实力雄厚，目前在全球前10吞吐量的港口中已拥有了8个，东盟的新加坡港也榜上有名，各国产业都有自己的比较优势，因此，实施海洋产业合作政策对双方海洋经济的发展具有重要意义，是"海洋经贸合作圈"合作的要求，也是中国-东盟自贸区升级建设的内容之一，更是"21世纪海上丝绸之路"中国与东盟国家开展经贸合作的关键内容。

（1）海洋渔业。①加强海洋渔业产业链的建设。渔业从生产到销售，覆盖

了渔具、船舶、加工行业等商品生产与销售市场,中国与东盟国家企业应加强在这些市场上渔业的结合度,进一步加强互动,实现渔业产业链自下而上的完美结合,从而促进产业合作和经济发展。此外,渔业跨国企业应该努力拓展自身的经营范围,促进从近海到远洋渔业贸易的多元化。

②选择多样化的投资方式。中国与东盟国家应根据自身在远洋渔业的比较优势,选择对外直接投资或间接投资等投资方式。根据中国、东盟各国的海洋渔业资源和地理环境的比较优势,可以选择建立海水养殖基地、海水养殖新技术的试点等投资方式;渔业企业也可以根据自身情况选择建立合资企业或者合作经营企业,由于渔业方面中国与东盟国家的发展水平参差不齐,根据国别情况,采取多样化的投资合作方式可以有效地推进双方远洋渔业的合作。

③优势互补开展海洋渔业合作。一是加工贸易的合作。东盟国家出口中国的水产品以初级加工产品为主,中国对东盟国家水产品的出口结构有向精深加工转变的趋势,东盟国家水产品加工行业大部分处于初级阶段,而中国水产品的加工行业发展较为成熟,因此双方在水产品加工行业有互补的可能性。

二是海洋水产品人工养殖方面的合作。与越南、缅甸等部分东盟国家相比,中国拥有的渔业资源相对有限,但沿海渔业养殖技术相对比较成熟,作为海洋水产养殖最大的国家,中国占世界水产养殖超过60%的份额,在水产养殖方面具有相对成熟的技术、较为丰富的管理经验以及庞大的海洋产品市场,在渔业捕捞、养殖、加工及市场规模等方面具有明显的比较优势,可以与东盟各国中资源相对丰富但养殖技术较弱的越南、缅甸等国加强海洋水产养殖方面的合作,开展养殖技术的相互学习和交流,培养优秀的水产养殖技术人员,这样既可以提高海洋渔业产量,又可以保持海洋渔业的可持续发展;对印度尼西亚等在水产养殖方面具有一定优势的国家来说,则可以合作建立海洋渔业水产养殖联合研究部门,实现海洋水产养殖技术的信息共享,加强双方的海洋水产养殖合作。

三是远洋渔船合理分配,资源有效配置。由于长期以来对近海进行"掠夺式"的捕捞,导致了中国近海渔业资源的严重衰竭,因此发展远洋渔业势在必行。近年来,中国大力发展远洋渔业,远洋渔业企业增多,相应地,中国远洋渔业的渔船无论是在规模上,还是在捕捞能力上都大大增加,但是这与逐渐衰退的国际海洋渔业资源相矛盾。相反地,东盟国家的远洋渔船在数量、装载能力和保鲜能力上都相对较弱,在远洋渔业的发展上正好缺乏大型的渔船设备。因此,双方可以在远洋渔船的分配上进行协商和合作,从而中国可以在生产成本上获利,东盟国家也可以利用更好的渔船设备,获得更大的经济效益。另外,新加坡、马来西亚、文莱等国的经济发展水平较高,经济实力雄厚,对海洋渔业技术的投入较大,具备研发新设备、新技术的能力,中国也可以加强与这些国家的合作,以提高自身远洋渔业的技术水平。

④加强海洋渔业捕捞领域的技术培育与合作。在海洋捕捞方面,中国存在严重的过度捕捞的现象,且多集中于近海,远洋捕捞的程度并不高。为了海洋生态的平衡和可持续发展,中国应当借鉴外国的捕捞配额制度限制近海捕捞,同时加强与东盟国家的渔业合作,加强对远洋公海渔业资源的利用,如中国应该积极与东盟国家合作参与开发南极海洋生物资源。

此外,近年来对远洋渔业资源的开发客观上需要深度挖掘,需要配备先进的远洋渔业技术装备,如声纳探测器、大型鱿鱼钓船、超低温仪器设备、集鱼灯和钓机等先进的远洋船舶技术中国还比较落后,有的甚至并不具备制造能力。远洋渔业企业应该提升自身远洋渔业的技术装备水平,加快船舶装备更新和升级换代、加大对远洋渔业的科技投入,在国家相关支持政策的基础上,依托高等院校、科研院所等,强化技术装备研发的产学研合作,在远洋渔业科技研发、信息处理体系、渔情预报分析与决策系统等方面实施联合攻关,推动成果产业化,提升渔业技术装备水平。

⑤生产高附加值的海洋产品,实现渔业产业升级。中国的水产品出口虽然正在由初级加工向精深加工转变,但仍需继续提高精加工水平,推动向海洋生物制药、食品或生物活性物质提取等科技水平含量高的产业转型,在生物的精深加工处理方面,中国可以向生物制药科技先进的新加坡寻求合作。除此之外,中国还可以通过拓展休闲渔业的方法给传统海洋渔业注入较高的经济与社会效益,将休闲娱乐、文化传承与渔业有机结合,最终实现海洋渔业的产业升级。

⑥中国南部沿海地区与东盟国家的渔业合作。中国南部沿海地区与东盟国家的渔业合作是"海洋经贸合作圈"的产业合作内容之一,南部沿海地区3个省份在渔业生产、加工、销售等环节上各有优势,应根据各自的优势和积淀,结合海洋经贸合作中心区的区域建设,与东盟国家开展海洋渔业的合作。例如,西部中心区的广西可以与越南、柬埔寨等国家进行新种苗、养殖技术、工艺设备等方面的合作,中部合作中心区的广东可以与印度尼西亚、马来西亚在平台建设、项目

实施、产能与技术合作等方面开展合作，如开展国际生态系统调查与保护研究、主要养殖鱼类疫病区域化防控技术研究与示范、外来物种监测与风险评估技术等，也鼓励对东盟国家在蟹类、软壳类水产品加工领域的投资；福建省在远洋渔业方面具有较强的竞争优势，鼓励福建省与中心区内的菲律宾、印度尼西亚开展远洋渔业的合作，如兴建投资境外远洋渔业基地等，依托中国－东盟海产品交易所提升福建省在中国与东盟国家区域海洋渔业中的地位；海南省应与新加坡、马来西亚等合作发展深海养殖业，推进深水网箱养殖技术的合作研发，与东盟国家开展"旅游＋渔业"的休闲渔业的合作，与柬埔寨等国开展观赏鱼、花鳗、龟鳖等特色鱼种的养殖等以及技术培训方面的合作。

（2）海洋油气业。中国是油气消耗大国，油气的供应关乎中国能源安全，但与需求相比，中国的海洋油气产量并不高。自2007年起，中国对于油气的进口依赖迅速增加。中国的海洋油气勘探主要集中于近海，尚有90%的海域未勘探，而一般油气资源较多蕴藏在深海区域，所以中国应当与东南亚一些主要产油国达成合作，如文莱，利用并学习其远洋勘探技术，并且利用中国巨大的油气市场优势，以吸引深海勘探巨头与中国合作。对于缅甸、越南和柬埔寨这类油气资源丰富但是无技术设备开采的国家，中国应该积极与其达成协议，共同开发油气资源。①国家层面扩大政府间合作，加强政治互信，为双方的油气合作奠定基础。首先，随着中国与东盟的政治、经济关系日益加深，油气资源安全既是涉及各国利益的分配问题，也是涉及国家安全的重要问题，解决油气上的纠纷问题，特别是南海海域内多国纠纷的现状，仅靠单个国家很难实现最终的海洋油气安全，因此强调搁置争议，共同合作开发经济利益，实现互利共赢是目前更可取的一种做法，共同开发油气资源，对开发中的重大问题进行沟通，有助于油气产业合作的良好运行。

其次，加强中国－东盟自由贸易区升级与"一带一路"建设，拓展自贸区框架下油气产业的合作利益。当前，中国－东盟自贸区的建设已经进入升级的新阶段，加上"一带一路"倡议的实施，沿线的油气合作是倡议重要的产业合作内容，中国与东盟国家的油气合作具有较好的潜力，因此双方在油气产业的合作上也具备客观可能性，加快双边油气领域的合作成为当前值得推进的重要议题。

最后，继续探索南海油气合作新途径、新机制。通过各种形式的海洋油气合作，增进双方政治互信，搁置争议，获得开发和加工收益，互利共赢。

②开展海洋油气投资和资金合作。东盟是中国重要的能源供给地,是中国石油企业"走出去"的重要区域,与此同时,东盟国家也在大力发展油气产业,油气产业是其重要的经济增长点。油气开采需要巨额的资金投入,还存在极大的风险,因而可以实现中国的资金优势和东盟国家的能源优势相结合,也可以由中国与东盟各国实施多元化的融资机制,化解油气产业的投资风险。可以在低敏感区合作勘探开发,对每年拿出油气区块招标的国家,虽然投资和开发风险较高,但认真审核、慎重决策,仍有获得盈利的机会,因此,企业在对东盟国家油气产业投资时,应注意积极响应政府招标,认真投标。在高敏感区则可以设立各种模式和层次的合作开发区进行合作开发,油气产业的合作开发,既缓和能源紧张的问题,也使中国能源进口变得更多元,加强了中国能源的安全,同时可以使双方的政治关系更加密切。

③提高海洋油气技术。南海油气资源的开发,与陆上油田不同,因为海洋环境的复杂多变,开采需要更先进的技术,但中国的油气开发目前来看仍比较落后,一来中国要提高海洋油气及其他矿产资源、海洋新能源的开发。在矿产资源方面,加大科技投入和技术开发,在深海等领域积蓄自己的技术力量,开拓海洋矿产资源的新区域,开发和利用非传统的矿产资源,如南海深处的可燃冰等。此外,对矿产资源的综合利用、海洋能利用与开发方面技术水平也要注重提高,一方面,引进新的科技,特别是在资源综合利用、海洋能利用与开发的各个领域尖端科学技术的应用;另一方面,也要自我消化和吸收,提高科技水平。二来南海资源是中国与东盟国家的重要经济利益来源,若想得到合理开发,需要海底采油技术和设备的配套实施,而这些技术和设备仅凭中国或东盟各国目前的能力是无法完全实现的,因此中国与东盟国家间根据技术能力协同开发油气资源,或进行油气开采的科研合作等都必不可少。提高自身开采和加工油气的技术水平,开展与东盟国家的油气产业的技术合作,不但能保障中国的能源安全,也可以提高自我的能源提供能力,还能促进中国与东盟深化双方的关系。

④加强海洋油气产业的国际合作。从中国与印度尼西亚关于油田开采的合作开始,中国三大石油公司已经在东盟国家开展了许多合作,其中与印度尼西亚、缅甸的合作更为深入,与菲律宾和泰国的合作也取得了一些成效。未来在油气产业的合作上,更应采取加大合作力度的政策,尤其是油气勘探的合作,当前合作的重点是:一是加大在勘探开发上的投资,重点是印度尼西亚、马来西亚、越

南、文莱，以增进份额油，缩短运输距离，避免过分依赖马六甲海峡；二是积极在泰国、缅甸进行风险勘探和开发作业，泰国、缅甸与中国西南相联结，有利于陆上运输；三是参与东南亚重大油气跨国项目合作，研究东南亚输气管网进入中国西南地区的可行性；四是加紧研究与东南亚、日韩合作开辟第二海上输送通道或与泰国、缅甸合作研究开辟经中国西南的陆上通道的可能性；五是积极加强南海深水区的勘探，积极研究南海有争议区油气资源共同开发的具体方案。

（3）滨海旅游业。①合作开发滨海旅游资源。中国滨海旅游资源丰富，但部分地区的资源知名度不高，或者开发严重同质，缺乏地方特色，而且相关配套产业和设施不完善，应该借鉴滨海旅游业发展高度专业化的泰国等的发展经验，聘请这些国家专业的旅游设计团队或采取合营的方式与这些国家的旅游管理公司共同开发和保护滨海旅游资源，完善旅游产业链和设计有特色的滨海旅游项目；而对于如柬埔寨、缅甸这些旅游资源丰富但资金不足的国家，中国可以通过投资合作修复旅游设施的方式开展旅游合作，有助于巩固两国间的友谊，也能更好地进行宣传。除此之外，中国与东盟各国开展航空合作，增开两国间的旅游航班，在《中国－东盟服务贸易协定》框架下，在航空运输和订票系统等航空服务领域方面取消"市场准入限制"，中国与东盟各国的旅行社也可以互设分支机构，互相开放市场，相互投资持股，进行旅行社的合作建设。

②合作开拓共同的客源市场和推出共同旅游线路。目前，中国与东盟互为对方重要的客源地和目的地，通过签订旅游合作、旅行社、酒店宾馆等的协议，共同开发客源市场；在传统线路的基础上，共同开发有特色的滨海旅游路线，可以是自然旅游线路，也可以是人文旅游路线。其中，创新旅游合作形式，如目前中国与东盟国家都在积极开拓游轮旅游方式，海南省也在大力推广邮轮旅游，双方可以以游轮为载体，以各国的岛屿为游轮停靠点，以点成线，规划独具特色的邮轮旅游线路，也可以合作开发海洋生态旅游路线等。

③根据中国南部沿海地区四个省份和东盟各国的旅游产业特点开展差异化合作。"海洋经贸合作圈"内的各方，具有相似的海洋资源，应该根据各自的比较优势进行差异化合作。新加坡、马来西亚、泰国三国旅游竞争力较强，特别是泰国，是旅游强国，旅游经验、基础设施建设、旅游便利水平均较强，菲律宾、越南、柬埔寨、缅甸是新兴的旅游市场，竞争力较低，基础设施建设还不完善，旅游卫生条件差，入境旅游发展比较缓慢，柬埔寨入境旅游人数不到泰国的

二十分之一，但这些国家旅游资源丰富，除了滨海自然资源，还有文化历史资源，旅游发展潜力较大。中国南部沿海地区的广西，是与东盟国家海陆交界的省份，可以与越南、柬埔寨、缅甸等在西部海洋经贸合作中心区域内开展边境海陆旅游合作，共同设计边境旅游线路，共同开发边境旅游资源，以及共同完善基础设施的建设，重点推进建设中越德天（板约）、东兴（芒街）、友谊关（友谊）、靖西（龙邦）等跨境旅游合作区；积极推进防城港、崇左市边境旅游试验区建设，打造边境版国家全域旅游示范区。海南省作为海岛，可以与新加坡、印度尼西亚开展海岛旅游合作。中国粤与港澳作为旅游竞争力最强的地区之一，通过积极参与当地旅游基础设施的投资、建设等多种形式，成为中国对东盟国家旅游投资合作的领头羊；福建省侨胞比较多，目前福建省在外的华侨有1200万人，其中的85%分布在东盟各国，福建可以与东盟华人较多的国家打造侨胞旅游合作区，开展滨海旅游投资和经贸活动。

④建立多层次的旅游合作平台。一是政府对话与合作。在中国－东盟自贸区《服务贸易协定》规范下，完善CAFTA框架下的区域旅游合作机制，通过"10+1"旅游部长会议加强政策对话和合作，就落实《东盟与中日韩2013—2017旅游合作工作计划》《东盟成员国政府与中日韩政府关于加强旅游合作的备忘录》加强合作；加强中国和东盟各级旅游主管部门和旅游企业间的联系和合作，鼓励交流旅游相关数据和信息，鼓励联合开发旅游产品，并开展相关项目合作；鼓励相互派员参加年度东盟旅游论坛、中国国际旅游交易会等旅游相关活动；根据2016年《东盟旅游发展战略规划（2016—2025）》促进包容性旅游发展；鼓励合作，探讨在紧急情况和危机下如何加强协调，减少意外情况对旅游业的影响；加强中国－东盟中心在支持地区旅游中的作用；为东盟各国培训旅游管理专业人才。

二是加快滨海旅游市场准入开放谈判。①在滨海旅游市场的投资合作上提供更多便利，在服务贸易协定规范下，开放旅游股权，开放旅游市场，重点在滨海旅游上提供更多自由和便利，②签证制度的合作上更为便利，目前东盟10国都给予了中国免签、落地签等签证便利化措施，但随着中国与东盟国家的滨海旅游的进一步发展，"海洋经贸合作圈"的建设中，应建设海洋旅游合作圈，可以参考欧盟的申根签证模式，给予"海洋经贸合作圈"中的各国单一签证制度，或者以南海中央核心区为试点，开启签证便利化进程。

（4）海洋船舶工业。造船业是集劳动、资本、资源和技术密集型为一体的产业，中国与东盟都在大力发展船舶业，双方的产业合作具有较好的前景。①中国与东盟关于海洋船舶业的合作，首要考虑的是海洋工程装备的合作。海洋工程装备多指油气类装备。油气类装备包括勘探装备、钻井装备、生产与加工装备、运输装备、海岸工程船舶装备、水下装备与水下系统装备等。从钻井装备来看，主要有海洋钻井平台等；从生产装备来讲，主要有半潜式升降平台等。此外还有海洋工程船、水下的作业设备等。

2010年《关于加快培育和发展战略性新兴产业的决定》一文发布，海洋工程装备产业第一次进入国家发展战略层面，后续又制定和颁布了《海洋工程装备中长期发展规划》《海洋工程装备科研项目指南（2012）》等一系列政策，为促进海洋工程装备业的发展提供了政策基础。中国的造船业产能过剩的现今，不少有实力的大型船企，如上海外高桥造船有限公司等积极转型，先后承接交付了各类海工装备产品，积极转型，早在2010年，中国便已经在接收订单量、手持订单量和建造量三个造船业竞争力的指标方面，超过了当时排名第一的韩国，中国造船业现已赶超了韩国，成为海洋工程装备订单全球第一，对东盟各国的出口也是逐年上升，海关编码中编号为8905的不以航行为主的船、浮船坞、钻探或生产平台从2010年开始，便超过海关编码为8904的拖船及顶推船的出口，占对东盟国家出口13%的比重。但中国的海工装备业在快速增长的同时，也有着不足，主要体现在中国出口的海工装备产品比较低端，而开发设计、工程总包和关键设备配套等重要的环节部分被欧美国家掌握，导致造船企业获得的利润极其微薄。总体上看，中国的海工装备产业主要是在产品设计开发的技术环节上仍被欧美国家垄断，高端设备领域的设计和制造还无一席之地，海工配套设备、总包等中国的市场份额也较小。

基于此，中国与东盟国家在海洋工程装备工业上的合作，应考虑各国的情况进行合作。新加坡是东盟国家的造船大国和强国，虽然在订单上让位于中国，但新加坡是全球海工装备建造格局中掌握核心设计仅次于欧美发达国家的国家，从20世纪80年代开始持续投入海洋工程研发，着力于海工技术的引进和创新，现已形成了成熟的产业链和高度的产业集群效应，中国的海洋船舶企业与之相比，产品属于中低端，高技术是中国的薄弱环节，中国与新加坡的合作，应将高技术船舶、海洋工程的合作做为转型发展的重要方向，在与原产业有一定相似性但却有高技术含量和高附加值的产品，如自升式、半潜式平台和浮式生产储存卸货装置（floating production storage & offloading，FPSO）改装方面开展贸易往来、技术研发等合作，如2015年江苏纳鑫重工机械有限公司控股子公司江苏纳鑫重工机械有限公司（简称"纳鑫重工"）与新加坡Credence公司签署了船舶海工装备合作协议就是较成功的例子。

②在船舶整船和配件的合作。中国的造船业产能过剩，应开拓海外新市场，东盟就是新兴市场。近些年东盟国家对船舶的需求增大，虽然东盟国家基本上都在发展造船业，但与中国相比，所造船舶的技术含量有一定差距，因此中国与东盟国家之间的造船合作颇有成效，如2004年中国就已经在越南广义省榕桔深水港工业造船厂项目中进行了合作，联合生产海轮、钢材等。中国可以选择将印度尼西亚作为在东盟船舶业合作的重要市场，印度尼西亚作为岛国，其货物流动的90%需要依赖船舶运输，印度尼西亚自身有不少船厂，但是受建造能力制约，只能建造小型船舶，无法满足物流的需求，中国造船业和印度尼西亚具有互补优势，中国企业有造船技术、成熟的生产经营经验和成熟的产品，因此中国可以利用东盟降税清单，机动巡航船、游览船及各式渡船可享受中国－东盟自贸区内各国整船出口的零关税待遇开展船舶的进出口，这方面可参考江苏如皋港的海通海洋工程装备有限公司的做法，该公司凭借东盟自贸区产地证书获得了印度尼西亚海关减免关税约118万美元，已向印度尼西亚出口两条单价185万美元的油驳船；另一方面，印度尼西亚政府鼓励外资进入船舶业，已经实行了100%外资控股的政策，因此中国可以与印度尼西亚在其国家建造油船、液化天然气运输船或建造载重5万吨以下的其他船舶进行合作，投资建立船舶制造和配套设备厂或对印度尼西亚进行技术转让等。

③提供融资扶持。船舶的出口需要占用大量的资金，这会给船东带来巨大的压力。此外在船舶建造的时候，船厂需要垫付大量的资金，而大批的资金垫付只能在交船后方可回笼，船厂会面临无法收回货款的风险。因此，对船舶的出口进行投融资政策的扶持非常重要。一是采取出口退免税的做法；二是积极实施银行信贷支持造船业务，给予更优惠的信贷条件，提供低息贷款或国家担保贷款，推广融资租赁方式。也可以借鉴国外海事基金的做法，募集投资者的资金投资船舶产业，创新金融工具。可以参考青岛北海船厂下水的超大型40万吨矿砂船建设项目的方式，该船舶是工银租赁与招商轮船合作的淡水河谷超大型矿砂船项目下新建的一艘船舶，"充分依托工商银行集团综合化金融服务，利用租赁平台跨行

业整合境内境外资源，对支持国内造船产业转型升级，支持实体经济发展起到了积极作用"，利用好租赁平台为中国与东盟国家的海洋船舶产业的发展提供金融支持。

（5）海洋交通运输业。①亚太地区已经成为世界集装箱港口的重要集中地，但中国港口基础设施的质量，距离新加坡及马来西亚还有一定的差距。为了使港口运行效率提高，中国应该对港口的设备进行升级，疏浚水道，多开辟深水航道，整合航运资源积极打造可与港口实现配套衔接的现代化航空、公路、铁路相结合的交通网络来提升港口性能。根据东南亚港口采用枢纽港和辐射港的布局特点，加强中国港口与国际和区域主干航线的联系，发展多式联运体系，并且与东盟各国尽快落实中国－东盟运输便利化协议，简化相关运输手续，实现港口电子数据共享。海上互联互通合作作为海洋合作的重要方面，对交通基础设施相对落后的东盟国家，中国还可以发挥优势承包其港口基建工程项目。

②打造多层次的国际物流产业园区。国际物流产业园（区）一般会分区和分功能建设❶，是开展物流产业合作的重要载体。当前，中国－东盟已建有物流产业合作园区，但尚未进行统一规划和资源整合，未形成规模效应，因此应对现有物流园区进行整合，打造一批与东盟合作的国家级、区域性多层次的物流产业园区。

③大力开展基础设施建设。引入PPP的融资模式开展交通基础设施的建设，包括港口、铁路、公路等交通网络的项目，结合亚投行的资金支持，大力推进中国与东盟国家的水路、公路、铁路、航空、信息通信和网络化建设。

三、港口互联互通政策*

第八届东盟首脑会议通过了《东盟互联互通总体规划》，在第十七次中国－东盟"10+1"领导人会议上，李克强总理再次强调要加快互联互通基础网的建设。近年来中国与东盟陆上互联互通建设已经取得了很大的进展，但中国与东盟港口互联互通还相对滞后。

---

❶ 一般有"三大区"（产业物流区、综合物流区、保税物流区）"九大功能"（口岸、货物集散、商品检验、配送、流通加工、仓储、运输、物流信息服务和综合商贸九项功能）。

* 本节部分内容已发表于《对外经贸实务》，2018年第2期，第22-25页。

(一) 政策效应

中国与东盟国家在开展港口互联互通中,中国重要的节点港口有北部湾港、广州港、深圳港、湛江港、厦门港、福州港、泉州港、海口港等,东盟国家的节点港口则主要有新加坡港、马来西亚的巴生港等,泰国曼谷港、印度尼西亚丹绒不碌港、越南胡志明港等、柬埔寨西哈努克港等(见表6-12)。

表6-12 中国与东南亚主要港口

国家	主要港口
中国	海港:北部湾港、广州港、深圳港、湛江港、厦门港、福州港、泉州港、海口港
文莱	海港:穆阿拉、斯里巴加湾、马来亦、卢穆
柬埔寨	海港:西哈努克
印度尼西亚	海港:丹绒不碌、泗水(丹绒佩拉)、三宝垄、勿拉湾
老挝	河港:沙湾拿吉
马来西亚	海港:巴生港、槟城、关丹、新山、纳闽(拉布安)、哥打基纳巴卢。河港:古晋
缅甸	海港:仰光 河港:勃生
菲律宾	海港:宿务、马尼拉、怡朗、三宝颜
新加坡	海港:新加坡
泰国	海港:宋卡、普吉。河港:曼谷
越南	海港:海防、岘港、金兰湾、广宁、炉门、归仁、义安、芽庄、西贡、胡志明港

资料来源:《中国—东盟年鉴2012》,线装书局,2012年。

1. 中国与东盟国家港口互联互通建设的对接政策效应

(1) 双方港口城市合作网络的建设。2016年,中国—东盟港口城市合作网络在广西钦州开启了3个重要合作项目,分别是中国—东盟物流信息中心、中国—东盟航线和航线服务项目及水上训练基地,中国—东盟港口物流信息中心一期工程的完成,加强了钦州港与东盟港口物流信息高效互联互通。目前,已经顺利开展了港口城市合作网络首期7个项目,开通了5条外贸集装箱班轮航线。中国—东盟国家航运服务的配套项目,包括中国—东盟海上搜救分中心、海洋气象监测预警基地中心、水上训练基地、中国—东盟海事法庭等，都已经开工建设。中国—东盟港口合作网络覆盖越来越广，海上航线不断加密，开通的"北部湾钦州—越南—新加坡—关丹"航线，使北部湾港货物可以借新加坡为中转港，运到全球其他地区。在2018年5月举行的中国—东盟港口城市合作网络会议上，各方成员希望有越来越多的合作伙伴加入网络，形成友好城市合作圈，共同建设合作网络。截至2018年，中国北部湾港已经与新加坡、马来西亚、印度尼西亚、泰国、越南等国开展航线或港口建设与运营的合作，港口合作网络项目建设进展顺利。

（2）双方港口的注资与并购。继2014年广西北部湾港务集团入股马来西亚关丹港、2015年广西北部湾集团与新加坡港务集团、新加坡太平船务公司共同经营钦州港、共同投资设立北部湾国际码头管理公司后，2017年，中国加强了对海外港口的入股和投资。2017年1月19日，中国国际信托投资公司同意购买具有战略意义的皎漂港70%股份，中国公司准备参与若开邦皎漂港的升级改造。2017年9月15日，广西北部湾国际港务集团分别与文莱达鲁萨兰资产管理公司签署文莱摩拉港注资协议和文莱物流园开发建设谅解备忘录，接管后大大提升了摩拉港的操作效率和服务质量。接下来，广西北部湾港务集团还会与印度尼西亚、菲律宾、越南等其他东盟国家进行港口并购和投资的合作，以吸引更多的企业对东盟国家的港口进行投资。

（3）中马港口联盟的推进。2015年11月，中国交通运输部与马来西亚交通部共同签署《建立港口联盟关系的谅解备忘录》，正式组建"中马港口联盟"。2017年9月，第二届中马港口联盟会议同意接纳中国天津港集团有限公司以及马来西亚甘马挽、沙巴和古晋3个港务局成为新的联盟成员。目前"中马港口联盟"覆盖了12个中方港口和9个马方港口，双方港口联系也更加密切。结合2019年第一季度福州港、厦门港、广州港、深圳港、北部湾港、海口港的货物吞吐量统计，也可以看出中马港口往来越来越密切，港口货物吞吐量不断上升。另外，自"中马港口联盟"成立以来，双方成员单位间互动加强，往来日益频繁，合资合作取得了新进展。中方有关港口企业参与的马六甲皇京港项目正在有序推进，未来将建成深水补给码头和临海工业园（见表6-13）。

表 6-13 中马港口联盟 2019 年第一季度吞吐量统计

港口名称	货物吞吐量		外贸吞吐量		集装箱吞吐量	
	自年初累计（万吨）	累计为去年同期（%）	自年初累计（万吨）	累计为去年同期（%）	自年初累计（万吨）	累计为去年同期（%）
福州港	4468.0	111.1	1569	90.5	81	104.0
厦门港	5025.0	107.3	2345	100.0	269	108.1
广州港	14208.0	110.3	3263	104.4	528	108.8
深圳港	5740.0	101.1	4194	96.9	605	101.4
北部湾港	5621.0	111.6	3135	104.3	70	133.1
海口港	3.4	105.2	86	87.7	44	118.7

资料来源：中国交通运输部网站。

（4）港口航运合作机制的建设。中国与东盟已就海洋运输建立起长效的对话合作机制。《中国－东盟交通合作谅解备忘录》2004 年签订，建立了中国－东盟港口合作机制，此后于 2017 年签订了《南宁共识》(《中国－东盟港口发展与合作联合声明》)、《中国－东盟海运协定》(2008 年双方就海运磋商建立了年度会议机制)。中国与泰国、老挝等国开始联合巡航湄公河航线，积极规划中国—中南半岛经济走廊建设。2013 年 9 月，中国－东盟互联互通交通部长特别会议签署了《中国－东盟互联互通交通部长特别会议联合声明》，强调在开展陆上互联互通合作的同时，积极利用新设立的中国－东盟海上合作基金，开展海上合作工作。同月，举行了中国－东盟港口城市合作网络论坛，正式成立以钦州市为基地的中国－东盟港口城市合作网络，并签署了《中国－东盟港口城市合作网络论坛宣言》。2018 年 5 月 24 日，中国－东盟港口城市合作网络工作会议上，据专家介绍，港口城市合作网络工作机制已经初步建立，海上航线不断加密，中国港口至东盟国家港口班轮航线超过 150 条，其中北部湾已经开通至东盟各国的港口航线达到 14 条。

（二）中国与东盟国家港口互联互通建设存在的问题

1. 技术标准对接不完善

实现港口物流系统高效率需要建立标准化体系。由于中国与东盟国家在港口配合方面还不够协调，缺乏技术标准，在港口物流基础标准、港口物流技术标准、港口物流信息标准、港口物流管理标准、港口物流服务标准这 5 个方面上还没有实现标准化的完全对接，导致中国与东盟国家港口建设的标准化程度较低。中国的物流标准系统比较完善，基本采用了国际标准，马来西亚、印度尼西亚、菲律宾港口物流标准采用了上述 5 个标准，新加坡、泰国、越南的港口物流标准都采用了上述 4 个标准，缺少了港口物流服务标准。东盟国家物流标准都采用了国际标准，但各个国家侧重点不同，发展较不平衡，标准数量较少而且比较单一，在中国与东盟之间还没有形成统一的标准体系。港口技术标准的有效对接可以加强中国与东盟国家港口的互联互通，未来如何建设高效的标准体系，是一个值得重视的问题。

2. 基础设施能力不足

中国－东盟欠发达地区的交通基础设施建设、港口泊位、航线建设还有很多的问题需要解决。在东盟国家中，新加坡和马来西亚的基础设施较好，其他国家的基础设施较差，如老挝、柬埔寨、印度尼西亚、菲律宾的港口建设严重不足，设备陈旧。在中国与东盟国家依据全球航运中心评价结果的三个层次的水平中，只有中国的部分港口、新加坡的新加坡港、马来西亚的巴生港、丹戎帕拉帕斯港符合标准。由此可见，除中国、新加坡、马来西亚外，其余东盟国家的港口发展水平还很落后。2018 年世界银行发布的物流绩效指数数据显示，中国物流绩效指数为 3.61，全球排名 26 位，东盟国家中，排名最靠前的是新加坡为 4.00，为第 7 位。其他东盟国家物流绩效指数处于 2.00～3.30，排名靠后。数据进一步表明东盟欠发达地区交通与物流的便利化程度较低，各国港口的集疏运水平相差较大，港口泊位、运输设备都明显不足，需要进一步加强基础设施的建设。

3. 建设资金不足

中国－东盟港口互联互通建设因为存在较高的基础设施建设风险，投资金额大、回收周期很长，而且东盟国家建设资金短缺、又缺少良好的协作机制，造成建设资金缺口较大，这是重要的制约因素。例如，根据亚洲开发银行的研究，2016—2020 年，越南基础设施建设所需资金为 1040 亿～1095 亿美元，预计越南财政和国际上援助等资金仅能满足 50% 的需求。从 2010—2020 年，亚洲地区所需要的基础设施建设的资金大约是 8 万亿美元，每年平均约是 8000 亿美元，亚洲开发银行和世界银行每年在亚洲地区基础设施的投资只有300亿美元左右。巨大的资金缺口如何解决，是基础设施建设面临的一个重大问题，可以通过金融创新的方式，由政府和企业共同投资基础设施建设，来达到一个长期稳定回报的效果。

4. 物流信息不畅通

首先，中国与东盟国家的港口大部分物流水平仍比较低，比如新加坡、马来西亚、中国的信息通信技术使用范围相对较高，但其他东盟国家信息化水平低于世界平均水平，还处在使用电话、人工操作的阶段，物流信息化和标准化程度都不高，信息传递不通畅、不对称信息的存在等都严重制约了各国港口互联互通的水平。其次，很多东盟国家港口尚未与我国港口实现双向的信息交互，各港口节点还没有完全设立，信息管理系统还没有得到充分的应用。最后，中国与东盟各国还没有完全建设一个开放、共享的资源要素整合平台，尚未实现合作区域内各国物流数据的互通。因此，还须加强建立物流信息网络衔接，共建港口物流公共信息平台，共享商贸信息，提高服务信息化水平。

（三）政策建议

1. 重视沟通交流，增强战略

制约中国与东盟关系发展最关键的因素就是战略互信问题。在加快推进中国与东盟国家港口互联互通的过程中，中国与东盟国家都要持更加开放的政策，都要相互学习和妥协，以促进双边社会人文交流，提高区域一体化程度，并以和平沟通和协商的方式避免发生冲突。另外，也需要进行产业链条和资源的重新组合，通过更完善的国际分工和资源合理分配，减少因产品同质化造成的竞争关系，化解利益冲突和矛盾，加强中国与东盟国家的双边合作，增强战略互信。同时，应该加强官方和民间的沟通交流，只有民心相通和政治互信，才能避免因政府和民众意见不同造成的矛盾。最重要的是，各国应该以诚相待，充分考虑推动港口基础设施建设的大局，以最大的包容心理解双方的战略意图，只有在相互信任的情况下，才能巩固双方战略伙伴关系，推进互联互通建设，实现中国与东盟国家的互利共赢。

2. 加强港口基础设施建设合作

一是港口码头设施建设。中国与东盟国家应密切合作，加大资金支持力度，巧极构筑海上互联互通网络。首先，港口建设是重中之重，加快推进中国与东盟国家 47 个主要港口的合作，建设中国－东盟港口群。加快通关能力建设，降低通关成本，完善综合技术运输体系，推动 30 万吨的航道建设。其次，加大伊诺瓦底江航道疏通，加大关键航段整修、改造、升级的力度；改善澜沧江—湄公河通航条件；加快中越红河国际航运通道建设，推进红河干线航道治理。最后，加快中马钦州产业园、马中关丹产业园等国际产业园区建设。

二是应加强港口建设与合作，建立高效、可靠的航线。海上运输网络主要由航线和港口组成，航线通过船舶运输工具连接各国的港口，实现货物运输。海洋运输的运行航线是海运物流的主要通道，而港口是海上运输网络体系的枢纽和对外交流的窗口。

三是港口集疏运体系建设。开展本区域内港口与铁路、公路、内河、航空联合集疏运系统建设，促进港口与其他运输方式实现"无缝对接"，要特别重视海铁联运的发展，这也为港口腹地以丰富的资源输出促进经济增长提供了物流条件。例如，"海洋经贸合作圈"中的中南半岛就是中国与东盟国家开展港口物流的重要腹地，海铁联运的集装箱物流网络的建设，将使得中国依托陆地实现进入泰国湾并进入印度洋成为现实。既使得中国西南部地区通过与东盟国家的海陆物流建设获得发展，也使得中国东南部沿海地区可以开拓印度洋沿岸国家的市场，同时也推动了东盟中经济较落后的国家，如缅甸、柬埔寨等依托"海洋经贸合作圈"的港航合作发展经济。

3. 完善港口互联互通合作机制

（1）在中国与东南亚的交通往来中，华南与中南半岛互联互通合作可以从 3 个方向推进：①东线：南宁—新加坡经济走廊，甚至可以延伸为广州—新加坡。该线路最有基础，效益最好。如果从成本核算来看，推进南宁—新加坡经济走廊是最便捷的。该走廊通过的国家多，大部分路段的公路和铁路都是现成的，新加坡到吉隆波的高铁项目已经在规划开建。②中线：从云南昆明南下，经老挝进入泰国。中线开通后，如果东线走不通，从两广（广西、广东）到中南半岛国家也可以绕经云南南下，直达新加坡。③西线：从云南南下缅甸，再经缅甸进入泰国。从目前的外交和资本准备情况看，很可能西线最先开通。这是中国内陆南下印度洋的便捷通道。

（2）广西方面。结合《东盟互联互通总体规划》，广西北部湾港开展"一港、三域、八区、多港点"的港口布局体系："一港"即广西北部湾港；"三域"指防城港域、钦州港域和北海港域；"八区"指广西北部湾港规划区内重点发展的八个枢纽港区（渔万港区、企沙西港区、龙门港区、金谷港区、大榄坪港区、石步岭港区、铁山港西港区、铁山港东港区）；"多港点"指主要为当地生产生活及旅游客运服务的规模较小的港点。提升北部湾连接西南、中南直通东盟的海上运输能力，打造北部湾区域性国际航运中心，加快发展临港现代化产业。规划加快建设集装箱泊位，建设大能力泊位以及深水航道，建设"无水港"即相关物流网络，加快完善集疏运体系，大力推进海铁、海空、水运等多式联运形成联通西南、中南地区的经济走廊，以内陆城市为腹地，推动产品通过物流体系流向北部湾港。例如，南宁—新加坡经济走廊要充分发挥一廊连七国的陆上国际通道优势，加强沿线国家和城市经济合作。

（3）广东、福建等省。广东与东盟国家没有接壤，但濒临南海，与同是南海海域的东盟各国开展海洋合作，既有欠发达的湛江港，又有实力雄厚的广州港、深圳港等，又与港澳地区经一体化建设进展良好，在"海洋经贸合作圈"的中部的中心区与印度尼西亚、马来西亚等国开展港航国际合作，也可以通过湛江港和东盟海陆国家进行海铁、海路交通建设，建设成为"海洋经贸合作圈"中的国际航运中心。海南作为海岛，海运具有自己的特点，可以将海口港、洋浦港建设成为面向东南亚的航运枢纽和物流中心。福建省可以发展成为海洋产品的物流集散地和交易中心。

4. 建设港口物流信息合作平台

"海洋经贸合作圈"的港口产业资源丰富，在各中国的战略规划、资源环境、交通中等都有重要的地位，但"海洋经贸合作圈"内的港口大部分物流水平较低，物流信息化和标准化程度不高，信息传递不通畅、不对称信息的存在等都严重制约了"海洋经贸合作圈"内的各国港口合作的水平。港口作为中国与东盟国家海洋经贸合作的物流载体，已经不单纯是传统的装卸、存储业务，更多地涉及资源的优化配置,信息决定了港口是否能为物流带来效益,因此,需要建设和完善港口物流信息平台,对之进行整合,可以将港口的集装箱、车辆、船舶、仓储等管理内容集成为一个系统进行整合,如整合港航物流作业过程中的各种动态信息,建立港航物流综合信息资源库,完善统一的信息发布机制。具体包括:航线查询、船期查询、单箱查询、场内盘存、进出闸动态、装卸船动态、危险品审核、场区设备与作业动态等。一是收集"海洋经贸合作圈"内各国政府物流相关部门、各种物流协会、物流行业和生产行业中涉及的港航物流的相关信息,对之进行统一的存储、管理和分类,通过信息公告板对这些最新资讯、政策、公告、工作措施、行业新闻和统计数据进行有组织的发布;二是发布物流节点单位的物流信息,如航线、船期、运力运价、码头操作、海关操作、国检操作、交通等公共信息;三是挂载中国与东盟国家的物流企业网页,为物流企业、生产企业提供统一网页制作和挂载服务,以便统一管理、整合和收集港航物流行业信息,同时利用公共商务资源协助中小型物流企业的推广和发展;四是港航物流一般业务查询,如港航业务、集装箱、报关、货物、提单、运价、企业信息和人才信息查询;五是提供各国公共供需平台,供各物流供需行业自主发布的信息平台。

5. 推进次区域合作

中国应该继续加强对大湄公河次区域和泛北部湾这两个主要的次区域经济合作的支持力度。对于大湄公河次区域经济合作,中国应该加强与缅甸、泰国、柬埔寨和越南等国的交流和沟通,建立广泛而稳定的协调机制和合作平台。其一,加快推进"三纵两横"经济走廊构想的实施,完善交通基础设施建设,如泛亚铁路的建设,加强澜沧江—湄公河的国际航运合作,扩大与缅甸、老挝、泰国、柬埔寨和越南等国的航空运输安排,形成完整的陆海空立体交通网络,减少运输成本,推进次区域的经济发展。其二,对于泛北部湾的经济合作,中国应尽快建立务实的合作机制,完善资金、人才、技术引进机制,增强中国与泛北部湾其他国家的互补性,利于在更大的范围内整合有限资源,提高资源利用效率,将过去"弱—弱"型合作转变为"强—弱"型合作,增强泛北部湾的经济发展活力。

6. 相互投资持股港口,共同经营与合作

港口合作可以有很多形式,采取共同投资同一个港口的建设方式,这也更能增进港口间的密切关系。可以参考纽约港和新泽西港的模式，纽约港和新泽西港合称纽约—新泽西港，两港的港务局财务各自独立，共同进行港口码头建设、桥梁隧道建设，把建好的码头设施出租给船公司，港口建立后已成为美国东部第一大港口。该模式是美国国内两州合建港口，可以借鉴发展为两国之间合建港口的方式。此外，也可以参考中国与东盟的马来西亚创立的中国—马来西亚两国双园模式，该模式中，广西北部湾国际港务集团收购了关丹港的股权成为股东之一，参与港口的经营规划，与港口的马来西亚方投资人一起对港口的深水码头、港口的吞吐能力等进行建设。参考此模式，"海洋经贸合作圈"内可以在相邻的两个港口间开展相互投资，相互持股，共同参与港口的开发和建设，如修建和出租港口码头，开发港口业务、建设港船航道、入港疏通道路等，在一定条件下，甚至可以共同新建一个港口，实现港口合作更高层次的一体化。

7. 加强金融创新，拓宽融资渠道

在加快推进中国—东盟港口互联互通的过程中，不论是双方的国家金融机构还是民间金融组织，都要进一步开放、创新，不断拓宽融资渠道，这是不可缺少的条件。对中方来说，鼓励中国企业积极参与双边港口基础设施建设的投资，不仅有利于促进两国港口互联互通合作，达到外部效益内部化的效果，还能缩短运输时间，为当地提供就业，提高消费，增加税收，带动经济增长。例如，让企业直接参与港口基础设施的投资运营，之后再交由政府管理，这样可以让港口基础设施建设变成一个可以投资的项目，能够为港口建设带来长期稳定的回报，解决基础设施建设周期长，难以实现回报的瓶颈。也可以发行政府债券融资，选择港口发展较好的城市作为融资的试点城市推进港口建设。还可以大力引进外资，通过亚投行、世界上各种基金会和世界银行集中闲散资金对基础设施建设的资金缺口进行援助。除此之外，物流便利化、通关便利化的实现，都会有利于加快资金周转。

四、海洋人才培养政策

（一）国家层面

1. 构建海洋人才培养高层对话机制

在"21世纪海上丝绸之路"和中国－东盟自由贸易区的框架下，中国与东盟各国政府应为海洋人才培养构建高层对话平台。中国与东盟已举办了一系列以"21世纪海上丝绸之路"为主题的国际峰会、论坛和研讨会，应在未来构建一个海洋人才培养高层对话机制。该对话机制以每年召开一次为宜，由中国与东盟各国轮流主办，并与现行的"中国－东盟教育部长圆桌会议"和"中国－东盟教育交流周"进行整合。"中国－东盟教育部长圆桌会议"和"中国－东盟教育交流周"是在自由贸易区"10+1"框架下建立的平台。但是，作为中国与东盟教育领域高层磋商机制的"中国－东盟教育部长圆桌会议"，从2010年至今只举行了两届，而且也没有制订专门针对海洋人才培养的合作规划与合作项目，这显然已经不能适应"21世纪海上丝绸之路"和"2+7合作框架"等重大倡议的要求，也不利于中国与东盟关系步入"钻石十年"新阶段的发展。所以，中国与东盟定期举行海洋人才培养高层对话机制，可以沟通和协调各国在海洋人才培养方面所存在的差异，指导和监督海洋人才培养合作活动，协商解决海洋人才培养合作实际遇到的困难，总结上一年度合作的进展与不足，商讨制订下一年度的合作目标、计划与事宜。

2. 建立海洋人才培养合作专门机构

中国与东盟应借鉴国际上通行的做法，建立海洋人才培养合作的专门机构。该机构应是一个常设机构，由中国与东盟各国的教育官员或代表组成，具体职责应包括：在行政事务方面，该机构负责执行中国与东盟政府间签署的双边海洋人才培养合作协议，组织实施和管理协调政府间海洋人才培养合作项目，互派和接待政府间海洋人才培养代表团，管理有关海洋人才培养事业的资助和捐赠，提供海洋人才培养咨询服务，举办各类海洋人才培养论坛和展览；在教育研究方面，该机构负责开展中国与东盟海洋人才培养的专门研究，对各国院校的专业和课程设置、学历和学分互认、校际科研交流合作、师生交换与联合培养进行具体指导，使中国与东盟海洋人才培养走向国际化、标准化和系统化。

3. 完善海洋人才培养合作相关法规

中国与东盟海洋人才培养合作需要明确的法律政策进行规范和支持，为合作提供法律保障。中国与东盟应建立健全海洋人才培养合作的相关法规，完善海洋人才合作的法治环境。中国与东盟应根据双方国情、合作现状，在有关海洋人才培养的合作办学、学历学位互认、学分积累与转化、科研交流合作、人才联合培养、留学生管理、教育质量评价与保障、产学研合作等领域构建和完善法律法规。只有健全区域内海洋人才培养合作的相关法规，推进区域内海洋人才培养合作的法治化，才能促进中国与东盟海洋人才培养合作与国际通行规则相接轨，实现更高程度的法治化和规范化。

4. 建立海洋人才培养合作机制

第一，中国与东盟国家应制定合理的"中国与东盟海洋人才培养合作计划"，由海洋人才培养合作的专门机构负责该计划的实施与保障，并定期进行评估和改进。第二，各国政府应扩大院校和科研机构开展国际交流与合作的自主权，并对院校和科研机构的国际交流与合作加强宏观管理和指导。第三，中国与东盟要给予区域内海洋人才流动便利，实现区域内海洋人才流动的常态化和规模化。第四，中国与东盟国家要发挥各国院校和科研机构的各自优势，实现优势互补和资源整合，提升海洋人才培养合作的质量。第五，中国与东盟国家要根据涉海领域的发展需求，合理调整海洋人才培养的数量与结构，以适应各涉海领域的发展。第六，中国与东盟国家要实现海洋科研成果的交流与共享，并建立海洋科研成果向实践应用转化的机制。

5. 加大对院校的政策引导和支持

鉴于中国已将"海洋强国"列为国家战略，海洋产业和海洋经济成为中国经济发展的新方向。但是，中国海洋人才培养的现状远不能满足"海洋强国"战略和海洋经济发展的需要，具体表现在涉海教育研究机构数量不足、海洋学科专业设置不尽合理、海洋人才培养模式固化等。中国要从国家层面重视海洋人才培养，加大对院校的投入，借鉴国际先进经验，通过国家政策引导和扶持院校在学科专业建设、人才培养模式创新、师资队伍建设、产学研平台建设等方面的发展，从而达到通过发展海洋教育来实现"海洋强国"的目的，也确保中国在与东盟国家开展海洋人才培养的合作中保持优势地位。

（二）院校层面

1. 建设具有高水准的师资队伍

第一，院校要加快培养各种海洋学科带头人，由学科带头人发挥领军作用，带领全体教师向教育和科研的更高水准进军。第二，院校要设立专项的师资培养基金，加大对师资培养的基金支持，解决师资培养所需资金紧缺的问题。第三，院校可以设立海外高级人才引进机制，积极吸引海外高级人才来中国从事教育或科研工作，带动整体师资水平迅速提高。第四，院校可以选派优秀骨干教师出国培训、进修，学习国外先进教学经验或开展科研合作，引进国外先进教育理念和科研方法。

2. 规划科学合理的涉海学科专业

第一，院校在学科专业的设置上要借鉴国际经验，学科专业名称、结构要与国际接轨，保证学科专业设置符合国际规范和发展趋势。第二，院校要考虑中国与东盟国家海洋经济、海洋政治、海洋文化的发展特点，根据本区域实际情况规划具有本区域特色的涉海学科专业，使院校成为中国与东盟国家海洋人才的摇篮，促进本区域海洋经济和海洋产业的发展。第三，院校要加强海洋综合学科建设，注重多学科交叉渗透在海洋人才培养中的作用，为高层次、综合的海洋人才培养提供机制保障。第四，院校可以借助产学研平台带动学科专业建设，从国家需求的角度来规划学科专业建设，重视海洋基础研究人才的培养。

3. 建设创新的海洋人才培养模式

第一，中国与东盟国家的院校可以推行合作办学，在双方院校的交流、联合中合作培养海洋人才，为交换生、留学生的跨国学习和联合培养给予便利。第二，中国与东盟国家的院校要加强学术交流和合作，尤其是校际间人才联合培养的学术研究，消除阻碍人员流动的观念和制度障碍。第三，中国与东盟国家的院校要建立教育质量监控体系，对人才培养计划、教师教学安排、学生学习效果、管理进行定期检查,并及时解决发现的问题。第四,中国与东盟国家的院校要改革教育保障机制,实行弹性学习制度,有效执行学分和学历互认制度,允许跨国、跨校分阶段完成学业。

4. 建立区域内的产学研平台

第一,中国与东盟国家的院校可以与区域内的海洋科研机构、海洋企业签订人才培养合作协议,既与海洋科研机构联合培养科研型海洋人才,又与海洋企业联合培养技能型海洋人才。第二,设立中国与东盟国家产学研平台合作委员会,指导和鼓励院校、海洋科研机构、海洋企业充分发挥各自优势,联合制订关于实训基地建设和科研项目开发的长期稳定合作计划。第三,中国与东盟国家的院校要与地区海洋部门联手,努力推动特色学科专业建设和人才培养模式创新,实现院校与地方政府的合作。第四,中国与东盟国家的院校要与海洋基层服务体系合作,向海洋基层服务体系提供技术推广和技术支持,提高海洋基层服务体系的技术水平,引导学生到海洋基层服务体系实习、就业和创业。

五、海洋科研合作政策

关于海洋科研的定义方面,在1982年颁布的《联合国海洋法公约》(*United Nations Convention on the Law of the Sea*,UNCLOS)中,并没有对此做出明确的定义。冯寿波(2014)在仔细研究后认为,UNCLOS虽然有150多个缔约国,且成功构建起了现代国际海洋法法制,但是其中仍然存在众多模糊和缺失。专属经济区(Exclusive Economic Zone,EEZ)和大陆架制度的确立导致了沿海国管辖权范围的扩张以及公海自由空间的压缩,海洋科学研究(the mas sample return,MSR)活动日益国际化,MSR和军事测量活动的关系及军事测量活动的合法性问题都存在争议。不同国家对不同海域等MSR活动控制程度不同。UNCLOS方面没有明确的规定,这就相当于是把问题抛给了各个沿海国家,让它们各自进行判断和选择。基于此,本书认为海洋科研是各国或地区政府在海洋各领域开展的科学研究活动。

第六章　政策与措施

（一）政策效应

中国与东盟国家的海洋部门高层领导建立起了海洋科研互访和对话机制，成立了中国－东盟海洋科技合作的政府间、机构间的合作机制与平台，与东盟多国签署了政府间海洋合作协议或谅解备忘录，签署了一批国际合作协议。在一系列的政策下，中国与东盟国家在海洋科研方面取得了不少成效。

菲律宾是中国与东盟国家中最早开展海洋科研合作的国家之一。2011年日本福岛核电站事故后，中国与菲律宾合作评估泄漏的放射性物质运输带来的问题和后果，共同开发了放射性污染物输运扩散预报的技术，为南海周边国家的海上生产、海洋食品等安全和防御决策放射性核物质危害等方面提供技术支持。马来西亚是东盟各国中率先同中国建交的国家之一，中国与马来西亚在海洋科研领域有许多合作，中国与东盟国家的第一个政府间海洋科技合作协议是中国与马来西亚签订的《中华人民共和国政府与马来西亚政府海洋科技合作协议》，协议内容包括了海洋管理、科研与调查、资料交换、生态保护、海洋防灾减灾和海洋政策等众多领域。中马双方开展了多种类型的海洋科研合作，为中马地区的防灾减灾、航运安全和生态环境保护提供了科技支持，也为协议涵盖的海洋科技合作的内容等提供了基本依据。截至2018年，中国和马来西亚合作开展的海洋科研项目有中马业务化海洋数值预报系统合作项目、南海南部"源—汇"过程合作调查研究、中—马文莱湾生态合作研究等，通过建立海洋数值预报系统，提升中国与马来西亚周边海域的海洋环境预报能力，为该地区的防灾减灾、航运安全和生态环境保护提供科技支持。此外中马还合作研究海豚和海龟等濒危动物的种群现状和多样性，利用现代科学技术方法促进对濒危海洋生物的认知和保护。中国与柬埔寨2012年以来在海洋领域的科研合作进展迅速，中国国家海洋局与柬埔寨政府部门、大学签订了一批备忘录，在联合专家学者互访、科学研究、联合研讨会、研究生交流及相关学术培训等方面开展合作。中国国家海洋局及其下属研究所2012年以来与缅甸开展了多个项目的科研合作，2015年还建立了部门间合作机制。中国与印度尼西亚从2006年开始就在海洋科研领域开展了诸多合作。双方的海洋科研合作开展得如火如荼。中国与印度尼西亚海洋科研合作的几个主要合作单位都直接隶属于各自国家政府，两国之间的科技合作多在政府机构之间开展。中方的主要合作参与部门为中国国家海洋局及下属研究所，印度尼西亚方则是印度尼西亚海洋与渔业研究局、印度尼西亚海洋与渔业部两个部门。其中印度尼西亚科学院海洋研究中心已与中国科学院海洋研究所建立了长期的合作研究关系。两国开展海洋科研合作的领域涉及气候观测及研究、海洋数据采集以及海洋考古等多方面，都属于低敏感科研领域。其中在气候观测及研究领域，是双方科研合作成功的一个范例。中国—印度尼西亚海洋与气候联合研究中心从最初是合作项目，2012年上升成为国家级合作平台，其职能和开展科研的便利性都有了很大的提升。在海洋生态环境科研合作方面，中国与印度尼西亚、泰国、马来西亚等开展了季风观测、海岸侵蚀研究等合作项目。

（二）开展海洋科研合作的政策建议

1. 巩固双方交流机制

应建立完善双方高层领导的对话机制，加强沟通与协调，通过高层领导互访、签订合作协议和谅解备忘录等方式，开展中国与东盟国家之间的海洋科技合作。双方应尽快完善各自的国内相关立法，出台协同性的政策，签署更多有利于海洋科研合作开展的协议、备忘录等，以此为海洋科研合作的深入开展铺平道路。因为UNCLOS中缺乏对海洋科研合作的定义，因此中国与东盟国家在开展海上科研合作项目时，应当通过这些双边协议来避免日后产生不必要的纠纷。此外，随着"一带一路"的推进，中国可以邀请东盟国家的专家学者出席一系列"一带一路"高级别会议，如海上合作论坛、东亚海洋合作平台——黄岛论坛等相关活动，共同推动中国与东盟国家关系的发展，可以有效地促进双方在政治、经济、文化等各方面的发展，也有助于推动海洋领域的合作发展。

2. 加强青年学者互动

中国与东盟国家的青年学者应互邀参加"海洋奖学金项目"，攻读海洋相关专业，利用双方最佳实践条件，不断推动海洋科研工作的开展，如共建联合观测站和海洋验潮站，加强在海洋信息资料收集、现代海洋科学仪器装备开发、应用与维护、海洋环境观测与调查、海洋气候变化等领域的交流与合作。中国还可以定期邀请东盟国家的学者来中国出席发展中国家海洋部长培训班、海洋学术研讨会等培训项目，加深双方海洋部门间的相互了解，促进海洋管理者和学者间的相互交流，推动双方在海洋科学研究、海洋资源开发与管理、海洋防灾减灾、学位教育、能力建设等领域的高效合作，在海洋及科技管理部门和科研机构间建立更加紧密的合作关系，推动开展互利互惠的合作项目。

3. 加强科研创新

中国和东盟国家很早就开始了海洋合作的探索。近年来，中国国家海洋局与东盟国家海洋管理部门及科研院所建立了稳定的海洋合作机制，共同实施了一批合作项目，推动海洋科技合作已成为各方的共识。纵观前期的中国与东盟国家的海洋科研合作，大多是通过政府主导的方式展开。当然，政府的主导有其优点，表现为合作层次高，成果比较显著。但政府主导的合作也同样存在问题，一是合作思维固化，如一旦提及中国和马来西亚的海洋科研合作，两国甚至整个东盟各国都希望是政府出面干预或者推动，缺乏新的合作思维和合作方式。二是单向性明显，即中国和东盟国家的海洋科研合作经常会出现一方积极推进，而另一方相对被动的局面，如在中马两国的海洋合作历史进程中，中国始终处在主导和推动的位置，这样的合作容易致使合作无法高效地开展。三是非政府层面的民间合作潜力尚未充分发挥和挖掘。目前，中国和东盟国家政府主导的海洋科研合作项目大多在海洋环境保护等领域，双方可以尝试探索设立并发展民间投资基金，为海洋科研提供资助，向探索海洋领域的社会人员提供帮助。此外，中国与东盟国家应适时成立中国－东盟海洋科研院所合作网络，促进资源共享并深化国际合作、定期举办中国－东盟海洋科技合作论坛等，推动中国对整个东盟的海洋合作，使之形成一个系统化、创新化、现代化的合作机制与体制，从而提高中国和东盟国家海洋科研的整体实力，这也有助于中国和东盟国家在海洋领域的合作和科研项目的推进。

4. 实行多样化的海洋科研合作形式

中国与东盟国家的海洋科研合作可采取的形式有：

（1）主体合作的形式。主体合作的形式指的是从主体角度出发，政府、企业、大学或科研机构等共同协作，建立中国与东盟国家的科研合作网络。在这个网络中，政府是科研合作的组织者和协调者，政府主要是通过制定政策来构建合作的软硬环境，如签订双边合作协议、备忘录等，为双方提供科研合作的机会，改善交通、通信等环境来构建合作的硬环境，通过提供金融服务、健全的科研法律法规等鼓励微观主体积极参与双边的科研合作等；企业是具体的实施主体，通过实践中的科研合作活动推动双边科研水平的提高，如企业通过在东盟国家跨国投资、成立合资公司投资带动科研转移，进行科研技术转让，双边国家的企业就某一具体项目开展合作等；大学科研机构是知识和技术的提供者和创新者，不但产生大量的创新知识，也培养和提供大量的高素质人才。主体合作的海洋科研合作形式，能从主观能动性上实现中国与东盟国家在海洋科研上的合作。

实践中，关于这类模式可以采取的具体形式如下。

①政府—政府科研合作形式。主要是两国政府间合作，如2009年中国与东盟国家的第一个政府间海洋科技合作协议——《中华人民共和国政府与马来西亚政府海洋科技合作协议》就是典型的模式。这种模式的特点是政府在更宏观的层面对双方海洋科研产业合作的范围、内容、方式做出战略性的规划，成为两国海洋科研产业合作的长期性指导文件。

②企业—企业的科研合作形式。例如，中国和东盟国家的企业间，根据某个海洋经济合作项目基于技术差异开展的各种形式的科研合作。典型例子是2013年马来西亚富海科资源有限公司与四川通威股份集团公司签订的合作框架协议，其中关于水产养殖技术合作意向协议书，双方合作方向包括以下几个方面：一是通威集团有限公司向马来西亚皆富海科资源公司提供技术转让服务，包括：智能养殖技术、鱼菜共生技术等；二是通威集团有限公司向马来西亚富海科资源有限公司提供水产饲料销售、海产品加工和贸易等渠道建设贸易合作；三是双方进行交流、培训等其他合作。

③大学或科研机构—大学或科研机构的科研合作形式。指的是双方的大学或者科研机构间基于互补或联盟而开展的科研合作。例如，中国国家海洋局海洋研究所与泰国普吉海洋生物中心的海洋科研产业合作，2010年的中泰海岸侵蚀合作研究，2011年，在泰国湾联合建立联合观测站，2012年起，开展海豚、珊瑚礁等濒危生物和毒性水母合作研究等。

④政府—企业的科研合作形式。指的是政府与企业签订的合作协议、开展的科研合作，政府给予企业在海洋科技上的研发、金融、基础设施等的支持，企业根据双方合作项目要求组织科技攻关，完成协议内容。目前，海洋科研产业合作领域政府与企业的合作尚无成功和成熟的案例，但未来此形式应有发展前景，可以在"海洋经贸合作圈"中，由区域合作机构代表区域内的国家与区域内的企业

签订海洋科研产业合作协议，以项目为导向，以项目合作为节点，与其他合作形式一起构建科研合作网络，推动区域内的海洋科研产业水平的提高。

⑤政府—大学或科研机构的科研合作形式。指的是政府与大学或科研机构达成合作协议或共识，政府提供合作项目，大学或科研机构参与提供科技成果和人才的一种形式。例如，中国国家海洋局第一海洋研究所与印度尼西亚海洋与渔业部海洋与渔业研究局的海洋科研产业合作，2013年7月，双方签署"末次冰期以来东北印度洋古气候和古环境沉积记录"合作协议；2014年起，双方联合开展的东印度洋地质与古气候调查研究以及2014年12月组织实施中国——印度尼西亚海洋地质和底栖生物联合调查航次；2015年起，联合开展印度尼西亚贯穿流区水交换、内波与混合研究等都属于这类形式。

⑥企业—大学或科研机构的科研合作形式。主要是两国的企业和大学或科研机构间的合作，这类合作可以是企业提供资金，大学或科研机构进行科技研发，提供技术；也可以是企业提供技术，大学或科研机构负责技术的指导、改进、测度分析。例如，2012年7月，通威集团有限公司与越南胡志明农林大学2012—2015年合作开展《中越发展环保碳汇渔业，防止养殖内源性污染合作研究》，并签署科研合作项目协议书。双方采用的合作方式是通威集团有限公司向越南输出三项科研核心技术，并与越方建立联合实验室，形成"环保网箱鱼体排泄物收集碳汇渔业示范基地"及"池塘底排污水处理系统，水资源循环利用示范基地"。通威集团有限公司负责相关专利、技术的输出，包括指导设施改造、安装、调试及监测；越南胡志明农林大学负责对技术输出示范区的水生、水化等指标进行采样、测定、分析及总结。该项合作项目取得了不少成效：双方联合在越南当地举办水产技术培训班，累计培训养殖户2000余人；创新研究了适合本地"池塘、网箱养殖防止内源性污染工程装备"，通威集团有限公司光合细菌水处理技术产品已于2012年9月获得越南前江省政府生产批准。

（2）传统的科研合作与非传统反向的科研合作相结合的形式。传统的科研合作指的是以市场为媒介的技术转移或转让的合作，包括企业对外投资、成立合资公司等带动技术转移、完成技术对接等，或通过贸易的方式实现技术合作，如技术许可证、特许权贸易、技术服务合同、国际分包等；非传统指的是反向的非市场为媒介的技术转移或转让的合作，包括技术人才流动、合作研发、技术援助等。从是否以市场为媒介来看，中国与东盟国家的海洋科研产业合作可以采取传统与非传统结合的模式。一方面，大力推动双边贸易和投资的发展，特别是技术性商品的进出口和对外技术含量高的绿地投资、并购等具体模式；另一方面，大力加强非传统的不完全以市场为媒介的科研合作模式，包括中国与东盟国家间开展留学教育，通过人力资源的流动带动双方的科研合作。人才流动是一种重要的科研合作机制，在中国与东盟国家的科研合作中，可以采取开展留学教育、双边学术访问、国际学者互换等具体做法；也包括了双方合作研发，或者建立科研战略联盟、成立合作实验室、成立合作研究中心等，充分利用国内国外的两个市场和两种资源，协同开展区域性的科研技术攻关，特别是大规模的资源开发区、环境保护与生态合作等可持续的科研合作模式。2014年起国家海洋局第一海洋研究所与马来西亚登嘉楼大学在文莱湾开展濒危动物的生态学联合研究，2012年中泰建立气候与海洋生态系统联合实验室等，都是这类合作模式。

（3）技术合作的平台形式。利用技术合作的各种平台，开展中国与东盟国家海洋科研产业合作的项目，这类平台可以是单一的，也可以是复合型的。在中国与东盟国家的海洋科研合作平台建设中，应更注重建设后者，后者是将技术服务机构、培训和展会合为一体，建立综合性的科研合作平台。目前，建立的中国－东盟技术转移中心（China- ASEAN technology transfer center，CATTC）便是这类模式的典型例子。CATTC是目前中国唯一一家面向东盟的国家级技术转移机构，总部设在广西南宁，由广西科学技术厅牵头建设和管理。该中心提供的主要服务为：提供有价值的中国和东盟国家技术供需信息；组织高层次的技术转移活动；提供高质量的技术转移配套服务；提供专业的东盟政策解读和咨询服务；提供高效率的中国－东盟技术转移对接渠道。

（4）技术应用产业基地形式。指的是通过建立技术应用产业基地的项目形式，根据项目内容，以技术指导产业，以产业推动技术发展，实现中国与东盟国家在技术上的合作。其特点是以高新技术在产业上的应用为主导方向，整合技术优势，吸引大学和科研机构以及企业参与建设，在建设高新技术产业的同时，建设为产业服务的科研技术服务体系。"中国－东盟卫星应用产业基地"合作项目就是这类形式。"中国－东盟卫星应用产业基地"合作项目是为汇聚中国高分辨率遥感、北斗导航和卫星通信先进技术成果和人才资源，推动"中国－东盟卫星应用产业基地"在中国—马来西亚钦州产业园区顺利成立并快速发展，全面提升广西卫星应用产业的综合水平和国际影响力，形成覆盖东盟区域的卫星应用服务平台。该项目重点围绕广西及东盟地区卫星应用的具体需求，以港口航运、工程监管、交通、减灾、环保等业务应用为切入点，整合中国高分辨率卫星遥感、北斗导航及卫星通信三大领域的科技优势资源，广泛吸引顶级科研单位和实力企业加盟，打造自主高分辨率遥感信息、卫星导航终端及位置服务、卫星通信及应急服务三大产业链，并形成以云计算为支撑的综合性服务平台，建成全面覆盖中国－东盟广大区域的卫星综合应用服务体系。

5. 建立和完善海洋技术合作的平台

完善现有的海洋科技合作平台。例如，在2013年建立了中国－东盟海洋科技合作论坛并举行了第一届和第二届后，在原有论坛成果的基础上，加大了双方海洋技术合作的内容。并创新了更多的合作平台，如海洋科技产品展览会，建立科研设备租用平台，以缩短合作双方的实力差距，建立信息共享平台。为此，一方面，应充分发挥高校的作用，由海洋科研合作辐射海洋科研教学合作，把海洋科研合作的平台同时也打造成海洋科研的教学平台，让中国和东盟等国高校参与到这个海洋科研合作平台中来。这样既可以利用高效的研究资源和实力，也能够为双方的海洋科研合作做好充足的人才储备；另一方面，应以中国－东盟海上合作基金为支撑，加大双方在科技上的投入，拓宽合作内容，在海洋地震勘探、生物多样性保护等方面优势互补，合作开展项目。

结　　语

随着中国提出包括建设"21世纪海上丝绸之路"在内的"一带一路"倡议，中国与东盟国家的经贸合作更具有新时代的特征。因此借鉴世界有代表性的区域经济一体化海洋经贸合作的经验，构建"一带一路"视角下的中国与东盟经贸合作的模式，从时间、空间、功能等方面探索中国与东盟国家经贸合作的政策，以及实施金融、海洋产业、港口互联互通、海洋人才、海洋科研等支持政策，以期通过中国与东盟国家的"以陆地为依托，海洋寻突破"的合作，深化中国与东盟国家的经贸合作关系，促进中国与东盟国家睦邻友好，共同繁荣发展。

参 考 文 献

达玛延蒂,黄贝,2016.东盟—中国海洋合作:维护海洋安全和地区稳定[J].中国周边外交学刊(1):130—141.

BECKMAN B.China,2011.UNCLOS and the South China Sea[C].Asian Society of International Law Third Biennial Conference.

吴士存,任怀锋,2005.我国的能源安全与南海争议区的油气开发[J].中国海洋法学评论(2):24-30.

安应民,2011.论南海争议区域油气资源共同开发的模式选择[J].当代亚太(6):124-140.

黄朝翰,2006.东盟—中国关系:一种经济视角[J].外交评论(外交学院学报)(3):47-57.

韦红,颜欣,2017.中国—东盟合作与南海地区和谐海洋秩序的构建[J].南洋问题研究(3):1-10.

余珍艳,2016.中国—东盟海洋经济合作的现状、机遇和挑战[D].武汉:华中师范大学.

王勤,2016.中国—东盟海洋经济发展与合作:现状及前景[J].东南亚纵横(6):36-38.

蔡鹏鸿,2015.中国—东盟海洋合作:进程、动因和前景[J].国际问题研究(4):14-25.

田昕清,2016.中国—东盟海洋合作路径探析[J].中国经贸导刊(35):37-40.

邹桂斌,2010.中国与马来西亚海洋渔业合作机制研究[D].湛江:广东海洋大学.

宋一兵,2010.中国—东盟海洋旅游经济圈研究初探[J].东南亚纵横(7):16-19

曾凡传,2011.新形势下南海问题解决方式的探讨[J].学理论(35):32-33.

李海丽,2015.南海争端:美国介入和中国面对——论海权在当代的重要性[J].才智(19):315.

张越,陈秀莲,2018.中国与东盟国家海洋产业合作研究[J].亚太经济(2):19-27,149.

李南,2017.福建省与东盟海洋经济合作的现状与动因[J].厦门理工学院学报(2):28-32.

朱念,李伊,2016.广西与东盟国家的海洋产业合作研究[J].南宁职业技术学院学报(6):27-31.

陈丙先，林江琪，2014. 中国－东盟自由贸易区背景下广西海洋经济发展研究 [J]. 广西社会科学（12）:74-78.

李锋，徐兆梨，2015. 环南海五国三省区海洋经济竞争力评价与合作策略 [J]. 湖南科技大学学报（社会科学版）（9）:66-72.

张家寿，2015. 中国与东盟合作参与"一带一路"建设的金融支撑体系构建 [J]. 东南亚纵横（10）:42-46.

李冬青，2016."一带一路"视阈下中国－东盟货币互换法律机制研究 [J]. 上海商学院学报（3）:9-16.

陈捷，何建军，王泽伟，等，2017. 推动我国与"一带一路"东盟国家金融合作的关键点 [J]. 西部金融（2）:16-20.

吕娅娴，2016."一带一路"背景下人民币区域国际化问题研究——以云南和东盟为例 [J]. 金融经济（4）:3-5.

王勤，2016."一带一路"框架下福建与东盟的经贸合作 [J]. 东南学术（3）:1-9.

林善炜，2016."一带一路"战略背景下福建与东盟经贸合作分析 [J]. 南昌航空大学学报（社会科学版）（4）:53-61.

李好，潘小芳，2016."一带一路"视域下广西推进与东盟经贸合作的 SWOT 分析 [J]. 南海学刊（3）:100-106.

赵静，于豪谅，2017."一带一路"背景下中国－东盟贸易畅通情况研究 [J]. 经济问题探索（7）:116-123.

关鹏翔，2017. 中国与东盟间投资协定的完善研究——"准入前国民待遇"+"负面清单"管理模式的提出 [J]. 法制与经济（3）:57-59.

朱雅妮，2015."一带一路"对外投资中的环境附属协定模式——以中国－东盟自由贸易区为例 [J]. 江西社会科学，35（10）:189-195.

夏国恩，宋泽楠，2015."一带一路"背景下加快广西对东盟对外直接投资研究 [J]. 经济研究参考（35）:69-73.

伍琳，李丽琴，2015."一带一路"战略下福建投资东盟的产业选择——基于贸易的竞争性与互补性 [J]. 福建论坛（人文社会科学版）（12）:186-191.

吴淑娟，梁紫媚，2016."一带一路"建设背景下加快广东省向东盟产业投资的研究 [J]. 东南亚纵横（3）:32-36.

周晓燕，2017."一带一路"战略下深化中国对东盟农产品出口的思考 [J]. 农业工程（1）:119-120.

参考文献

尚永辉, 魏君英, 2017. "一带一路"下中国与东盟农业合作研究 [J]. 合作经济与科技（18）:9-11.

王金凤, 梁瑞华, 2016. "一带一路"战略下中国－东盟农业合作发展分析 [J]. 经济研究导刊（22）:162-163.

周叮波, 2018. "一带一路"背景下中国与东盟农产品跨境出口电商模式创新 [J]. 商业经济研究（4）:141-144.

张群, 卢秋佳, 2017. "一带一路"背景下福建省海洋渔业与东盟国家的合作研究 [J]. 宁德师范学院学报（哲学社会科学版）（2）:25-27.

彭顺生, 何奕霏, 2017. "一带一路"背景下深化中国－东盟国家旅游合作的路径与模式 [J]. 扬州大学学报（人文社会科学版）, 21（5）:72-79.

林秋容, 2016. "一带一路"战略背景下中国汽车出口东盟市场的机遇与挑战 [J]. 汽车工业研究（6）:38-45.

陈秀莲, 2019. "一带一路"倡议下中国与东盟国家海洋经贸合作对策研究——基于空间布局的视角 [J]. 国际经济合作（1）:92-109.

李师源, 2016. "一带一路"战略下中国－东盟互联互通的经济效应分析 [D]. 福州：福建师范大学.

林发彬, 2018. 中国－东盟"五通"建设与产品内贸易模式的深化 [J]. 当代经济管理, 40(5):39-44.

邝艳湘, 2008. 全球化条件下的经济相互依赖与世界和平 [D]. 北京：外交学院.

梁莹, 2013. 优势视角与系统理论：社会工作的两种视角 [J]. 学海（4）:70-78.

曹军波, 2003. 关于经济相互依赖与政治冲突的理论探讨与案例分析 [D]. 北京：外交学院.

姚冬琴. 全球近60国家存岛屿争端多诉诸国际法庭解决 [EB/OL].（2012-08-21）[2018-08-21] http://world.people.com.cn/n/2012/0821/c1002-18787604.html.

邓光君, 2006. 国家矿产资源安全理论与评价体系研究 [D]. 北京：中国地质大学.

李国选, 2007. 中国经济安全中的南海问题 [J]. 中国海洋大学学报（3）:23-26.

JAMES D M, 1999.How Could Trade Affect Conflict[J].Journal of Peace Research, 36（4）:481-489.

SNOWTWONGSE K, 1998.Thirty years of asean:achievements through political cooperation[J]. Pacific review, 11（2）:183-194.

中国与东盟经贸关系中的"最亮点"[EB/OL].（2015-11-20）[2018-11-20].http://news.xinhuanet.com/world/2015-11/20/c_128450125.htm.

2010年中国与东盟双边贸易额同比增长37.5%[EB/OL].（2011-01-20）[2019-01-20].http://www.mofcom.gov.cn/aarticle/resume/n/201101/20110107373828.html.

中国-东盟自贸区升级版提速 [N]. 中国经济时报，2015-11-24.

外交部就第二次"区域全面经济伙伴关系协定"领导人会议在新加坡举行等答问 [EB/OL]. （2018-12-12）[2018-11-15]. http://www.gov.cn/xinwen/2018-11/15/content_5340828.htm.

中国新加坡经济走廊建设达成共识 [N]. 经济参考报，2014-09-23.

中国与东盟就加强交通领域合作达成共识 [EB/OL].（2018-11-15）[2018-12-15].http://www.chinanews.com/gn/2016/11-18/8068041.shtml.

澜湄合作补充已有大湄公河次区域合作，中国贡献将更大 [EB/OL].（2016-03-25）[2018-03-25]. http://www.gov.cn/zhengce/2016-03/25/content_5057637.htm.

金永祥，宋雅琴，等. 从 PPP 到 PEP：政府和社会资本合作的本质探究 [EB/OL].（2018-03-29）[2018-11-29]. http://www.dayue.com/templates/T_Second/index.aspx?contentid=3559&nodeid=50&page=ContentPage.

樊兢，2016. 中国与东盟开展海洋协调的主要机制及未来展望 [J]. 广西社会科学(9):38-43.

欧盟委员会发布首个全球海洋治理联合声明 [EB/OL].（2016-11-16）[2018-11-16]. http://www.hellosea.net/news/guoji/2016—11—16/34324.html.

广西构建直通东盟的综合交通运输体系,确立交通枢纽地位 [EB/OL].（2018-03-29）[2019-03-29]. http://news.163.com/14/0113/22/9IGJJ84D00014JB6.html.

国务院关于深化泛珠三角区域合作的指导意见 [R/OL].（2017-08-24）[2018-03-29]. https://item.btime.com/06c3dv8q72393h0euiimbs11bjj.

李继宏，2010. 广西与东盟国家双边贸易的现状、问题及对策 [J]. 经贸论坛（2）：24-25，39.

费盛康，2010. 深化中国与印尼经济合作的思考 [J]. 国际经济合作（6）:44-48.

陈秀莲，2019."一带一路"背景下中国与东盟国家海洋贸易的研究——以粤桂海闽南部四省为例 [J]. 福建论坛（人文社会科学版）(5):173-188.

船舶工业出口比例高达 80%，调结构促迫在眉睫 [N]. 国际商报，2013-08-22.

张明. 第三届东盟海事论坛在菲律宾开幕 [EB/OL].（2012-08-24）[2018-03-29]. http://www.chinanews.com/gj/2012/10-03/4226265.shtml，2012-10-3/2016-5-28 .

何广顺. 海洋服务业带动效应明显，助力海洋经济转型升级 [N]. 中国海洋报，2016-03-09.

赵本福，柏玲，季民河，2013. 区域经济增长的金融支持研究——基于中国省域面板数据的实证分析 [J]. 金融教育研究（2）:43-49.

陆岷峰，2013. 金融支持中国实体经济发展的有效性分析 [J]. 财经科学（6）:1-9.

徐中亚，董倩倩，2010. 中国—东盟金融合作：现状、问题与对策 [J]. 经济研究导刊，9（26）：

164-166.

李华，2017. 关注祖国发展 关心福建未来 [J]. 政协天地，Z1.

张敏. 中国－东盟投资合作基金一期投资东盟8国10个项目 [EB/OL].（2015-12-30）[2018-03-29]. http://news.163.com/15/1230/15/BC3FU0R100014AEF.html.2015-12-30.

王文．展腾，2016. 中国海洋金融发展面临诸多制约 [J]. 经济研究参考（71）:18-18.

刘堃，陈明宝，方春洪，2017. 中国海洋产业"走出去"路径研究 [J]. 中国海洋大学学报（社会科学版）.

杨青. 互联互通，释放能量 [N]. 钦州日报，2016-05-27.

佚名，2016. 中国－东盟直航航线开通 [J]. 珠江水运（9）:1.

中国－东盟政府间海上联通 [EB/OL].（2015-09-17）[2018-03-29]. http://www.soa.gov.cn/xw/ztbd/ztbd_2015/zdblh/wsjyh/201509/t20150917_43089.html.

中国－东盟博览会：为"一带一路"打地基 [EB/OL].（2015-04-24）[2018-03-29]. http://www.caexpo.org/html/2015/bolanhuidongtai_0424/208530.html.

罗佐县，杨国丰，卢雪梅，等，2015. 中国与东盟油气合作的现状及前景探析——兼论油气合作在共建海上丝绸之路中的地位 [J]. 西南石油大学学报（社会科学版）（1）:21.

李明秀，2006. 国内外财经媒体速览 [J].WTO经济导刊（10）.

张帅，朱雄关，2017. 东南亚油气资源开发现状及中国与东盟油气合作前景 [J]. 国际石油经济（7）:67-79.

吕文. 同书中国东盟合作新篇 共掀美丽中国旅游热潮 [N]. 中国旅游报，2017-07-04.

潘泱. 中国－东盟旅游合作开启"泰越柬"新时代 [N]. 中国旅游报，2017-07-06.

中国－东盟将建立旅游交流机制深化旅游合作 [EB/OL].（2015-04-24）[2018-03-29]. www.cafta.org.cn.

张尔升，2007. 南海资源开发的区域合作模式研究 [J]. 浙江海洋学院学报（人文科学版）(4):7-10,99.

广西携手东盟打造跨境旅游合作新高地 [EB/OL].（2017-02-28）[2018-03-29].http://www.chinanews.com/cj/2017/02-28/8161899.shtml.

纳鑫重工与Credence合作开拓海工市场 [EB/OL].（2017-02-28）[2018-03-29]. http://www.eworldship.com/html/2015/Manufacturer_0911/106478.html.

如皋造船业拓展东盟市场 [EB/OL].（2015-04-13）[2018-03-29].http://www.eworldship.com/html/2015/LocalShipbuilding_0413/100797.html．

孟扬. 工银租赁倾力支持中国造船业发展 [EB/OL]．(2017-09-22) [2018-03-29].http://www.financialnews.com.cn/jigou/rzzl/201709/t20170922_125015.html.

冯寿波, 2014. 论《联合国海洋法公约》"海洋科研"条款的解释及效力 [J]. 南洋问题研究(4):17-27.

赵婧. 中国与东盟：海洋合作乘势而进 [N]. 中国海洋报，2017-05-16．

通威股份与马来西亚皆富海科资源签署技术合作框架协议 [EB/OL]．(2013-11-26) [2018-03-29]. http://12365.ce.cn/zlpd/jsxx/201311/26/t20131126_1229694.shtml.

中国—印度尼西亚海洋合作 [EB/OL]．(2015-09-17) [2018-03-29]. http://www.soa.gov.cn/xw/ztbd/ztbd_2015/zdblh/sbhz/201509/t20150917_43083.html.

中国－东盟卫星应用产业基地合作项目 [EB/OL]．(2015-03-25) [2018-03-29]. http://www.cattc.org.cn/casedetail.aspx/1457.